# 새로운 의료,
# 새로운 환자

iMH
경희대학교 인문학연구원
HK+통합의료인문학연구단
통합의료인문학
학 술 총 서 _ 08

# 새로운 의료,
# 새로운 환자

공병혜 공혜정 박성호 이상덕 이은영 정세권
지음

*New Health Care, New Patients*

모시는사람들

4차 산업혁명이 전개되면서 의료에도 급격한 변화가 일어나고 있습니다. 첨단 의료기술을 앞세운 이러한 변화는 비단 의료 자체의 변화만이 아니라 이를 둘러싼 의료 환경과 제도, 나아가서는 환자와 그 가족들에게 까지도 적잖은 영향을 끼치게 됩니다. 의료가 바뀌면 환자도 바뀝니다. 환자에 대한 처치가 달라지면 그 대우 역시 달라지고, 의료의 기준이 달라지면 환자를 가늠하는 기준 또한 달라집니다.

이러한 변화는 비단 21세기 현재만의 문제는 아닙니다. 인류의 역사를 통틀어서 의료는 끊임없이 변화해 왔고, 이러한 변화를 좇아 환자 역시 수많은 변화를 겪었습니다. 하지만 전자, 즉 의료의 변화는 기존의 의사학(醫史學)을 비롯한 여러 학문 분야에서 정밀한 탐구를 거듭해온 반면, 후자, 즉 환자의 변화는 상대적으로 주목받지 못했던 것이 사실입니다. 의료를 둘러싼 기술 혁신과 제도 변화의 이면에는 이에 대응하는 인간의 변화 또한 존재한다는 점을 감안한다면, 이제 우리는 새로운 의료에 대응하는 '새로운 환자'의 문제에도 주목해야 할 것입니다.

이번 학술총서 『새로운 의료, 새로운 환자』는 이러한 문제의식 하에서 기획되었습니다. 그간의 연구가 의료의 변화를 중심에 두고 환자를 바라보았다면, 이 총서에서는 환자의 관점에서 바라보는 의료의 변화 혹은 의료의 변화가 환자에게 끼치는 영향 관계를 중심으로 그동안의 역사적 흐름을 고찰하고 이를 바탕으로 4차 산업혁명 시대에 우리가 본격적으로 겪게 될 다양한 문제들을 탐구하고자 하였습니다.

이 책은 크게 2부로 구성되었습니다. 1부 〈오래된 미래〉는 의료의 변화가 환자에게 끼친 영향을 중심으로 하여 다양한 역사적 사례들을 살펴보았습니다.

이상덕의 「고대 그리스 환자들의 선택 - 종교와 의학 사이에서」는 고대 그리스의 의학과 종교적 치유가 당시의 환자들에게 어떤 형태로 이해되었는지를 조망하였습니다.

박성호의 「근대 초기 정신질환자에 대한 규정과 인식의 변천」은 근대 초기 한국의 정신질환에 대한 인식 변화가 환자에 대한 처우를 어떻게 변화시켰는지를 소설과 신문기사 등을 중심으로 살펴보았습니다.

공혜정의 「나환자로 살기」는 미국의 국립나병원 건립이 나병(癩病, 한센병) 환자들의 삶에 어떠한 영향을 끼쳤는지를 탐구하였습니다.

2부 〈다른 미래를 생각하며〉에서는 앞으로의 의료가 직면하게 될 다양한 변화상과 이에 대응하는 환자의 문제를 중심으로 새로운 의료를 통해 드러나게 될 '새로운 환자'를 다루었습니다.

공병혜의 「간호와 돌봄의 윤리」는 21세기의 헬스케어 시대에 의료를 넘어서 환자에 대한 '돌봄'의 문제에 집중하여 그 윤리의 문제를 다루었습니다.

이은영의 「첨단의료기술과 불교적 도덕 향상」은 첨단의료 기술을 바탕으로 불교에서 추구하는 도덕적 향상을 실현할 수 있을지에 대한 고찰을 통해 새로운 의료를 수용하는 환자의 관점을 살펴보았습니다.

정세권의 「'상상 속 두려움'에서 '의료의 대상'으로」는 시험관 아기에 대한 1960~70년대의 사례에 주목하여 앞으로의 저출산시대에 대응하는 첨단의료 기술과 환자 사이의 관계에 대한 구체적인 전망을 모색하고자 하였습니다.

『새로운 의료, 새로운 환자』를 통해 의료의 거대한 변화 앞에 선 인간 본연의 문제를 다시금 돌아보고자 하는 것이 『새로운 의료, 새로운 환자』의 궁극적인 목적입니다. 이를 통해 4차 산업혁명 시대의 인간 가치를 탐구하고자 하는 본 연구단의 어젠다를 구현함은 물론, 기존의 의료인문학에서 아직 구체화하지 못한 연구 주제를 본격화하고 새로운 논의들을 마련하는 기회를 마련하게 되리라고 기대합니다.

경희대학교 HK+통합의료인문학연구단

차례


머리말 —— 5

# 1부 / 오래된 미래

새로운 의료, 새로운 환자

## 2부 / 다른 미래를 생각하며

1부
오래된 미래

# 고대 그리스
# 환자들의 선택*

## - 종교와 의학 사이에서

이상덕 (경희대학교 인문학연구원)

\* 　이 글은 『서양고대사연구』 제59호에 실린 「펠로폰네소스 전쟁기 아테네 변경에 도입
　된 두 치유의 신 - 오로포스(Oropos)의 암피아라오스(Amphiaraos)와 페이라이에우스
　(Peiraieus)의 아스클레피오스(Asklepios)」와 『사총』 제106호에 실린 「고대 그리스 비
　극에 나타난 미아스마($\mu\acute{\iota}\alpha\sigma\mu\alpha$) 개념과 히포크라테스」를 바탕으로 수정 · 보완을 거쳐
　서 작성되었다.

## 1. 들어가며

현대의 우리는 아스클레피오스와 히포크라테스라는 두 이름을 들을 때 곧바로 아스클레피오스를 오래된 종교에, 히포크라테스를 최신의 의학에 대응시키려 들 것이다. 그러나 조금만 들여다보아도 이 생각이 틀렸다는 것을 알게 된다. 아스클레피오스 숭배와 히포크라테스는 둘 다 기원전 5세기 후반에 태어났다. 이 시기는 그리스 전역에 큰 변화가 있었던 시기로 많은 사람들이 이동하고 교류하던 시기다. 아스클레피오스 숭배는 펠로폰네소스 북동부의 에피다우로스에서 시작되었다고 하지만, 아테네에서 발전되어 에피다우로스에 역수출되고 그리스 전역으로 퍼졌다. 히포크라테스는 이오니아 남쪽의 코스 섬에서 태어나 활동하다가 그리스 반도 북부의 테살리아와 트라키아, 그리고 마르마라 해 지역에서 활동했다. 그는 마침내 고향이 아닌 테살리아의 라리사에서 사망한다. 이처럼 이 당시에는 이동이 매우 활발했다. 이 때문에 직접 보고, 듣고, 만져본 것이 의미가 있었고, 현실적인 목적이 중요해졌다. 아스클레피오스 숭배와 히포크라테스 의학은 공히 이러한 사회적 변화의 산물인 것이다. 본고에서는 이를 주장하기 위해 먼저 아스클레피오스 숭배와 히포크라테스 의학 이전의 의료를 살펴보고, 아스클레피오스 숭배와 히포크라테스 의학의 발전과 특징을 각각 살펴본 후 그 의미를 정리하겠다.

## 2. 아스클레피오스 숭배와 히포크라테스 의학 이전의 의료

그리스의 의료 행위는 호메로스의 작품에 처음으로 등장한다. 『일리아스』에서 부상을 당한 장수들이 치료 받는 장면이 여러 차례 등장하는데, 특히 11권의 장면은 생생하다. 다리에 화살을 맞은 에우리필로스는 파트로클로스에게 이렇게 말한다.

> 자, 그대가 나를 구해주시오! 나를 검은 배로 데려가
> 넓적다리에서 화살을 잘라내고 더운 물로 상처에서
> 검은 피를 닦아낸 다음 고통을 멎게 하는 약을 뿌려주시오,
> 켄타우로스족 중에서 가장 정직한 케이론이 아킬레우스에게
> 가르쳐준 것을, 그대가 다시 그에게서 배웠다고들 하는
> 그 훌륭한 약 말이오. 의사인 포달레이리오스와 마카온은
> 한 사람은 부상 당해 아마 자신의 막사에 누워 있을 테니
> 그 자신도 나무랄 데 없는 의사가 필요한 형편이고, 또 한 사람은
> 들판에서 트로이아인들의 날카로운 전투와 맞서고 있다오. (*Il.* 11.828-836)[1]

---

1   호메로스, 『일리아스』, 천병희 역, 숲, 2015, 347-348쪽.

이 장면에서 화살이 박힌 다리를 치료하는 과정은 꽤 자세하게 설명되어 있다. 화살을 뽑아내는 것이 아니라 잘라내고, 더운물로 소독한 다음 약을 뿌리라는 것이다. 다만, 약을 어떻게 지었는지에 대한 설명은 없다. 이는 신화 속의 인물인 케이론에게 배운 것으로 설명하여 신비한 영역에 두고 있다. 아스클레피오스의 아들로 고전기 내내 유명하던 포달레이리오스와 마카온은 『일리아스』에서도 아스클레피오스의 아들이자 의사로 등장하지만, 여기서는 신의 혈통이 아니다. 다만, 포달레이리오스는 부상당해 "나무랄 데 없는 의사"(아미몬 이아테르, ἀμύμων ἰατήρ)에게 치료를 받아야 하는 형편이라고 하는데, 이 '아미몬 이아테르'는 아스클레피오스를 지칭하는 말로 두 차례 더 등장한다(Il. 4.194, 11.518). '아미몬'은 말 그대로 번역하면 '나무랄 데 없는'이라는 뜻이지만, '고귀한', '뛰어난' 등의 뜻으로도 사용되는 단어다. 아스클레피오스는 『일리아스』에서는 뛰어난 의사로 인식되긴 하지만, 아직 신의 반열에 오르지는 못했다. 이는 『일리아스』의 세계에 의술을 존재하지만, 아직 의술만을 전문으로 하는 신은 존재하지 않는다는 의미가 되기도 한다. 아폴론은 역병을 일으키는 신의 역할을 하지만, 이는 그의 여러 역할 중 하나일 뿐이며, 아직 병을 일으키는 것과 치유하는 것 사이의 기능적 구분이 이루어지지 않았다.

기원전 6세기 이오니아와 키클라데스 제도에서 동방의 학문에 영향을 받은 새로운 학문 체계가 성장했다. 파르메니데스, 헤라클레이토스, 탈레스 등으로 대표되는 이오니아 학파는 종교나 신화가 아닌 합리적인 논리로써 문제를 설명하고자 했다. 아리스토텔레스는 이들을 피지오로고

이(φυσιολόγοι), 즉 '자연을 논하는 자들'이라고 칭했다.[2] 의술 역시 자연철학의 영향을 받아 치유를 신의 영역으로 보지 않고 질병을 대상으로 삼아 그 원인을 합리적으로 이해하고 치료 방법을 논리적으로 고안하는 방식으로 발전했다. 또한, 키클라데스 제도의 하나인 사모스에서 태어난 피타고라스는 중년의 나이가 되어 이탈리아 반도의 크로톤으로 가서 피타고라스 학파를 세우게 되는데, 여기서 알크메온이나 데모케데스 등의 유명한 의사가 배출되었다. 특히 데모케데스는 헤로도토스가 그의 일화를 자세히 소개하여 잘 알려져 있다. 그의 아버지, 크로톤의 칼리폰은 크로톤의 대제사장이자 의사이면서 피타고라스와 친분이 있었던 것으로 묘사된다. 대제사장과 의사의 역할을 동시에 하는 것이 당시에는 자연스러운 것이었다. 데모케데스는 유명해져 그 이름이 페르시아의 왕 다레이오스 1세에게까지 전해졌다. 그는 말에서 뛰어내리다 발목이 삐었는데, 당시 최고의 의술을 자랑하던 이집트 의사들에게 치료를 맡겼지만, 그들이 발목을 오히려 더 심하게 비틀어 병세가 악화되었다. 밤잠마저 이룰 수 없을 지경에 이르자 다레이오스는 데모케데스에게 치료를 맡기게 된다. 헤로도토스는 데모케데스가 "헬라스 식 치료법을 사용하고 강압적 치료제 대신 부드러운 치료제를 사용함으로써 왕이 다시 잠을 잘 수 있게 하여, 다시는 제대로 쓰지 못할 줄 알았던 왕의 발을 단시일에 낫게 해주었다"고 전한다.[3] 히포크라테스와 비슷한 시기에 활동하며 이웃한 도시에 살았던 헤로도토스가 히포크라테스 의학을 염두에 두고 이 일화를 쓴 것일지 모

---

2   Aristot. *Met.* 1.986b.
3   Hdt. 3.130; 헤로도토스, 『역사』, 천병희 역, 숲, 2009, 348쪽.

르지만, 이미 기원전 6세기에 그리스 의학이 '헬라스 식 치료법'(Έλληνικα ιαμα)을 제시하고 이것이 이집트의 치료법을 능가할 만큼 발전했다는 것, 그리고 그 치료법이 부드러웠다는 것을 알 수 있다. 왕을 다시 잘 수 있게 했다는 것으로 보아 그리스 식의 전인 치료를 사용한 것이 아닐까 짐작해 볼 수 있다.

기원전 6세기 말에서 5세기 초의 것으로 보이는 부조에서 다시 한번 그리스 의사의 모습을 확인할 수 있다.[4] 이 부조는 이오니아의 어느 의사의 묘비로 추정되는데, 수염이 긴 의사가 지팡이를 옆에 끼고 앉아 있는 모습이다. 지팡이는 여행을 상징하는 것으로 망자가 생전에 이 지역 저 지역을 순회하며 치료 행위를 한 것을 나타낸다. 그의 옆에는 부항이 두 개 걸려 있다. 또한, 젊은 보조원이 그의 앞에 부항을 들고 서 있다. 곧 부항을 뜰 수 있도록 준비하고 있는 모습이다. 부항은 나쁜 피와 담즙을 빼내기 위한 도구로 부항이 의사를 상징하는 도구로 부조에 묘사되었다는 것은 당시 의학이 질병을 체액의 불균형으로 이해하던 것을 반영한다고 할 수 있다.[5] 기원전 5세기 전반 아테네의 아리발로스 도기에도 의료 행위가 묘사되었다.[6] 역시 의사가 앉아 있고, 의료행위를 한다. 환자가 의사 앞에 서서 다친 팔을 의사에게 맡긴다. 의사는 칼을 들어 피를 내려고 한다. 바닥에는 피를 받을 대야가 놓여 있다. 그 옆에는 한 남자가 의자에 앉아 지

---

4    바젤, 안티켄무제움, BS 236.
5    G. Samonis, C. Koutserimpas, M.-I. Rantou, M. Karamanou, and M. I. Stefanakis, "Outpatient Clinic in Ancient Greece," *MAEDICA - a Journal of Clinical Medicine* vol.16, 2021, p.702.
6    파리, 루브르 박물관, CA 2183.

팡이에 손을 얹고 있다. 손을 얹은 팔에는 흰색 붕대가 감겨 있다. 아마도 치료를 받고 쉬고 있는 듯하다. 그 뒤에는 팔에 붕대를 감은 또 다른 남자, 난쟁이, 다리에 붕대를 감은 남자가 차례를 기다리는 듯 서 있다. 이러한 도상 자료에서 보듯이 아스클레피오스 숭배와 히포크라테스 이전에 이미 그리스 의학이 발전하고 있었고, 의사들이 활동하고 있었다. 환자들은 이러한 의사들을 찾아가 부항, 사혈을 하거나 붕대를 감는 등의 간단한 시술을 받았던 것으로 보인다.

그러나 놀랍게도 그리스 의학의 발전은 이렇듯 합리적인 방향으로만 이루어지지 않았다. 이오니아 남쪽의 코스섬에서 히포크라테스가 기원전 460년 태어나 활동하고 4세기에는 코스 학파와 크니도스 학파가 발전하게 되겠지만, 이와 거의 동시에 에피다우로스에서는 아스클레피오스 숭배가 이루어졌고, 성소가 건설되었다. 이는 기원전 420년 경 아테네에 도입되었고, 기원전 4세기 중엽에는 히포크라테스가 활동하던 코스 섬에 도입되었다. 고대 그리스의 환자들이 자연철학과 의학의 발전에도 불구하고 아스클레피오스를 찾고 숭배하게 된 이유는 무엇일까?


## 3. 아스클레피오스 숭배의 발전

아스클레피오스 숭배가 에피다우로스에서 시작되었음에도, 그 기원을 논할 때 아테네에서부터 다루어야 한다는 사실은 역설적이면서도 그 기원의 복잡한 성격을 드러내 준다. 아테네의 아스클레피오스 성소는 아크로폴리스 남쪽 사면, 디오니소스 극장 위쪽에 있었다. 이 성소는 서기 6세기 기독교인들에 의해 파괴될 때까지 계속 기능했으며 상당한 인기를 끌었던 것으로 보인다. 이곳에 아스클레피오스가 처음 도입된 것은 기원전 420년 경이다. 기원전 431년 펠로폰네소스 전쟁이 시작되자 아테네는 아테네 시와 페이라이에우스 항구를 잇는 두 개의 장벽을 세우고 그 사이로 모든 아테네 시민이 이주하여 성안에서 버티기 작전을 펼쳤다. 얼마 되지 않아 장벽 내에 역병이 돌았고 75,000-100,000명 가량의 희생자를 낳았다. 그 경험은 처참했다.[7] 아테네인들의 윤리관이 무너졌다. "착한 사람이든 악한 사람이든 무차별적으로 죽는 것을 보자 그들은 신을 경배하든 않든 마찬가지라고 생각했다. 재판을 받고 벌을 받은 만큼 오래 살 것이라고 기대하는 사람은 아무도 없었다. 대신 저마다 자기에게는 이미 더 가혹한 판결이 내렸으며, 그것이 집행되기 전에 인생을 조금이라도 즐기는 것이 옳다고 여겼다."[8] 아테네인들에게 병의 치유 만큼이나 심리적 위로와 안정이 필요했고, 현대의 학자들은 이를 위해 에피다우로스로부터 치유의 신인 아스클레피오스가 도입되었다고 생각되었다. 그러나 에피다우로스는 펠로폰네소스의 폴리스로 당시 아테네와는 적대적인 관계에 있었으므로, 아테네의 아스클레피오스 도입을 이렇듯 단순히 보는 데 무리가 있다. 아스클레피오스 숭배가 아테네에 정착하는 과정을 살펴보면 아테네인들에게 종교적 치유가 인기 있었던 이유를 더 깊이 이해할 수 있을 것이다. 아스클레피오스가 아테네에 도입되는 과정을 우리는 보통 기원전 412/11-400년경 제작된 것으로 보이는 소위, ⟨텔레마코스 비문(Telemachos

---

7  Thuc. 2.47-53.
8  Thuc. 2.54; 투키디데스, 『펠로폰네소스 전쟁사』, 천병희 역, 숲, 2011, 181쪽.

monument)〉을 통해서 알고 있다. 이 부조의 내용을 살펴보자.[9]

A면

텔레마코스는 처음 성소와 제단을 아스클레피오스 [그리고 히기에이아]와 [아스클레피아데스?]와 [아스클레피오스의 딸들?]과 [다른 모든 신들과 여신들?] … 그는 대(大) 비의 때에 제아에서 올라와 엘레우시스 성소에 머물렀다. 그리고 고향에 조수(?)를 구하러 보냈을 때 오게 된 텔레마코스는 [신탁]에 따라 그를 [마차]에 태워 이곳으로 데리고 왔다. 이렇게 이 성소는 모두 키단티다이의 아스티필로스가 아르콘이던 해에 세워졌다. 아르케아스가 아르콘일 때 케리케스는 성소의 땅에 대해 논박하고 몇몇 일이 행해지는 것을 막았다. 안티폰이 아르콘일 때, … [에우페모스]가 아르콘일 때, … 〈3줄 누락〉 … 설립했다 … 카리아스가 아르콘일 때, 나무 대문으로부터 [구획이 나눠졌다]. 테이산드로스가 아르콘일 때, [나무 대문]과 [성소의] 나머지 부분이 추가되었다. 클레오크리토스가 아르콘일 때, [조경]이 이루어졌고, 성소를 꾸미는 등, 그는 자신의 비용으로 전체 경내를 설립했다. 스캄보니다이의 칼리아스가 아르콘일 때…

B면

〈11줄이 있으나 각 줄에 마지막 서너 글자씩(단어가 되는 것은 없다) 밖에 안 보인다.〉 (IG II3 4 665)

---

9    B. L. Wickkiser, Asklepios, *Medicine, and the Politics of Healing in Fifth-Century Greece; between Craft and Cult*, Baltimore, 2008, pp.67-70.

이 비문을 통해 우리는 아스클레피오스가 에피다우로스로부터 페이라이에우스의 세 개의 항구 중 하나인 제아(Zea)를 통해 올라왔다는 사실을 알 수 있다. 신은 페이라이에우스로부터 아테네 도심으로 나 있는 길을 따라 올라가 디필론 성문(the Dipylon Gate)을 통과한 뒤 판아테나이아 길(the Panathenaic Way)을 따라 아크로폴리스로 올라가는 북쪽 면에 위치한 엘레우시스 성소(the Eleusinion)에 잠시 머물렀다고 비문은 전한다. 이는 지리적으로도 그럴듯하다. 페이라이에우스로부터 아테네 도심까지의 길은 펠로폰네소스 전쟁 중 건설한 성벽을 통한 것일 수도 있고, 성벽 밖에 존재했던 축제행렬을 위한 길일 수도 있지만, 어느 길이었는지 확신할 수는 없다. 아테네의 엘레우시스 성소에 도착하여 그는 고향 에피다우로스로부터 사람을 하나 보내달라고 했고, 텔레마코스라는 인물이 온 것으로 파악된다. 그는 에피다우로스 출신의 아테네 시민일 것으로 생각된다. 에피다우로스에서 사람이 왔다는 것은 에피다우로스에서도 아스클레피오스가 아테네에 소개되는 것을 인지하고 인정했다는 의미일 터이다.[10]

이 비문을 통해 아스클레피오스와 엘레우시스 비의와의 관련성도 살펴볼 수 있다. 아스클레피오스가 아테네로 들어온 것을 기념하는 제전을 에피다우리아(the Epidauria)라고 부른 것이나 이 제전이 엘레우시스 비의의 한 부분을 차지한 것(에피다우리아는 총 9일 동안 진행되는 엘레우시스 비의의 셋째, 혹은 넷째날 이루어졌다)은 아스클레피오스의 에피다우로스와의

---

10   J., Lamont, "Asklepios in the Peiraieus and the Mechanisms of Cult Appropriation," Miles, M. M.(ed.), *Autopsy in Athens: Recent Archaeological Research on Athens And Attica*, Oxford, 2015, p.40.

연관성과 엘레우시스 성소에서 머문 것을 상징하는 것이다.[11] 에피다우리아 다음날 아테네인들은 엘레우시스 비의를 완수하기 위해 엘레우시스로 비의 행렬을 떠났다. 이 행렬은 아테네의 엘레우시스 성소로부터 엘레우시스의 엘레우시스 성소로 가는 것으로, 메가라와의 경계에 위치한 데모스인 엘레우시스를 아테네의 중심부와 연결 짓는 것이다. 이는 엘레우시스와 아테네 아크로폴리스에 위치한 이름이 같은 두 성소가 대칭이 되도록 세워진 것으로도 그 의도를 파악할 수 있다.[12] 엘레우시스 비의에 엘레우시스를 라이벌 폴리스인 메가라로부터 지켜내겠다는 의지가 들어간 것을 생각할 때, 에피다우리아도 아테네가 에피다우로스를 지켜내고자 만든 제전이라고 연결 지을 수 있다. 아스클레피오스는 공교롭게도 니키아스(Nikias)가 스파르타와 50년 평화협정을 체결한 이듬해에 에피다우로스로부터 아테네에 도입된 것이다. 길고 파괴적인 전쟁 끝에 휴전이 협정되자 아테네는 발 빠르게 혹시나 있을 다음 전쟁에 대비하여 펠로폰네소스로 가는 교두보를 마련하고자 한 것이 아니었을까?[13] 그도 그럴 것이 아테네는 기원전 419년 아르고스를 설득해 에피다우로스를 공격한다.[14]

아스클레피오스가 페이라이에우스 항구를 통해서 아테네 도심으로 들어왔다고 페이라이에우스를 단순히 중간 기착지 정도로 생각할 수 있지

---

11    G. E., Mylonas, *Eleusis and the Eleusinian Mysteries*, New Jersey, 1962, p.251; Wickkiser, *Asklepios*, p.97; Paus. 2.26.8. 파우사니아스는 "아테니아인들은 분명히 아스클레피오스에게 비의의 한 몫을 할당하고 그들이 그렇게 하는 날에 에피다우리아라는 이름을 붙여 준다"고 보고한다.

12    M. M., Miles, "The City Eleusinion," *The Athenian Agora* vol.31, 1998, p.35.

13    Wickkiser, *Asklepios*, pp.93-100.

14    Thuc. 5.53.

만, 실제로 페이라이에우스에도 아스클레피오스 성소가 있었던 것으로 밝혀졌다. 1878~1881년 사이에 진행된 페이라이에우스 개발 과정에서 아스클레피오스 성소의 것으로 보이는 유적이 발견되었고, 일련의 발굴이 이루어졌다. 성소의 울타리로 보이는 페리볼로스도 발굴이 되어 성소의 존재는 확실한 것으로 이해된다. 심지어 아크로폴리스의 성소보다 시기적으로 앞서는 것 같다. 특히 두 개의 비문이 발굴되었는데, 모두 기원전 4세기 초 페이라이에우스 희생 제사에 관한 법령이다. 두 비문을 모두 살펴보자.

1) 제단 위에는 ··· 1개의 카르케시오스 컵(καρχήσιον); 카르케시오스 컵(?), 올리브유가 들어가는 ··· 또 다른 카르케시오스 컵, 금속(?)으로 만든 컵, 작은 조각상 ··· 킬릭스(κύλιξ, 넓적한 컵), 상자, 향로 ··· 작은 삼발솥, 작은 방패(들?) ···2개의 큰 방패, 체인이 달린 큰 부항, 1개의 스트리질(목욕 도구), 큰 스트리질, 체인이 달린 또 다른 스트리질, 2개의 부항, 음료수 컵, 킬릭스 또는 작은 컵, 냉각 용기, 브로치, 4개의 관.
〈한 줄 비어 있음〉
철로 만든 다음 물체들. 체인이 달린 큰 고리 큰 스트리질, 의료용 포셉, 5개의 외과 의사 용 칼과 포셉, 2개의 쟁반, 집게, 3개의 의료용 포셉, 4개의 스트리질, 체인이 달린 고리, 성역 전체에 헌정된 얕은 부조의 ···와 작은 조각상.
법령
시민이 결정했다. 아테노도로스가 제안했다. 아스클레피오스의 사제인 에우티데모스의 말에 대하여, 백성들은 다음과 같이 결의해야 한다: 아스클레피오스의 사제 에우티데모스가 추천하는 예비 제물을 바치고, 그 밖의 제물을 아테네 시민을 대신하여 바칠 수 있도록, 시민은 결정한다: 아스클레피오스 성소의 감독관들은 에우티데모스가 추천하는 예비 제물을 바친다. 비용은 신을 위해 따로 마련된 채석장에서 충당한다. 나머지 돈은 성소의 건축비로 지불한다. 아테네 사람들이 고기를 최대한 많이 나누어 받을 수 있도록 재임 중인 관리인들은 시민의 헌납을 신중히 여기면서 제전을 관리해야 한다. 행렬의 맨 앞에 있던 소의 고기를 프리타니온 회원들과 아홉 명의 아르콘과 종교 관료들과 행렬에 참가하는 사람들에게 나누어 주고, 나머지 [고기는 아테네 사람들에게] 나누어 준다. (*IG* II2 47 = AIO 1318)

2) 앞면

신이시여.

이에 따라 예비 희생제를 치르십시오. 말레아타스에게는 3개의 둥근 케이크. 아폴론에게는 3개의 둥근 케이크. 헤르메스에게는 3개의 둥근 케이크. 이아소에게는 3개의 둥근 케이크. 아케소에게는 3개의 둥근 케이크. 파나케아에게는 3개의 둥근 케이크. 개들에게는 3개의 둥근 케이크. 개와 함께 있는 사냥꾼들에게는 3개의 둥근 케이크.

아스클레피오스의 제사장 엘레우시스의 에우티데모스는 제단 옆에 비문을 세웠는데, 그(비문) 위에 그는 처음으로 예비 희생제에 바치는 둥근 케이크를 그려 넣었다.

왼쪽면

헬리오스를 위해, 1개의 위로용 케이크, 벌집. 므네모수네를 위해. 1개의 위
로용 케이크, 벌집. 포도주가 없는 제단 세 개.

위쪽 면

포도주가 없는 제단 세 개


뒷면

포도주가 없는  (*IG* II3 4 1773 = *IG* II2 4962)


이곳에서는 분명 제의가 치러졌다. 비문에는 제단을 차리는 방법이 명
시되어 있었으며, 일반적인 희생제를 위한 제물들과 함께 각종 의료도구
들이 올라가는 것이 특징적이다. 또한, 두 번째 비문에서 희생제를 받는
신이 아스클레피오스 하나만이 아님에 주목해야 한다. 가장 먼저 등장하
는 신인 말레아타스(Maleatas)는 아테네인들에게는 생소한 에피다우로스
의 신이다.[15] 이어지는 아폴론과 헤르메스는 치유와 연관되었기 때문에
당연히 포함되어야 하는 신들이다. 그 뒤에 이어지는 아스클레피오스의
세 딸들과 개와 사냥꾼의 상징으로 표현한 아스클레피오스의 두 아들(마
카온Machaon과 포달레이리오스Podaleirios)은 모두 아스클레피오스의 자손
으로 그를 융숭히 대접하기 위한 것이라고 생각된다.[16] 엘레우시스의 에
우티데모스(Euthydemos Eleusinios)라는 이름은 비문을 직접 보면 매우 중

---

15   Lamont, "Asklepios in the Pireus," p. 40.
16   마카온과 포달레이리오스는 영웅적 면모를 부각시키기 위해 사냥개를 동반한 사냥
     꾼으로 주로 묘사된다. Lamont, "Asklepios in the Pireus," pp. 43-44, fig. 5.7.

요하다는 것을 알 수 있다. 다른 글씨에 비해 훨씬 큰 글씨로 새겨져 있기 때문이다. 그는 비문 두 개에 모두 관여한 아스클레피오스의 사제이다. 그가 예비 희생제에 쓰일 둥근 케이크를 처음 그려 넣었다는 것은 아마 수면 의식 전 예비 희생제에 바칠 제물을 표준화하려는 것이었을 것이다. 아리스토파네스의 『부의 신』 659-662에도 둥근 케이크가 언급되며, 첫 제물을 바친 뒤에라야 환자를 눕힐 수 있었다는 점이 부각 된다. 그가 엘레우시스 출신이라는 점은 아스클레피오스와 엘레우시스 성소 사이의 연관성이나, 아테네가 엘레우시스에 그러했듯이 에피다우로스를 장악하고자 했던 의지와 관련이 있을 가능성이 있다. 아스클레피오스를 들여올 때부터 에피다우로스를 제2의 엘레우시스로 만들고자 계획하여 엘레우시스 출신을 사제로 임명했을 가능성도 있다.

아크로폴리스의 아스클레피오스는 아테네의 치유의 신으로 자리 잡았다. 많은 영예 비문들은 아스클레피오스의 사제들을 위한 영예를 수여한다. 또한, 방대한 헌정물 목록을 보면 치유를 받은 부위를 모형을 만들어 바친 것으로 보이며, 많은 이들이 성소에서 치유를 받았다는 것을 알 수 있다. 환자들은 적절한 값을 제물로서 지불하고 목욕을 하는 등의 정화 의식을 치렀다. 그 후, 기도를 하고 배정된 방에 들어가 잠을 잤다. 아스클레피오스가 꿈속에 나타나 직접 치유해주거나 치유 방법을 일러주었다. 병이 치유된 환자는 감사의 뜻으로 봉헌물을 바쳤다. 개인적인 치유의 장으로 보일 수 있는 이 성소에 아테네인들이 정치적 의미를 부여했다는 사실을 또 다른 기제를 통해 알 수 있다. 아테네의 아스클레피오스 성소가 디오니소스 성소, 즉 극장 바로 옆에 붙어 있었다는 사실이다. 디오니소스 제전에서 경연에 참가한 각종 연극은 바로 이 극장에서 공연되었다.

이 극들은 다양한 주제를 다루었지만, 그중에서도 인간이 죄로써 오염(미아스마, μίασμα)되고, 이 오염이 정화될 때에야 긴 운명의 굴레에서 벗어날 수 있다는 주제를 자주 다루었다. 또한, 아테네의 지도자로서의 면모를 드러내고 적국이 신의 보복을 받고 약해져서 결국 아테네의 도움을 받아야 하는 내용을 다루었다. 이는 때로는 병의 원인을 죄, 즉 미아스마로 보고 이를 해결해야 병이 낫는다는 내용으로 발현되었다. 적국을 구제하는 아테네는 아테네 제국의 의사로서 역할하는 것으로 비유되었다. 결국, 에피다우로스는 이러한 아스클레피오스 성소-극장의 아테네 모델을 역으로 도입하여 에피다우로스에 큰 규모의 극장을 건설하게 되었다는 해석도 있다. 미첼 보야스크는 다음과 같이 설명한다.

> 나는 에피다우로스의 극장을 피타고라스의 치유 대칭(therapeutic symmetries)이라고 보는 것은 억지스럽다고 생각하고, 오히려 아테네의 아스클레피오스 성소-극장 모델과 아테네 연극에서 질병 비유의 이미지가 증가하고 이것이 에피다우로스뿐 아니라 그리스 전역으로 퍼지게 된 것을 통해 설명하는 것이 낫다고 생각한다.[17]

에피다우로스의 아스클레피오스 숭배는 기원전 5세기에 시작되었다고는 하나 현재 남아 있는 유적은 대부분 4세기의 것이다. 왕의 평화가 체결된 이후인 기원전 380년경 아스클레피오스 신전이 세워졌고, 스파르타의 왕인 아게실라오스가 사망한 기원전 360년 이후에 대규모의 건축 사업이

---

17   R., Mitchell-Boyask, *Plague and the Athenian Imagination*, New York, 2008, p.118.

이루어졌다. 에피다우로스가 아스클레피오스 성소로 유명해진 것은 4세기에 들어서인 것이다. 에피다우로스의 극장과 성소의 관계가 아테네로부터 영향을 받았다는 미첼 보야스크의 주장은 일리가 있다. 기원전 4세기 중엽 코스에 도입된 아스클레피오스 숭배 역시 에피다우로스에서 들여온 것이라고 하긴 했으나, 아테네의 문화를 적극적으로 수입하고자 했던 인근 국가, 특히 카리아의 영향이 없지 않았을 것으로 보이며, 카리아와의 경쟁을 생각할 때, 아테네가 에피다우로스와의 경쟁 관계에서 우위를 점하기 위해 아스클레피오스를 도입한 것을 따라한 것이라고 생각할 수 있다. 아테네는 신화를 정치적으로 활용하는데 뛰어났으며, 아스클레피오스 숭배 역시 그 일환으로 성장한 것이라고 볼 수 있다.

이는 아테네가 아스클레피오스에 만족하지 않고 아테네만의 치유의 신을 개발하려고 한 데서 드러난다. 아크로폴리스에서 발굴된 비문 중 꼭 아스클레피오스를 위한 것은 아니지만 그가 언급된 중요한 비문이 있다. 바로 기원전 335년 제작된 '제의 도구에 관한 법'이다.[18] 이 법은 리쿠르고스에 의해 제안되었다. 그는 아테네인들의 공동체 정신을 강화하고자 사적인 자금을 끌어모아 공적인 종교 활동에 활용한 것으로 유명하다.[19] 그는 암피아라오스를 아테네의 치유의 신으로 만드는 노력을 기울였는데, 이 비문에 보면 그 사실을 확인할 수 있다. 파편적으로 남아 있는 이 비문에 신들의 명단이 일부 남아 있는데, 그중 암피아라오스와 아스클레피오

---

18  *IG* II3 1 445.

19  E. Csapo, and P., Wilson, "The Finance and Organisation of the Athenian Theatre in the Time of Eubulus and Lycurgus," E., Csapo, H. R., Goette, J. R., Green, and P. Wilson (ed.), *Greek Theatre in the Fourth Century BC*, De Gruyter, 2014, p.413.

스가 남아 있다. 이들은 리쿠르고스가 제의를 준비하는 데 관심 있게 생각했던 신들이며, 앞뒤로 기술되어 있다. 암피아라오스와 아스클레피오스가 함께 고려되었다는 점은 이 당시 둘의 위상과 역할이 비등했었다는 뜻으로 보아도 무방할 것이다. 아스클레피오스의 성소가 남쪽인 페이라이에우스와 중심인 아크로폴리스에 위치했다면, 암피아라오스의 성소는 북쪽 끝인 오로포스에 위치했다. 오로포스는 보이오티아와의 경계에 위치한 지역으로 때로는 아테네의 지배하에, 때로는 보이오티아의 지배하에, 때로는 독립을 유지했던 특별한 곳이었다. 아테네인들은 이러한 경계 지역에 사람들이 자주 찾는 치유의 신의 성소를 건립함으로써 그 땅을 외부인들의 오염으로부터 보호하도록 한 것이다.

기원전 332/1년 세워진 또 하나의 비문은 매우 특별하다. 금관은 영예의 표시로 사람에게 씌워 주는 것이 일반적인데, 이 비문은 신인 암피아라오스에게 금관을 씌워 주기로 한 결정을 공표한다.

신들이여.

니케테스가 아르콘일 때 ⋯ 사람들이 결정했다. 티마이타다이의 디일로스의 아들 파노데모스는 다음과 같이 제안하였다: 아테네 사람들의 복을 위하여, 신이 성소에 오는 아테네인들과 다른 사람들을 잘 보살피기 때문에, 나라 안의 모든 사람들의 건강(ὑγιεία)과 안전(σωτηρία)을 위해, 천 드라크마의 금관을 암피아라오스에게 씌우기로 결정했다. 시민의 전령들은 아테네 시민이 천 드라크마의 금관을 암피아라오스에게 씌운다고 공표할 것이다. 군자금 관리인은 금관을 위한 돈을 주고, 금관이 만들어지면 관리인에게 넘겨 성소에 헌정할 수 있도록 한다. 관리인은 성소에서 시민이 실행한 것을 발표한 후에 그 금관을 아테네인과 어린이와 여성과 나라 안의 모든 사람들의 건강과 안전을 위하여 신에게 바쳐야 한다. 프리타네이온의 비서는 이 포고령을 비석에 새기고 성소에 세워야 하며, 비석을 새기는 비용은 시민 재무관이 시민의 기금에서 20 드라크마를 지불해야 한다. (*IG* II3 1 349)

파노데모스(Phanodemos)는 오로포스가 다시 아테네의 지배하에 들어온 것을 기념하여 암피아라오스에게 금관을 씌워주자고 제안한 것으로 보인다. 이 영예가 스카푸로가 주장한 것처럼 외국인을 아테네 내부로 들이는 의식이었는지에 대해서는 확신할 수 없다.[20] 금관을 영예로 주는 것은 일반화할 수 있기 때문이다. 오히려 더 주목할 점은 파노데모스가 특별히 "아테네 땅 안의 모든 사람의 건강과 안전을 위하여"(ἐφ᾽ ὑγιείαι καὶ σωτηρίαι πάντων τῶν ἐν τῆι χώραι) 이를 제안했다는 점이다. 이는 치유를 통한 건강(히기에이아, ὑγιεία)과 함께 경계의 수호를 통한 안전(소테리아, σωτηρία)을 위하여 암피아라오스가 역할을 했다는 의미로 생각된다. 이런 점에서 금관 제작에 드는 비용을 군자금 관리인(τὸν ταμίαν τῶν στρατιωτικῶν)이 지불했다는 것은 다시 한 번 생각해 볼 여지가 있다. 군자금으로 성소나 숭배에 관련된 비용을 지출하는 일이 드물지는 않았지만, 이 경우, 특히 암피아라오스를 경계를 보호하고 안전을 보장하는 군사적 의미의 신으로서 생각하고 금관을 씌웠다고 볼 수 있기 때문이다.[21]

---

20    A., Scafuro, "The Crowning of Amphiaraos," Mitchell, L. and Rubinstein, L.(ed.), *Greek History and Epigraphy: Essays in Honour of P. J. Rhodes*, Swansea, 2009, p.77.

21    B., Jordan, *Servants of the Gods; A Study in the Religion, History and Literature of Fifth-century Athen,*. Göttingen, 1979, pp.56-61.

니케테스(Niketes)가 아르콘이었던 같은 해에 파노데모스는 암피아라오스에게 주었던 천 드라크마의 금관을 자신에게도 수여한다.

신들이여.

니케테스가 아르콘일 때 … 사람들이 결정했다. 아피드나의 에욱테몬의 아들 데메트리오스는 다음과 같이 제안했다: 티마이타다이의 파노데모스가 암피아라오스의 성소에 대해 훌륭하고 명예로운 마음으로, 4년마다 열리는 제전이 최대한 잘 치러질 수 있도록, 그리고 암피아라오스 성소에 있는 신들에 대한 희생제사가 잘 이뤄질 수 있도록 입법을 잘했고, 이러한 것들과 성소를 유지하는데 드는 수단을 충당했기 때문에 의회는 다음과 같이 결정했다: 다음 의회에 상주하는 상임위원회(τοὺς προέδρους)가 파노데모스를 시민에게 소개하고, 그 문제를 의제로 삼고, 티마이타다이의 디일로스의 아들 파노데모스의 암피아라오스 신과 성소에 대한 사랑을 찬양하고 그에게 천 드라크마의 금관을 씌우는 것이 좋을 것 같다는 의회의 의견을 시민에게 알리기로 결정한다. 프리타네이온의 비서는 이 포고령을 비석에 새기고 성소에 세워야 하며, 비석을 새기는 비용은 시민 재무관이 시민의 기금에서 20 드라크마를 지불해야 한다. (IG II3 1 348)

파노데모스는 기존의 암피아라오스 제전을 유지하면서 4년에 한 번 더 성대하게 대(大) 암피아라오스 제전을 만들었다. 제1회 대 암피아라오스 제전은 기원전 329/8년에 열린 것으로 보인다. 이 해에 세워진 비문(IG II3 1 355)에는 대 암피아라오스 제전의 주최를 맡은 10인의 이름과 이들에게 각각 천 드라크마의 금관, 희생제사를 지내고 헌정물을 바칠 용도로 백

드라크마씩 주도록 결정한 내용이 담겨 있다.[22] 10인에는 파노데모스는 물론 우리가 잘 아는 개혁가 리코프론의 아들 리쿠르고스(Lykourgos), 그리고 그 해의 아르콘인 케피소폰(Kephisophon) 등 저명한 인물들이 포함되어 있다. 리쿠르고스가 이 목록에 포함되어 있다는 것은 매우 고무적인데, 리쿠르고스의 개혁에 아테네 외곽에 종교적 권위의 중심지를 배치하는 것이 포함되어 있었기 때문이다.[23] 오로포스는 개혁의 중심에 있는 곳이었던 모양이다.

이처럼 아테네에서 아스클레피오스는 단순한 치유의 신이 아니라 영토를 수호하고, 적의 오염으로부터 나라를 지키는 정치적인 신이었다. 그래서 아테네에서는 시 차원에서 아스클레피오스 숭배를 지원하고 또한 그와 비등한 아테네만의 치유의 신을 만들기도 했다. 치유의 신은 안으로는 역병(넓게는 질병 전반)으로 고통을 받은 아테네 시민들을 구원하고, 그들에게 심리적 안정을 주며, 대외적으로는 적을 경계하고 아테네의 우월성을 선전하는 중요한 역할을 하게 되었던 것이다. 이는 그리스 전역으로 퍼져 나가 아스클레피오스가 주요한 신으로 인기를 누릴 수 있는 기반이 되었다. 그리스 어디에서도 아스클레피오스나 다른 치유의 신은 미신적인 존재로 의사가 고치지 못하는 병을 혹시나 고칠 수 있을까 헛된 기대를 품고 찾는 신이 아니라, 그 사회를 오염, 즉 병으로부터 지켜주는 주요

---

22  O. W., Reinmuth, *The Ephebic Inscriptions of the Fourth Century BC*, Leiden, 1971, pp.70-71. Cf. Ath. Pol. 54.7. 『아테네의 국제』는 이 해에 여섯 번째 대제전이 추가되었다고 보고하는데, 그 대제전을 헤파이스토스 제전이라고 한다. 그러나 암피아라오스 제전을 헷갈렸을 가능성이 있다.

23  S. C., Humphreys, *The Strangeness of Gods: Historical Perspectives on the Interpretation of Athenian Religion*, Oxford, 2004, p.94.

한 신이었다. 그리스인들은 매년 벌어지는 축제에서 치유의 신들을 기억했고, 어려운 병이 있거나 힘든 일이 있을 때 자연스럽게 그들의 성소를 찾았다.


## 4. 히포크라테스 의학

히포크라테스는 기원전 460년경 코스 섬에서 태어나 코스와 테살리아에서 활동하고 테살리아의 라리사에서 기원전 370년경 90세의 나이로 사망했다고 생각된다. 그는 테살리아와 트라키아 지역을 여행하며 환자들을 치료하고 후학을 가르쳤다. 우리에게 〈히포크라테스 전집〉으로 알려진 히포크라테스 학파의 저술들은 사실 히포크라테스가 전부 쓴 것은 아니다. 몇몇 권이 히포크라테스가 쓴 것으로 생각되며 본고에서는 히포크라테스가 쓴 것이나 히포크라테스와 동시대의 것만 다루도록 하겠다. 히포크라테스의 의학은 앞서 언급한 이오니아학파나 피타고라스 학파의 영향을 받아 합리적이고 논리적이다. 히포크라테스는 신의 개입을 최소한으로 이해한다. 그는 의사의 기술을 매우 중요하게 생각했으며, 의사가 인체를 전체적으로 이해하고 기술을 활용하여 환자에게 해를 가하는 일이 없도록 하는 것이 중요하다고 저술의 곳곳에서 강조한다. 그의 글을 보면 당대의 사람들이 얼마나 미신적이었으며 미숙한 의사들이 많았는지 알 수 있다. 그는 크게 이 두 가지 점을 극복하고자 했다.

먼저, 질병의 원인을 미아스마로 생각하고 이를 치유하는 방법으로 정화를 선택하는 경우다. 기원전 422년 공연된 아리스토파네스의 〈벌〉을 보면, 아버지의 병을 치유하기 위해 목욕하고 정화의식을 받게 하거나 (116), 코리반테스(Korybantes, 이들은 마술을 한다고 생각된 예언자들이기도 했다[24])에게 맡기거나(119), 아스클레피오스 신전에 재우는(123) 등 미신적 방법을 택한다. 아버지는 재판을 너무 좋아하는 친 클레온 파의 재판광이어서 아들은 그 병을 고치려는 것인데, 희극의 성격상 재판을 좋아하는 아버지의 성향은 물론 이러한 치유의 방법 또한 풍자의 대상이었다. 기원전 4세기 말에서 3세기 초에 활동했던 메난드로스의 〈유령〉은 언제 초연을 했는지는 알 수 없으나 기원전 250년과 167년에 재공연을 했을 정도로 인기 있는 희극이었다.[25] 이 극에서도 풍자적인 치유의 방법이 언급되는데, 동그라미를 그리며 몸을 쓸어주라든지, 연기를 뿜게 하라든지, 소금과 콩과 함께 세 군데의 샘에서 길은 물을 뿌려주라고 한다.[26] 심지어 서기 2세기의 파우사니아스도 백반과 같은 피부병에 걸린 환자가 아니그로스 님프들에게 기도한 후, 병에 걸린 부위에 기름을 바르고, 그 강에서 수영했더니 부끄러운 것(ὄνειδος[27])은 물 안에 남고 물 밖으로 나오자 깨끗해졌다는 기록을 남겼다.[28] 이러한 방법들이 언급되고 더 나아가 풍자되는 것은 질병에 대한 이해가 그 이전 시대의 미아스마에 관한 강박적 불안 때문이라는 지적은 설득력이 있다.[29]

---

24    J. E. Harrison, *Themis: A Study of the Social Origins of Greek Religion*, Cambridge, 1912, p.26.

25    E. G. Turner, "The Phasma of Menander," *GRBS* vol.10, 1969, p.307.

26    메난드로스, 『유령』, 50-6; Parker, *Miasma*, p.207.

27    G. Ferrari, "Figures of Speech: the Picture of Aidos," *Metis* vol.5, 1990, pp.192-193.

28    Paus. 5.5.11.

29    Parker, *Miasma*, p.209, no.11, 211.

히포크라테스는 『신성한 질병에 관하여』에서 간질을 다루면서 이러한 미신적 치유에 관해 언급한다.[30] 그는 미아스마라는 단어를 직접 사용한다.[31]

> 내가 보기에 그들은 정화의식과 주문을 이용해서 지극히 불경하고 무신론적인 행위를 한다. 그들은, 마치 질병에 걸린 사람들이 어떤 더러움을 가지거나 복수의 신에 쫓기거나, 인간에 의해 마법에 걸리거나, 불경한 행위를 하기라도 한 듯이 이들을 피나 다른 그와 같은 것들로 정화시킨다. 그런데 이와 반대되는 일을 해야 할 것이다. 제사를 지내고 기도를 올리고 그들을 사원으로 데려가 신에게 탄원해야 할 것이다. 하지만 실상 그들은 이와 같은 일들 가운데 어떤 것도 하지 않고 정화를 한다.[32]

여기서 히포크라테스는 불경한 정화의식을 경계하는 것이지 신적인 것을 배격하는 것은 아니다. 그는 종교적인 범위 안에서 최대한 합리적 설명을 시도한다.

> 만일 그것들을 먹고 이용할 경우에는 그것들이 질병을 생기게 하고 증가시키는 반면, 먹지 않을 경우에는 질병이 낫게 된다면, 더 이상 신은 원인이

---

30 반덕진, 『히포크라테스의 발견』, 휴머니스트, 2005, 274-281쪽.

31 이 글에서 직접 다루지는 않지만, 미아스마 개념은 법률에도 적용되었다. 플라톤이 기원전 4세기 중반에 쓴 『법률』에서 범죄자의 죄를 덮어주거나 책임을 다하지 않은 근친(사촌 등)은 그 미아스마를 물려받았다. Pl. Leg. 866b, 871b, 872e, 900b.

32 히포크라테스, 「신성한 질병에 관하여」, 1; 여인석, 이기백, 『히포크라테스 선집』, 나남, 2011, 100-101쪽.

못 되고, 정화사들도 도움이 못 되며, 낫게 하는 것이나 해를 주는 것은 바로 음식들이고, 신의 힘은 사라진다. 그러니 적어도 내가 생각하기에는, 이런 식으로 치료를 하려 드는 사람들은 이 질병들을 신성한 것으로도 신적인 것으로도 여기지 않는 것 같다.[33]

히포크라테스는 정화사들이 질병을 다른 사람이나 동물로 전이시키는 행동 자체가 역으로 생각하면 질병의 원인이 될 수 있다고 보며, 그렇다면 신이 아니라 정화사에 의해 다른 사람의 질병이 나에게 옮겨 온 셈이 되므로 질병의 원인이 신적이라는 말에 오류가 있다고 본다.[34] 간질은 원인을 따지기 어려운 병으로 보이기 때문에 자칫 신적인 것으로 오해하기 쉽지만, 병이 일어나는 시기와 환경, 환자의 체질(점액성의 사람이 간질에 더 잘 걸린다고 한다), 특히 간질에서는 인간의 뇌 등을 분석하면 병의 원인과 해결 방법을 합리적으로 제시할 수 있다. 히포크라테스는 다음 두 가지 점을 글을 통해 강조한다.

1) 이와 같이 이 질병은 몸으로 오고 나가는 것에 의해 생기고 자라며, 이 질병은 다른 질병에 비해 치료하기나 알기에 더 곤란하지도 않고 다른 질병들보다 더 신적인 것도 아니다.[35]

2) 누구나 이 질병도 치료할 수 있다. 만일 그가 정화와 주술 및 그런 모든

33  히포크라테스, 「신성한 질병에 관하여」, 1; 여인석, 이기백, 앞의 책, 96쪽.
34  여인석, 이기백, 앞의 책, 96쪽, 각주 27.
35  히포크라테스, 『신성한 질병에 관하여』, 13; 여인석, 이기백, 『히포크라테스 선집』, 119쪽.

종류의 수단에 호소하지 않고 치료에 유익한 적기를 분간하고 있다면 말이다.[36]

기원전 5세기 말엽부터 미아스마에 관한 비판적 시각이 등장했던 것으로 보인다. 이는 특히 미신적 치유법에 대한 것이었으며, 당대에 이와 같은 미신적 행위가 많았던 것을 반증한다. 히포크라테스는 특히 치료에 있어 합리적 방법을 제시하고자 했고, 이는 당대의 미아스마 이해에 영향이 있었을 것으로 보인다.[37] 『공기, 물, 장소』에서 지역별로 날씨와 물이 어떻게 달라질 수 있는지 이에 따라 병이 어떻게 달라질 수 있는지 합리적으로 설명했고, 『유행병』에서는 이러한 이론을 실제 계절별, 환자의 케이스별로 정리해서 처음 그 지역을 방문하는 의사도 이해할 수 있도록 하였다. 당시의 의사들은 여행하면서 환자를 찾아다녔기 때문에 처음 방문한 곳에서는 이러한 정보가 꼭 필요했을 것이다. 이는 미아스마와 같은 미신적 논리로 문제를 해결하는 것이 아니라 실제의 사례를 통한 분석으로 문제를 해결하는 것으로 현대적 의미의 과학적 의학에 가깝다고 할 수 있다. 『유행병』의 사례들은 남녀노소, 신분에 상관 없이 기술했으며, 병세가 전환되는 날로부터 회복되는 날, 혹은 사망하는 날까지의 대개 10~20일간의 경과를 간략하게 정리했다. 유행병은 그 경과가 비슷한 경우가 많으므로 어느 정도의 일반화도 가능했다.

---

36   히포크라테스, 『신성한 질병에 관하여』, 18; 여인석, 이기백, 앞의 책, 128쪽.
37   자크 주아나, 『히포크라테스』, 서홍관 역, 아침이슬, 2004, 303-308쪽.

춘분 무렵에서 플레이아데스 계절까지, 그리고 겨울이 가까워질 무렵, 많은 열병이 몰려왔지만, 그 계절에 많은 열병이 폐렴으로 발전했고, 많은 사람들이 죽었다. 몇몇 사례는 여름에도 일어났다. 치명적인 증상과 함께 심한 열이 난 사람들은 시작부터 위험 신호가 왔다. 그 시작과 동시에 몸살을 동반한 급성 발열, 불면증, 목마름, 메스꺼움, 이마와 쇄골에 대한 약간의 땀이 났다. 그러나 이때에는 정신착란, 공포, 우울이 있거나 손발이 차지는 않았다. 짝수 날에 증상이 악화되었다. 대부분 4일째에 가장 고통스러워했는데, 땀이 나고, 사지는 데워지지 못하고 오히려 시리고 차가웠다. 이때에 갈증은 사라졌다. 소변은 검고, 빈약하고, 가늘고, 변비가 있었다. 이런 증상이 있을 때 코피가 살짝 날 수는 있으나, 과다출혈은 없었다. 재발한 사례는 한 건도 없었지만, 이들은 엿새째에 땀을 흘리며 죽었다.[38]

히포크라테스는 『유행병』의 3권에서 이렇게 사례들을 정리한 이유를 명시한다.

나는 그것이 쓰여진 것을 올바르게 공부할 수 있는 능력이 의술의 큰 부분이라고 본다. 이런 것들을 잘 알고 적절히 이용하는 사람은 의술에 있어서 큰 실수를 저지르지 않을 것 같기 때문이다. 모든 계절과 질병의 구성을 정확하게 배워야 한다. 각 구성과 질병에서 좋은 것은 무엇인지 나쁜 것은 무엇인지 알아야 한다. 만성 질병 중 어떤 질병이 사망으로 이어지고 어떤 질병이 회복될 것인지, 급성 질병 중 어떤 질병이 사망으로 이어지고 어떤 질

---

38    히포크라테스, 『유행병 1』, 3,18.

병이 회복될 것인지 알아야 한다. 이를 알면 위험한 날이 오는 순서를 알기 쉽고, 그에 따라 예측할 수 있게 된다. 이를 잘 아는 사람은 자신이 누구를, 언제, 그리고 어떻게 치료해야 할지 알 수 있는 것이다.[39]

히포크라테스 의학은 직접 여행하며 치료하여 얻은 경험적 지식을 자료로 축적하고 이를 논리적으로 일반화하여 의학적 지식으로 만드는 것이었다. 이 지식은 최소한의 변형으로 다른 사람에게 전달할 수 있다는 장점이 있었다. 지식이 공유되면 멀리 떨어진 지역 간에도 같은 치료법을 사용할 수 있고, 지식의 수정과 발전이 가능해진다. 히포크라테스 의학이 미신이나 단순 기술의 수준을 벗어나서 로마 시대는 물론 근세까지 발전을 계속할 수 있었던 이유가 여기에 있는 것이다.

히포크라테스가 두 번째로 주의한 것은 의사의 기술과 그 기술을 환자에게 올바르게 사용하는 것이다. 그는 『유행병』 1권 5절에서 환자에게 해를 끼치면 안 된다고 공언한 바 있다. 의사가 기술이 없거나 사람의 몸을 잘 이해하지 못한 채로 치료를 진행해서 환자에게 해를 끼치면 안 된다는 것이다. 그는 수술을 할 때에도 환자의 입장에서 해야 한다고 가르친다.

1회의 절개가 있는 수술에서는 이를 빠르게 실행해야 한다. 환자가 고통을 겪으므로, 그 고통을 최소화하기 위함이다. 그러나 여러 차례의 절개를 해야 하는 경우에는 천천히 집도해야 한다. 빠르게 집도하면 고통은 크고 오

---

39    히포크라테스, 『유행병 3』, 2,16.

래가지만, 중간중간 쉬어 가며 하면 환자에게 쉴 수 있는 시간을 준다.[40]

의사의 치료는 환자가 중심이 되어야 한다. 따라서 기술도 환자를 위해 사용되어야 한다. 뽐내기 위해 사용되어서는 절대 안 된다. 사다리를 이용해 탈골을 치료하는 것에 대해 히포크라테스는 다음과 같이 경고한다.

넘어져서 척추가 뒤로 꺾였을 때는 거의 교정이 안 된다. 사다리 교정법은 내가 알기로 성공한 적이 없는데, 모여든 사람들을 놀라게 할 목적으로 하는 의사들을 봤다. 환자를 거꾸로 매달거나 하는 것을 본 관중들이 경탄하면서 결과는 좋든 나쁘든 신경 쓰지 않기 때문이다.[41]

의사는 환자와 치료 그 자체에만 집중해야 한다. 『수술에 관하여』는 다음과 같이 시작한다.

의사는 맨 처음 유사한 것과 유사하지 않은 것을 구분해야 한다. 또한, 가장 중요한 것과 연관된 것과 가장 쉽게 알 수 있는 것, 그리고 어떤 식으로든 알려진 것에 대해 알아야 한다. 그는 또한 보여야 하는 것, 만져져야 하는 것, 들려야 하는 것을 알아야 한다. 보여서, 느껴서, 들려서 알아야 하는 것, 다시 말해 코, 혀, 그리고 이해력이 발달해야 한다. 모두에게 알려져 있

---

40   히포크라테스, 『의사』, 5.
41   히포크라테스, 『관절에 관하여』, 42.

다 해도 우리는 또 다른 면을 알아야 한다.[42]

히포크라테스는 다른 곳에서는 "(의사는) 침묵할 뿐만 아니라 규칙적이어서 평판이 좋아야 한다. 그는 반드시 성격이 신사적이고 모든 사람에게 엄숙하고 친절해야 한다. 진취성과 강박성은 유용하더라도 피해야 한다. 그는 진지하되 가혹한 표정을 지으면 안 된다. 이는 오만함과 불친절함을 의미하기 때문이다"라고 말하며 의사의 평소 행실과 품성까지 규율하였다.[43] 플라톤은 흥미롭게도 자유인 의사와 노예 의사를 구별하는데, 노예 의사는 대부분 같은 노예들을 진료하며 자신이 "정확한 지식을 가지기라도 한 듯 참주처럼 자신만만하게 경험에 비추어 판단한 것을 각자에게 처방"해주지만, 반면에 자유인 의사는 "질병들을 초기 상태부터 자연의 이치에 따라 면밀히 살펴보고, 환자 자신뿐 아니라 그의 친구들과 상담을 해 질병에 걸린 자들로부터 스스로 뭔가를 배우는 동시에 할 수 있는 한 환자를 가르치기까지" 한다고 한다.[44] 노예 의사보다 자유인 의사의 덕목이 우수하며, 자유인 의사는 환자의 선생 노릇까지 할 수 있어야 한다. 히포크라테스가 생각한 의사는 의술을 완전히 습득하고 품행이 발라 환자를 진심으로 대하며 선생의 역할까지 할 수 있는 사람이어야 하는 것이었다.

그러나 히포크라테스의 치료법이 아직은 완벽하지 않아 현대의학으로 판단하면 위험한 경우도 많았다. 특히 부항이나 지짐칼 등의 사용이 그랬

---

42    히포크라테스, 『수술에 관하여』.

43    히포크라테스, 『의사』, 1.

44    플라톤, 『법률』, 720 c-d; 플라톤, 『법률 1』, 김남두, 강철웅, 김인곤, 김주일, 이기백, 이창우 역, 나남, 2018, 224-225쪽.

다. 여성들의 월경을 멈추게 하기 위해 가슴에 부항을 뜬다거나, 자궁탈출증을 치유하는데 엉덩이에 최대한 큰 부항을 붙이고 있으라고 하는 것은 지금 생각하면 관련이 없기도 하고, 위험할 수 있다.[45] 부항의 사용에 있어서도 부항을 뗐는데도 피가 계속 흐르면 부항을 다시 해서 안에 남은 것을 모조리 빼야 한다고 하는 등 무리한 사용법이 자주 등장한다.[46] 히포크라테스의 치질 치료법은 지지는 방법을 사용해 특히 위험하다.

우선 그것(치질)이 어떤 종류의 장소에서 형성되는지 알아야 한다. 절개, 절제, 봉합, 묶기, 항문에 약을 바르는 것, 이 모든 것들은 매우 만만치 않은 것으로 보이지만, 결국 잘못되지는 않는다. 작은 쇳조각을 7, 8개 준비해 두면 좋겠고, 굵기는 두꺼운 비늘처럼 굵고, 끝부분은 구부러져 있고, 끝부분에 넓은 조각은 작은 오볼루스(동전)처럼 되어 있어야 한다고 권한다. 전날 먼저 약으로 남성을 정화(관장)한 후 수술 당일에는 소작제를 바른다. 등을 대고 눕히고, 배꼽 아래에 베개를 놓고, 손가락으로 항문을 최대한 끌어내고, 지짐칼을 빨갛게 달아오르게 한 다음, 모두 지져질 때까지 더미를 태운다. 남은 부분이 없도록 태워야 한다. 치질은 어두운 색깔의 포도처럼 내장에 돌출되어 있고, 항문을 억지로 내밀면 피를 뿜어내기 때문에 어렵지 않게 알아볼 수 있을 것이다. 소작법을 적용할 때 환자의 머리와 손을 잡고 흔들지 않도록 해야 하지만, 그 자신은 소리치도록 내버려 두어야 한다. 왜냐

---

45   히포크라테스, 『경구』, 5.50; 히포크라테스, 『여성의 질병』, 144.20, 248.16L; Bliquez, L. J., *The Tools of Asclepius; Surgical Instruments in Greek and Roman Times*, Leiden, 2015, pp.25-26.
46   히포크라테스, 『궤양』, 17.

하면 그래야 직장이 더 많이 나오기 때문이다. 다 태웠으면, 렌즈콩과 타레를 곱게 빻아서 물에 개고, 5-6일 동안 습포제로 바른다. 7번째 날에는 부드러운 스펀지를 매우 가늘게 자르고, 그것의 너비는 약 6인치 정사각형이어야 한다. 그다음에 스펀지와 같은 크기의 얇고 매끄러운 천 조각에 꿀을 묻혀 바르고, 왼손 집게손가락으로 스펀지의 중간을 가능한 한 항문 위로 밀어 올린 다음, 양털을 스펀지 위에 올려서 항문에 붙여야 한다. 그리고 환자의 허리에 묶고, 솔을 거들에 매고, 이 띠를 다리 뒤에서 들어올려서, 배꼽의 거들에 붙인다. 그리고 내가 앞서 말했던 피부가 두껍고 튼튼해지도록 계산된 약을 붙인다. 이는 20일 이상 계속되어야 한다. 환자는 하루에 한 번 밀가루, 기장 또는 밀기울을 한 모금씩 마시고 물을 마셔야 한다. 한지기 대변을 보러 갈 때는 환부를 뜨거운 물로 씻어야 한다. 또, 3일마다 목욕을 해야 한다.[47]

시술의 순서 및 회복 시의 처치법이 자세하게 나와 있고, 서두에 잘못되지 않으니 염려 말라는 말을 덧붙였지만, 환자의 머리와 손을 잡아서 흔들지 못하게 한다거나 소리는 지르도록 두라는 말에서 환자의 고통이 짐작된다. 게다가 이 시기에는 적당한 마취제도 없었으므로 환자는 매우 큰 고통을 감내해야 했을 것이다. 치질이 완치되었으리라는 보장도, 시술 후 그 자리가 깨끗이 아물었으리라는 보장도 없다.

히포크라테스 의학은 히포크라테스 자신이 직접 치료를 하면서 쌓은 경험을 바탕으로 기존의 순회하는 의사나 작은 진료소를 운영하는 의사

---

47    히포크라테스, 『치질』, 2.

들을 비판하고, 축적된 의학적 지식을 공유하여 올바른 의사의 모델과 의료 윤리를 제시하였다. 이는 기존의 돌팔이 의사들을 어느 정도 견제하는 데 성공했을 것이다. 그러나 아직 그 지식이 완전하지 않았고, 치료법이 때로는 환자에게 위험하였기 때문에 그리스의 환자들이 얼마나 히포크라테스 의학을 선택하여 치료를 받았는지 확실치 않다. 그러나 히포크라테스가 뿌리내린 과학적 의학이 치료 대상이 되는 환자의 수를 점차 늘렸고, 현대에 이르게 되었다는 점은 분명하다.

## 5. 정리하며

기원전 5-4세기 동안 그리스 전역은 큰 변화를 겪었다. 기원전 5세기 초에 페르시아의 지배하에 있던 그리스계 이오니아인들이 페르시아에 저항하기 시작했다. 이들은 그리스의 자유의 정신을 버릴 수 없었고, 거대한 페르시아에 맞설 용기가 있었다. 그리스 본토의 아테네와 에레트리아가 이를 원조했고, 그리스-페르시아 전쟁이 벌어졌다. 군주정에 대한 민주정의 사투였다. 또한 압제에 대한 자유의 사투였다. 패배가 예견되었던 이 전쟁에서 기적적으로 그리스가 승리하자 전쟁을 주도했던 아테네는 자신감을 가지고 제국으로 성장한다. 이는 그리스인들의 이동과 교류가 더욱 활발해지는 것을 의미했다. 아테네는 물론 그리스의 유력한 폴리스들이 식민시를 건설했고, 이 식민시에 기대를 가진 많은 시민들이 이주했다. 아시아, 이집트, 서유럽, 흑해 연안 등의 새로운 풍토를 경험하는 사람들이 늘어나자 더 멀리 여행하고 탐험하는 사람들이 생겼다. 경험을 중시하고 사실에 집중하는 경향은 정치, 학문 등 사회 전반의 발전에 영향을 미쳤다. 펠로폰네소스 전쟁은 그 경쟁의 심화 때문에 발발했다고 보아도 과언이 아니다. 펠로폰네소스 전쟁으로 아테네와 스파르타라는 헤게모니가 쇠락하자 다양한 목소리들이 힘을 낼 수 있게 되었다. 나아가 기원전 4세기 알렉산드로스가 페르시아를 정복하여 헬레니즘 세계를 열자 그 다양성은 더 큰 시너지 효과를 내게 된다.

아스클레피오스 숭배와 히포크라테스 의학의 발전은 언뜻 보면 종교와 과학으로 서로 완전히 다른 것으로 보이지만, 사실 같은 흐름 속에 있는 것이다. 아스클레피오스 숭배는 펠로폰네소스 전쟁 중에 아테네가 전략적으로 도입하여 발전시킨 종교로 보는 것이 타당하다. 물론, 숭배는 겉으로 보기에 개인의 병을 치유하기 위한 지극히 개인적인 종교로 발전한 것으로 보이지만, 병과 치유를 오염과 정화에 대입하고 적을 오염으로 이를 정화하는 것을 아테네의 소명으로 생각하는 제국주의적 의식은 대외적 선전 효과가 분명히 있었다. 아테네가 이를 축제와 성소로 개발하고 이렇게 개발한 것이 역으로 에피다우로스에 도입된 것, 후에 코스 섬에까지 전파된 것을 보면 각 폴리스가 종교를 현실 정치에 활용할 수 있다고, 다시 말해 유용하다고 판단했음을 알 수 있다. 폴리스 차원에서 개발되지 않았다면 아스클레피오스 숭배는 이렇게까지 크게 성장하기 어려웠을 것이다. 히포크라테스 의학은 폴리스의 지원을 받아 성장한 것은 아니다. 그러나 경험 위주의 실용적, 실증적이어야 한다고 생각하는 것으로부터 발전되었다고 생각하면 아스클레피오스 숭배가 발전하게 된 이유와 유사하다.

기원전 5-4세기 당시의 환자에게 아스클레피오스 숭배와 히포크라테스

의학 사이에 간극이 느껴졌을까? 아마 아닐 것이다. 히포크라테스가 아스클레피오스 성소에서 치료 행위를 한다고 해도 이상할 것이 없었을 것이다. 실제로 후대에 아스클레피오스 성소에서 의사들이 의료 행위를 한다. 목적을 가지고 실용적인 행위를 한다는 면에 있어 둘은 차이가 없다. 물론, 종교와 학문으로서 분화가 심화되면 차이가 생기겠지만, 기원전 5-4세기의 그리스에서는 적어도 큰 차이를 느끼지 못했을 것이다. 아스클레피오스 숭배와 히포크라테스 의학 모두 이 시기 그리스인들에게는 새로운 의료였으며, 환자들 역시 경험을 중시하고 목표 지향적인 새로운 환자가 되어 있었기 때문이다.

# 근대 초기 정신질환자에 대한 규정과 인식의 변천*

## - 1900~1910년대 신문연재소설과 기사를 중심으로

박성호 (경희대학교 인문학연구원)

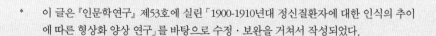

* 이 글은 『인문학연구』 제53호에 실린 「1900-1910년대 정신질환자에 대한 인식의 추이에 따른 형상화 양상 연구」를 바탕으로 수정·보완을 거쳐서 작성되었다.

## 1. 들어가며

19세기 말부터 본격화된 서구의 근대 의료 체계는 한국의 의료 환경을 큰 폭으로 변화시켰다. 이는 정신질환의 경우도 마찬가지였다. 정신질환에 대한 의학적인 이해와 더불어 이를 다루는 전문적인 의료 기관이 등장하면서 정신질환자에 대한 규정과 의료적 처치 등은 급격한 변화를 겪게 되었다. 1900년대에는 서양인 의사나 일본인 거류지 병원 등을 중심으로 하여 정신질환자에 대한 의료가 시작되었던 것으로 추정되며, 1910년대 초반부터는 조선총독부의원을 중심으로 정신질환자를 위한 별도의 의료 기관 건립 등이 추진되었다.

하지만 기술적, 제도적 변화의 속도와는 별개로 정신질환자에 대한 인식과 대우는 근본적인 변화에 적잖은 시간을 요하는 일이었다. 본격적인 전문 의료기관이 등장하기 시작했던 1900년대에조차도 정신질환자는 치료와 돌봄을 받아야 하는 약자라는 인식보다는 상해나 방화, 심지어는 살인 등을 저지르는 위험한 존재라는 인식이 더 강하게 작동하고 있었다. 이들에 대한 일반적인 처치와 대우 역시 별도의 의료기관보다는 환자의 가족에게 전가하는 식이었으며, 그 가족들 역시 환자를 감금하고 감시하는 것 외에는 별다른 대응책이 없었다.

이러한 상황은 1910년대에 접어들면서 조금씩 변화를 보이기 시작한다. 제생원(濟生院)이나 총독부의원 제8병동과 같은 정신질환을 위한 의료기관들이 등장한 것이 그 시발점이다. 아울러서 언론 매체의 정신질환자와 관련된 보도에서도 이전과는 사뭇 다른 양상이 관측된다. 이러한 전문의료기관에 수용된 환자들을 대상으로 이들에 대한 경계나 배제보다는 동정과 연민을 호소하는 기사들이 등장하기 시작한 것이다.

본 논문은 1900-1910년대의 신문연재소설과 기사 등을 중심으로 당대 정신질환자에 관한 제도와 인식의 변화가 어떤 양상으로 진행되는지를 살펴보고자 한다. 소설과 언론 보도를 연구의 중심으로 삼는 이유는 일단 정신질환과 관련된 당대의 구체적인 기록들이 충실치 않은데다가, 정신질환자에 대한 인식의 추이를 살피기 위해서는 객관적인 기록뿐만 아니라 이를 소재로 채택한 당대 문학작품의 양상 역시 함께 살펴보는 쪽이 더 적절하다고 판단했기 때문이다. 물론 소설이나 기사에서 나타나는 양상과 변화가 곧 그 시대의 인식 전반을 대변한다고 단언할 수는 없다. 그러나 제도적 변화가 실제로 이러한 텍스트에도 일정한 영향을 주고 있으며, 이를 토대로 정신질환자에 대한 인식의 변화가 이루어지는 추이를 가늠할 수 있다는 점에서는 연구 대상으로서 충분한 가치가 있으리라 생각한다.

## 2. 사회위생적 관점에서의 정신질환 이해와 대처

대한제국기에 정신질환자에 대한 의료적 진단과 대응이 어떻게 이루어졌는지를 추적하기는 쉽지 않다. 알렌(H. N. Allen)이나 맥라렌(C. I. McLaren)과 같은 서양의사들이 정신질환에 대한 치료 또한 수행했다든가[1] 1878년 일본 거류민들을 대상으로 설치된 부산의 제생의원(濟生醫院)에서 조선인 정신질환자도 치료했을 가능성 등은 존재하지만 대체로는 한방의나 무속에 의한 처치에 의존하거나 혹은 방치되었던 것으로 보인다.[2]

정신질환자를 위한 전문적인 의료시설의 존재는 당시 사람들에게 아주 낯선 존재인 것만은 아니었다. 그 실체 이해는 차치하고서라도 존재 자체는 어느 정도 알려진 상태였다. 예컨대《한성순보》에서는 영국의 정신병원을 소개하면서 '전광원'(癲狂院)이라는 이름과 함께 그 기능이나 규모에 대해 상세하게 다루기도 했고[3] 앞서도 언급한 외국인들에 의해 세워진 병원에서도 정신질환자에 대한 의료를 수행했다는 기록을 엿볼 수 있다. 하지만 정신질환자 치료가 구체적으로 어떻게 실행되었는지를 가늠할 만한 자료를 찾아보기는 쉽지 않다.

1900년대까지만 해도 정신질환자임을 진단하고 그에 대한 대처 방안을 마련하는 것은 주로 경찰의 몫이었다. 보통 정신질환자가 발견되는 것은 그가 외부에서 비정상적인 행동을 했을 때였으므로 이를 가장 먼저 적

---

1  여인석, 「세브란스 정신과 설립과정과 인도주의적 치료전통의 형성 - 맥라렌과 이중철의 활동을 중심으로」, 『의사학』 17-1, 대한의사학회, 2008.6, 58-60쪽 참조.
2  이부영, 「일제하 정신과 진료와 그 변천」, 『의사학』 3-2, 대한의사학회, 1994.12, 149쪽.
3  「英國癲狂院」,《한성순보》, 1884.6.2.

발하고 판단하는 것은 자연스럽게 경찰의 일이 될 수밖에 없었다. 하지만 이런 경우에도 어떤 기준에 따라서 정신질환으로 진단한 것인지는 구체적으로 알려진 바가 없다. 물론 경무청 관할의 감옥서(監獄署)에는 의사가 배치되어 있었고[4], 경찰의사(警察醫師)가 있어서 범죄로 인한 피해자를 치료하는 등의 의료 활동[5]을 한 정황은 드러나 있지만, 경찰의사 혹은 감옥서 의사가 위와 같은 정신질환자 진단과 처치를 수행했는지에 대해서는 구체적인 기록이 남아 있지 않다.

다만 다음과 같은 관점에서 당시 정신질환자에 대한 처치가 어떤 형태로 이루어졌을지를 추정하는 것은 가능하다. 당시 경찰은 치안유지뿐만 아니라 위생과 방역에 대한 지도의 의무도 있었다. 대한제국 칙령 제20호 경부관제(警部官制)의 제8조에 따르면 경무관(警務官)의 주된 임무는 "上官(상관)의 命(명)을 承(승)ᄒ야 警察衛生事務(경찰위생사무)와 犯罪人緝捕(범죄인집포)에 從事(종사)ᄒ며"[6]라고 하여 경찰 업무나 범죄인 체포와 더불어 위생과 관련된 사무에 종사할 것을 의무로 하였다. 순검들은 단순한 청결 관리 업무뿐만 아니라 감염병과 관련된 전문지식을 배우고 이에 입각한 방역 활동에 종사하도록 요구받았다.[7] 경찰의사 역시 이러한 위생 사무와 관련하여 다양한 활동을 했다. 일반적인 위생지도 업무는 물론 콜레라와 같은 감염병이 확산될 경우 해당 지역에 파견되어 방역과 구호를 위한

4    「敍任 及 辭令」,《황성신문》, 1906.4.21.
5    「何事反目」,《대한매일신보》, 1908.9.8.
6    「勅令第二十號」,《황성신문》, 1900.6.15.
7    박윤재,「19세기 말~20세기 초 병인론의 전환과 도시위생」,『도시연구: 역사 · 사회 · 문화』18, 도시사학회, 2017.10, 21쪽.

활동에 종사하기도 했고,[8] 독약을 먹은 환자를 회생시키는 등의 응급의료도 수행했다.[9] 다만 정신질환자에 대해서는 경찰의사가 별도의 의료 행위를 했다는 기록은 없으며, 정신질환자인지에 대한 판단 역시 오롯이 경찰의사의 몫이었다고 보기도 힘들다. 일반 순검들 또한 정신질환자를 판단하고 그 사후 처치를 결정했던 사례들이 적지 않은 것을 보건대 정신질환 여부를 진단하고 처치하는 일은 의료의 관점보다는 치안유지의 맥락에 더 근접한 것이었다고 볼 수 있겠다.

경찰의사의 역할은 질서유지에 해가 되는 행동을 한 사람이 정신질환자인지의 여부를 판단하는 데에 있었을 뿐이었다. 이들이 이에 대한 의료 행위를 수행했다는 기록은 없다.[10] 1910년 합병 이후에 성립된 소선총독부에서도 사회위생적 관점에 근거하여 정신질환자들을 사회의 안녕에 위해를 가하는 것으로 간주하고 이들을 사회로부터 적극적으로 분리·배제하려고 했던 점[11]을 생각해 본다면, 1900년대의 상황 역시 이와 별반 다를 바는 없었을 것이다. 실제로 같은 시기 일본에서는 정신질환을 위생의 관점에서 접근하여 '정신위생'이라는 단어를 사용하면서 각종 감염병과 기생충병 및 정신병을 예방·박멸하는 것을 위생행정의 주된 업무로 삼기

---

8　「診斷醫師派送」,《대한매일신보》, 1908.10.4.

9　「하마죽을뻔」,《대한매일신보》, 1908.11.4.

10　순사가 환자를 데리고 제중원(濟衆院)에 가서 정신질환을 일으킨 원인을 파악하려 했다는 기록이 존재하기는 하지만, 이마저도 환자 가족들의 구제 청원에 의한 것이었다. 「박씨 성광」,《대한매일신보》, 1908.5.31.

11　이방현, 「식민지 조선에서의 정신병자에 대한 근대적 접근」, 『의사학』 22-2, 대한의사학회, 2013, 532-535쪽.

도 했다.[12]

요컨대 경찰의 역할은 정신질환자가 사회의 '위생'을 저해하는 행위를 할 수 없게끔 차단하는 것이었고, 환자에 대한 의료의 책임은 가족에게 있었다. 그나마도 병원을 통한 본격적인 의료는 기대하기 힘들었다. 간혹 환자를 제중원으로 보내어 그 원인을 파악하려는 시도가 없었던 것은 아니었지만 대부분은 별도의 치료에 대한 시도 없이 가족에게 인계하고 환자에 대한 감시와 감독에 전력하도록 당부하는 것이 일반이었다.

문제는 가족에게 인계되었다고 해서 정신질환자에 대한 별도의 의료적 대안이 마련되어 있는 건 아니라는 사실이었다. 환자의 가족이 정신질환자에게 할 수 있는 유일한 처치는 집 밖으로 나가지 못하게끔 격리하고 감시하는 것뿐이었다. 앞서 언급한 것처럼 제중원과 같은 의료기관을 통해 진단이나 치료를 시도하는 경우는 극히 드물었다. 그보다는 굿이나 송경(誦經)과 같은 민간의 요법을 활용해서 환자에게 나타나는 증상을 해소하려는 경우가 더 많았다. 물론 그 결과는 좋지 못해서, 사기 취재로 끝을 맺거나 심지어는 환자가 죽는 경우조차도 있었다.[13] 정신질환자는 그 가족에게도 치료의 대상이라기보다는 일종의 치부(恥部)로서 감춰져야 할 대상으로 간주되었으며, 이러한 격리 조치에 실패한 경우에는 보통 외부 세계에 대한 공격적 행위 등으로 인해 신문지상에 오르내리고는 했다.

당시 정신질환자를 묘사하는 언론의 술어는 주로 전광(癲狂), 성광(成

---

12    이방현, 「일제의 정신질환자에 대한 인식과 태도」, 『이화사학연구』 45, 이화여자대학교 이화사학연구소, 2012, 244쪽.

13    「術 不可不 慎」, 《대한매일신보》, 1909.8.6.

狂), 광증(狂症), 미친증, 정신병 등이었다. 그리고 이렇게 기사에 등장하는 환자들의 행적은 사람을 도끼로 때려죽이거나[14] 가옥을 파괴하거나[15] 하는 식이었다. 언론이 묘사하는 정신질환자는 사회의 질서를 해치고 타인에게 피해를 끼칠 수 있는 존재로서 경찰의 단속 대상이었다. 그리고 경찰은 이러한 범죄를 일으킨 사람이 보통의 범죄자인지, 아니면 정신질환자인지를 가늠하여 후자로 판단될 경우에는 가족에게 인계함으로써 환자에 대한 관리와 감독이 지속될 수 있도록 지도하는 역할을 담당하는 것으로 인식되었다.

정신질환자를 치안과 위생의 대상으로만 여기는 게 아니라, 환자 그 자체의 처지를 서술하면서 연민의 감정을 유발하는 기사가 아예 없었던 것은 아니다. 예컨대 계모의 박대로 정신질환 증상을 보이는 어느 13세 여자아이에 대해서 '정세가긍(情勢可矜)'[상황이 불쌍하다고 할 만한(아이)][16]라는 제목으로 기사를 내보낸 경우가 그러했다. 하지만 여기에서도 본문의 내용은 주로 아이를 그러한 지경으로 내몬 계모에 대해 사람들이 모두 통탄(痛嘆)했다면서 계모의 악행을 비난하는 데 중점을 두고 있었다. 정작 환자인 13세 여자아이에 대해서는 부친에게 연락하여 본가로 데려가도록 했다는 것이 전부다. 무엇보다도 이 기사에서 등장한 13세 환자는 사회위생에 저해되는 행위를 하지 않았다. 단지 거리를 헤매던 아이를 미아로 인지한 경찰이 그 신병을 확보하는 과정에서 정신질환자임을 발견하게

---

14 「發狂斃妻」,《황성신문》, 1907.10.8.
15 「狂人留置」,《황성신문》, 1908.11.28.
16 「情勢可矜」,《황성신문》, 1909.11.25.

되었기에 그 소이연(所以然)이 기사화된 것뿐이다.

한편으로는 정신질환자 진단과 그 규정이 명확하지 않다는 문제도 있었다. 언론을 통해서 확인되는 정신질환자 호명 방식은 '광인'(狂人)이 지배적이었으며, 명확하게 질병을 앓고 있는 사람임을 지칭하는 '병자'(病者)나 '환자'(患者)라는 호칭은 그다지 많이 쓰이지 않았다. 경찰의사에 의해 환자임이 뚜렷하게 규정되는 경우도 있었지만, 반대로 행위의 난폭함이나 상태의 이상 그 자체가 '狂'(광)으로 치부되는 경우도 적지 않았다. 다음의 기사가 그 대표적인 경우다

> 지작일 오후 이 시 경에 엇던 사름이 슐이 취ㅎ야 호소홀 일이 잇다 ㅎ고 농상공부 안에 드러간지라 히부에서 광인이라 ㅎ고 즉시 쫏ᄎ낸즉 그 사름이 히부 문밧긔셔 야료ㅎᄂ고로 그곳 지소 슌사가 결박ㅎ야 그 사름의 집으로 보내엿다더라.[17]

기사의 내용으로만 보았을 때에는 정신질환자의 행동이라기보다는 취객의 행패에 가까운 것으로 파악된다. 하지만 '광인'이라는 호칭은 이처럼 난동을 부리는 취객에서부터 실제 환자에 이르기까지 폭넓게 통용되었고, 이러한 행동을 보이는 사람에 대한 처우 역시 경찰의 치안유지 활동의 대상으로 간주되는 것도 마찬가지였다. 최종적으로는 가족에게 인계된다는 점도 다르지 않았다. 정신질환의 여부에 대한 판단은 구체적이고 전문적인 의료의 관점에서 행해졌다기보다는 환자 자신의 행동 양태

---

17 「슐 쯰문에」,《대한매일신보》, 1908.8.2.

에 대한 경찰의 판단 여하에 따르는 것이었고, 그 대응 역시 위생과 치안을 유지하기 위한 경찰 업무의 선에서 크게 벗어나지 않았다.

정신질환자는 위생 지도라는 관점에서 사회로부터 분리되어야 하는 존재로 간주되었다. 정신질환을 치료하는 방법도, 혹은 이러한 치료를 전담할 기관도 명확하지 않은 상태에서 정신질환자란 마치 콜레라와 같은 감염병 환자가 그러하듯이 격리 조치를 요하는 대상이었다. 비록 정신질환이 감염병처럼 타인에게 병을 옮길 우려가 있었던 것은 아니지만, 사회의 질서를 해치는 행위를 유발할 수 있다는 점에서는 역시 사회로부터 분리되어야 할 필요성이 제기되었던 것이다.

그나마 감염병의 경우에는 피병원(避病院)과 같은 제도를 통해서 환자를 격리 수용할 수 있었지만, 정신질환은 이에 대응하는 전문의료기관이 따로 존재하지 않았다. 간혹 정신병에도 효험이 있다는 의약 광고가 신문지상에 등장하기도 했지만, "米國 大學醫院 處方"(미국 대학병원 처방)이라는 이 약은 정신병은 물론 양기 부족이나 수족궐랭(手足厥冷), 월경 부조 등 다양한 병증에 통용되는 것으로 소개[18]되어 있어서 그 정체가 의심스러운 것이었다.[19] 사회위생의 관점에서 정신질환자는 사회로부터 격리

---

18 「西藥便方」,《대한매일신보》, 1907.11.12.
19 사실 이런 종류의 의약품은 대체로 기력 부족을 해결해주는 것으로 광고되는 것이 일반적이었으며, 신경쇠약과 같은 질환은 위장병이나 수면 부족 등과 같은 기허(氣虛)에서 비롯되는 제반 증상 가운데 하나로 간주되었을 따름이다. 즉 특정한 질환에 대응하는 의약품으로서가 아니라 자양강장제의 한 종류로서 판매되었다고 봐야 한다. 박성호, 「한국근대소설 속 신경쇠약과 결핵의 인접 관계에 대한 인식의 형성과 구체화 - 1910년대 신소설과 번안소설을 중심으로」, 『JKC』 58, 한국어문학국제학술포럼, 2022.8, 137쪽.

되어야 할 존재로 간주되었으나 이에 대응할 수 있는 의료 수단은 미비했다. 이는 어디까지나 환자 가족의 몫으로 남겨졌고, 택할 수 있는 유일한 수단은 감금과 감시뿐이었다. 이런 상황은 1910년대로 접어들면서 정신질환을 위한 의료기관의 설치 논의가 이루어지기 전까지 지속되었다.

## 3. 계몽과 감화의 대상으로서의 정신질환자
### ─1900년대 신소설 속의 묘사

이인직의 「은세계」(1908)는 정신질환을 앓는 등장인물을 전면에 내세운 1900년대의 대표적인 소설 중 하나다. 최병도의 부인이자 옥순·옥남의 모친이기도 한 본평댁은 남편의 죽음으로 인한 슬픔과 충격에 빠진 상태에서 유복자인 옥남을 출산하다가 정신질환을 일으킨다. 그의 병은 '실진'(失眞), '미친증', '제명오리'(같은 상태) 등으로 묘사되는데, 이에 대한 의료적 처치라고는 "당귀·천궁·숙지황·백작약·원지·백복신·석창포 등속으로 청심보혈(淸心補血)만" 하는 것이 전부다. 물론 이러한 처치는 본평댁의 정신질환에는 아무런 효과를 보이지 않는다. 결과적으로 본평댁은 자택에 감금된 채로 사실상의 방치 상태에 놓인다.

> 머리가 까치집같이 헙수룩하고 얼굴은 몇 해 전에 씻어 보았든지 때가 케케히 끼었는데, 저렇게 파리하고도 목숨이 붙어 있나 싶을 만하게 뼈만 남은 위인이 혼자 앉아 중얼거리는 사람은 본평부인이라. … 본평부인이 광증이 심할 때에는 벌거벗고 문 밖으로 뛰어나가려 하기도 하고, 옥순이도 몰라보

고 방망이를 들고 때리려 하기도 하는 고로, 옥중에 죄인 가두듯이 안방에 가두어 두고 수직(守直)하는 노파 이삼 인이 옥사장같이 지켜 있고 다른 사람은 그 방에 드나들지 못하게 하는 터인데, 적적하고 캄캄한 방 속에 죄없이 갇혀 있는 사람은 본평부인이라.[20]

감금된 본평댁에 대한 묘사는 처참하다. 이를 표현하는 작중의 단어 역시 '귀신', '죄인' 등의 비유로 수렴된다. 정신질환을 앓는 본평댁은 자신의 딸인 옥순에게조차도 공격성을 드러내고, 틈만 있으면 집을 탈출하여 이상행동을 벌이려고 한다. 본평댁은 억울한 처지로 인하여 실진(失眞)하게 된 것이지만, 그녀에 대한 작중 서술은 동정이나 연민의 감정과는 거리가 있다. 물론 '죄없이 갇혀 있는 사람'이라는 표현에서 본평댁의 처지를 불쌍하게 바라보는 시선이 드러나기도 하지만, 여기에는 본평댁 자체에 대한 연민뿐만 아니라 본평댁을 그러한 처지로 몰고 간 강원감사에 대한 비판적 태도가 함께 반영되어 있다. 그녀의 괴기한 모습과 더불어 처참한 상태를 강조하는 것도 강원감사의 탐학으로 인해 야기된 피폐함을 적나라하게 드러내고자 하는 쪽에 가깝다.

동시대의 소설에서도 정신질환이 아닌 다른 병에 대해서는 환자의 상태에 대한 동정을 유발하거나 이에 대한 의료적 처치를 수행하려는 장면들이 여럿 등장한다는 점에 유의해야겠다. 이인직의 「혈의루」(1906)에서는 전쟁터를 헤매다가 총상을 입은 옥련을 군의관인 이노우에가 치료해 주는 것은 물론, 고아가 된 그녀를 불쌍하게 여겨서 양녀로 삼아 일본으

---

20    이인직, 「은세계」, 『한국신소설전집』 1, 을유문화사, 1968, 445-446쪽.

로 데리고 가기조차 한다. 역시 이인직의 소설인 「귀의성」(1907)에서는 물에 빠진 춘천집을 구호하기 위해 한성병원으로 데리고 가서 치료를 받게 한다. 이해조의 「빈상설」(1908)에서는 위기를 회피하기 위해 일부러 병신 행세를 하는데, 이를 두고 일부에서는 "전생 죄악으로 한나님이 벌주시는 것"[21]이라며 비난하는 이도 있지만, 대부분 "불쌍하게 되었다", "불쌍한 병신 아해" 등 동정어린 시선으로 대하며, 작가 자신도 전자의 발언에 대해 '무지막지하게 말하는 자'라고 서술했을 정도다.

그러나 정작 정신질환자에 대해서만큼은 이러한 동정과 의료의 시선은 거의 작동하지 않는다. 본평댁에 대한 시선은 동정이나 연민보다는 두려움이 더 강하다. 본평댁이 발작을 일으키면 딸인 옥순조차도 때로는 무서운 마음이 들어서 타인에게 도움을 요청할 정도다. 그럴 수밖에 없는 것이, 본평댁은 옥순이를 보고도 자기 남편의 원수인 강원감사라면서 칼을 들고 쫓아다닐 지경[22]이기 때문이다.

본평댁이 정신질환에서 벗어나는 과정에서도 의료와 관련된 요소는 개입되지 않는다. 본평댁은 옥순·옥남 남매가 해외유학을 마치고 장성하여 돌아올 때까지도 여전히 "미친 증세는 이전에 볼 때보다 조금 다를 것이 없는"(464쪽) 상태다. 그 묘사 또한 여전히 "살아 있으나 뼈만 앙상하게 남고 … 귀신 같은 모양"이다. 십수년 가량을 감금 상태로 방치되었던 본평댁은 혈육도 알아보지 못하지만, 옥남의 입에서 나온 말 한 마디로 인해 정신질환에서 벗어나서 본래의 상태를 되찾게 된다.

---

21    이해조, 「빈상설」, 『신소설전집』 2, 을유문화사, 1968, 70쪽.
22    「은세계」, 443쪽.

어머니가 그 말을 알아들으셨소. 지금 세상은 이전과 다른 때요. 황제폐하
께서 정치를 개혁하셨는데 지금은 권리 있는 재상도 벼슬 팔아먹지 못하
오. 관찰사·군수들도 잔학생민(殘虐生民)하던 옛 버릇을 다 버리고 관항돈
외에는 낯선 돈 한푼 먹지 못하도록 나랏법을 세워놓은 때올시다. … 아버
지께서도 지하에서 이런 줄 아실 지경이면 천추의 한이 풀리실 터이니, 어
머니께서도 한 되던 마음을 잊어버리시고 여년(餘年)을 지내시오. 나는 어
머니의 유복자 옥남이요. (465쪽)

　　본평댁을 향한 옥남의 발언은 치유를 위한 위로라기보다는 일종의 연
설에 가깝다. '한국대개혁'을 통해서 강원감사와 같은 이들은 축출되었으
므로 본평댁 역시 그에 대한 원한을 떨쳐내고 다시 본래의 모습으로 돌아
오라는 권면(勸勉)의 목소리가 전면에 드러나 있기 때문이다. 실제로 본평
댁은 이러한 옥남의 연설을 듣고 "첩첩한 구름에 묻혔던 밝은 달 나오듯"
본래의 정신을 되찾는다.

　　이러한 서사는 환자에 대한 치유라기보다는 차라리 개명되지 않은 불
특정 다수를 향한 계몽의 과정에 가까운 것이었다. 이는 당대의 한국 사
회를 병든 것으로 간주하고 이를 치유하기 위한 의료의 비유를 채택했던
국병(國病) 담론[23]과도 맞닿아 있었다. 본평댁의 병인(病因)인 지방관의 탐
학(貪虐)이 정치 개혁을 통해 구축되었으므로 환자인 본평댁 역시 이를 깨
닫고 병을 떨쳐내야 할 터였다. 옥남의 역할이란 본평댁이 더 이상 정신
질환을 앓을 필요가 없다는 사실을 깨닫게 해주는 일이지 본평댁을 치료

---

23　신동원, 『호환 마마 천연두 - 병의 일상 개념사』, 돌베개, 2013, 351쪽.

하는 것이 아니었다. 본평댁의 치유를 묘사한 운권청천(雲卷晴天)이란 표현은 계몽의 서사에서 깨달음에 도달한 청자에 대한 묘사와도 맞닿아 있는 것이었다.

이런 양상은 이해조의 「고목화」(1907)에서도 비슷하게 나타난다. 작중 '권 진사'는 자신의 은인인 청주댁을 구하기 위해 불한당의 소굴을 습격하지만 그 과정에서 병을 얻는다. 하인인 갑동이의 말에 따르면 마치 실진(失眞)한 사람처럼 다른 사람을 제대로 알아보지 못하고 혼자서 헛소리를 하는 상태로, 「은세계」의 본평댁이 보인 증상과 흡사하다. "다만 급히 놀남을 당ㅎ야 일신에 류통ㅎᄂ 혈분이 번격이 되야 신경에 슌환이 잘 되지 못ᄒ으로 정신이 상실ᄒ 증세"[24]라는 설명에서도 그가 정신질환을 앓았다는 점을 확인할 수 있다.

이러한 권 진사를 치료하는 것은 바로 '조 박사'라는 사람이다. 그는 미국에서 10여 년간 의술을 공부하고 돌아온 사람으로, 원래는 야박하고 경솔한 사람이었으나 미국 유학 과정에서 기독교의 감화를 받아서 자신의 지난날을 뉘우치고 회개한 인물이다. 작중에서 소개되는 그의 행적도 오로지 자선심으로 환자를 치료하는 데 주력하는 것으로 그려지며, 권 진사에 대해서도 마찬가지의 마음으로 별다른 대가 없이 적극적으로 치료에 임한다.

조 박사가 구체적으로 어떤 의료를 행하는지는 역시 묘사된 바 없다. 다만 「은세계」의 수많은 약재들이 별다른 효과를 보지 못한 것과는 달리, 조 박사는 "약도 신효ᄒ고 정성도 간절ᄒ야" 권 진사의 병을 완치하는 데

---

24   이해조,『고목화』, 박문서관, 1922, 108쪽.

성공한다. 이렇게 보면 미국에서 의학을 공부하는 조 박사가 권 진사를 치료한 것으로 이해되지만, 사실 작중의 서술에서 두드러지는 것은 조 박사의 의료적 처치가 아니다. 여러 장면에서 약의 존재를 부각시키는 장면이 등장함에도 불구하고, 정작 조 박사가 권 진사를 돌보는 과정에서 두드러지는 것은 "상제게 긔도도 ᄒ고 됴혼 믈노 병쟈를 인도도 ᄒ니"와 같은 언행이다.

이는 완치된 이후의 권 진사가 보이는 행보에서도 잘 드러난다. 원래 권 진사는 자신을 죽음으로 내몰고자 했던 오 도령이나 괴산집에 대한 깊은 원한을 품고 있었다. 그가 정신질환을 앓게 된 원인도 급박한 상황을 겪는 와중에 마음의 분격(憤激)이 겹쳐서 신경외 순환에 장애를 일으켰기 때문이라고 설명된다. 그러나 조 박사의 치료를 받은 뒤에는 예전과는 전혀 다른 행보를 보이게 된다.

> 죠박ᄉ의 복음 젼ᄒᄂ 말을 하로 둣고 잇틀 둣더니 보슈할 악한 마음이 졈졈 업셔지며 괴산집과 오동령이 악흠이 쌔져 나오지 못흠을 돌오혀 불상ᄒ여 발근 곳으로 인도ᄒ야 영원한 침륜을 면케흘 사랑ᄒᄂ 마음이 나셔 싱각ᄒ되 원수를 사랑ᄒ라ᄂ 거록한 말슴을 아지 못ᄒ고 다만 사나온 ᄯ을 품은 곡졀로 그 ᄉᄅ들도 나를 극진히 미워한 것이라 이제 닉 병셰가 쾌히 소복이 되얏스니 죠박ᄉ와 동힝ᄒ야 그곳에 들어가 죄에 들어가ᄂ 여러 형제와 곤란 중에 잇ᄂ 청주집을 구원ᄒ리라. (110쪽)

조 박사가 기독교를 통해서 자신의 과거를 회개하고 타인에 대한 자선의 행보를 걸었듯이 권 진사 역시 기독교적인 감화를 통해 복수심과 원한을 용서와 사랑으로 전화시킨다. 「고목화」에서의 기독교란 현실 담론을 넘어서서 낙관적인 기대의 지평 하에 대안적 세계의 근거로 작동하고 있으며,[25] 이러한 접근법이란 마치 「은세계」에서 이인직이 옥남의 입을 빌려서 주장했던 '한국대개혁'에 대한 낙관적 기대와도 맞물리는 것이었다.

요컨대 「은세계」의 본평댁이나 「고목화」의 권 진사는 각기 옥남이나 조 박사와 같은 인물의 교화와 계몽을 통해 정신질환으로부터 벗어나야 할 당위성을 확보한 셈이었다. 이러한 시각은 정신질환자를 사회위생의 대상으로 여기고자 했으나 이에 대응하는 구체적인 의료 담론이 부재했던 당대의 상황과도 조응하고 있다. 다만 실생활에서의 정신질환에 대한 대응이 가족에 의한 격리와 감시로 귀결되었던 것과 달리, 소설 속에서는 계몽이나 교화와 같은 대응을 통해 환자 자신의 깨달음을 이끌어내고자 했다는 점에서 차이가 있을 따름이다.

## 4. 정신질환에 대한 의료와 환자에 대한 '동정'의 대두

정신질환자에 대한 의료시설이 본격적으로 등장하는 것은 1910년대 무렵의 일이었다. 1911년 초 조선총독부 내무부 위생과에서는 정신병자 수용소(精神病者收容所)를 설치하기 위해 기존의 광제원(廣濟院) 건물을 사용

---

25   조경덕, 「구한말 소설에 나타난 기독교의 의미 - 1907년에 발표된 소설을 중심으로」, 『우리어문연구』 34, 우리어문학회, 2009.5, 578-579쪽 참조.

하려는 논의를 진행했고,[26] 조선총독부의원 내에 가설된 풍전부(瘋癲部)에서 정신질환자에 대한 치료를 담당했다. 이 풍전부는 1912년 관제 제정 후에는 총독부 제생원(濟生院)으로 이관되었으며 그 명칭 역시 의료부(醫療部)로 바뀌었다.[27]

1913년 4월에는 제생원 관제가 개정됨에 따라 당시 막 준공을 마친 병실을 총독부의원으로 보관전환시켰으며, 이때부터 정신병과가 독립과로서 환자 수용을 하게 되었다. 이처럼 제생원으로부터 총독부의원으로 이관된 병실은 동8호실(東八號室)로 명명되었으며, 1913년 기준으로 22개의 병실과 9개의 분병실(分病室)에 환자 333명을 수용할 수 있는 규모였다.[28]

정신질환의 치료를 위한 시설을 직접적으로 거론하기 시작하는 것노 바로 이 무렵의 소설에서였다. 조중환이 번안한 「쌍옥루」, 「장한몽」, 「비봉담」 등이 대표적이다. 「쌍옥루」의 이경자는 별도의 의료기관에 수용되었던 것은 아니지만 의사를 통해 '히스데리' 진단을 받았고, 「비봉담」의 박화순은 '신경열병'으로 인해 경성감옥에 수감된 와중에도 부속병원에 입원하여 치료를 받는다. 이런 양상은 번안소설에서 특히 두드러지게 나타나는 것이었다.

물론 같은 시기의 신소설에서도 정신질환자를 다루는 방식에서는 조금씩 변화가 보이고는 있었다. 앞서 언급한 「안의성」에서도 정애의 행동은 "밤새도록 쉬지 않고 중얼거리는 소리가 다만 시어머니 회개하게 하여줍

---

26  「精神病者收容所」,《매일신보》, 1911.2.4.
27  「濟生院의 醫療部 近況」,《매일신보》, 1913.1.26.
28  이부영, 앞의 글, 151쪽.

시사 하는 말뿐이라 … 도시 상관 아니하고 줄곧 하는 소리가, '시어머니 회개해 줍시사, 남편 속히 돌아오게 하여줍시사.' 하고 또 하고 천번 만번 하여 그 밤을 지내는"[29] 것뿐으로, 앞장에서 보았던 「은세계」의 본평댁이 혈육에 대한 공격을 드러냈던 것과는 판이하다. 「안의성」의 정애나 「은세계」의 본평댁 모두 억울한 상황에서 얻은 스트레스가 발병으로 이어졌다는 점을 생각하면 이 차이는 심상하지 않은 것이었다.

정애의 병인은 시모와의 갈등과 남편의 부재다. 본평댁 역시 남편의 억울한 죽음으로 인해 발병한다. 본평댁이 자신의 근본적인 병인인 강원감사에 대해 강렬한 적개심을 드러내는 데 반해 정애는 시모에 대해서조차도 회개와 안녕을 기도한다. 이런 묘사는 작중 인물인 춘식은 물론 독자에게조차도 환자에 대한 동정을 불러일으키기에 충분했다.

물론 당대 소설 속의 모든 정신질환자가 동정과 연민의 대상으로 전환되었던 것은 아니다. 최찬식의 「해안」(1914)에 등장하는 '황 참서'가 대표적인 사례. 그는 아들인 대성이를 동경으로 유학을 보낸 뒤 홀로 남은 며느리 '경자'에게 탐심(貪心)을 드러내는 패륜적인 행각을 보이는데, 작품 후반부에서 이는 황 참서에게 정신병이 있었기 때문인 것으로 설명된다. 황 참서가 본격적으로 발병하는 것은 작중에서 머리에 큰 부상을 입은 후이지만, 실제 질환은 그 이전부터 시작되고 있었으며 애초에 아들을 유학 보낸 것이나 며느리를 탐낸 것도 모두 이 정신병의 영향이라는 것이다.[30]

---

29  최찬식, 「안의성」, 『신소설전집』 4, 을유문화사, 1968, 126-127쪽.
30  "황참서의 정신병으로 말하면 머리 터진 이후에 생긴 병이 아니오, 대성이 동경 보내기 전부터 시작을 하였으나 위인이 본래 어리석은 고로 그 집 사람들은 황참서가 정신병이 시초되는 줄은 꿈에도 생각지 못한 것이라. … 정신병이 시켜서 대성이를 동경

이러한 설정을 본다면 정신질환은 여전히 흉행(兇行)과 연결되어 사건을 일으키는 계기를 마련하는 것이었지만, 결국 그는 정신병 환자 수용실에 감금됨으로써 작중에서는 더 이상 문제를 일으키지 않게 된다. 가족에게 맡겨진 동안에는 작중 갈등을 일으키던 인물이 의료기관에 수용됨으로써 갈등 해소의 계기를 마련하게 되었던 셈이다.

그러나 가장 현저한 변화를 드러낸 것은 역시 번안소설이었다. 특히 「장한몽」의 심순애는 조선총독부의원에서 정식으로 진단을 받고 입원했다는 점에서 눈에 띈다. 작중의 표현을 따른다면 심순애는 성광(成狂)하여 조선총독부의원 정신병환자실에 입원한다. '성광'이라는 표현은 종래의 소설에서도 흔하게 접할 수 있는 것이지만, 치료를 전제로 한 입원은 이전에서는 쉽게 볼 수 없던 요소다. 게다가 심순애에게는 '급성 메랑고리아'라는 구체적인 병명까지 부여된다. 「쌍옥루」의 이경자가 앓은 '히스테리'와 더불어 외래의 진단명을 확보한 첫 사례였다. 신소설이 채택하는 병명이 한의학 체계와 민간의 속칭, 개항 이후 유입된 서구의 것 등이 혼재되어 쓰이곤 했다는 점[31]을 감안하면 그 차이는 더욱 두드러지는 것이다.

하지만 이와 같은 의료기관과 진단명이 등장함에도 조선총독부의원에서 심순애의 병을 치료했던 것은 아니다. 작중에서 의사는 3-4개월만 치료하면 완치되리라고 진단하지만, 병은 오히려 더욱 깊어져서 만성(慢性)

---

보낸 것이요, 또한 남의 부모가 되어 며느리에게 금수 같은 마음을 둘 사람이 누가 있으리요? 그것도 역시 정신병이 시킨 것이나…." 최찬식, 「해안」, 『신소설전집』 4, 을유문화사, 1968, 305쪽.

31  장근호·최규진, 「신소설에 비친 개화기 의료의 모습」, 『역사연구』 35, 역사학연구소, 2018.12, 117-118쪽.

으로 이행된다. 심순애의 병은 의료를 통해서 해결될 수 없는 것이었기 때문이다. 작중에서도 "슌이의 가슴에, 밋치여 잇는 것은, 슈일의 일"[32]이기에 "엇더케던지, 한번만 리슈일이를, 만나보게 ᄒ여쥬"[33]는 것이 유일한 치료 방법으로 제시된다. 이 또한 의사의 진단에 의한 것이 아니며, 심순애를 간호하면서 그녀가 발작 중에 계속 이수일의 이름을 부르짖는 것을 지켜본 부모의 생각이었다.

투병 중인 심순애는 「은세계」의 본평댁이 그러하듯이 처참한 모습으로 묘사된다. 병상에서 소리를 지르고 옷을 풀어헤친 채로 뛰어내리거나, 자기 손가락을 깨물어서 피가 흐르는 상황에서도 천정을 쳐다보면서 기도를 한다. 하지만 이러한 심순애를 서술하는 관점은 혐오나 두려움보다는 연민과 동정에 치우친다. 심순애의 병을 호전시키기 위해 이수일을 만나게 하자는 심택 부부는 물론이려니와, 심순애를 원망하던 이수일마저도 그녀의 발병 소식을 듣고는 용서를 통해 그녀를 구해내겠다고 결심하게 된다.

　　「글셰 자네는, 용서만 ᄒ여쥬라니 용서ᄒ면 엇지ᄒ단 말인가」
　　「엇지ᄒ다니, 당쟝에 죽어가는 사름을, 구ᄒ닉야지, 싱죽엄ᄒ는 것을 엇지 보고 잇나」
　　「구ᄒ닉여? 엇더케 구ᄒᆫ단 말인가」
　　「인졔는 자네가, 용서ᄒ야주고 다시 인연을 이으라 ᄒ는 말일셰」

---

32　조중환,「長恨夢 · 成狂(一)」,《매일신보》, 1913.9.19.
33　조중환,「長恨夢 · 成狂(二)」,《매일신보》, 1913.9.20.

...

슈일은, 량협에, 눈물을 드리우며

「응, 용서ᄒᆞ여쥬겟네, 용서ᄒᆞ야쥬지」[34]


「은세계」의 옥남이든 「장한몽」의 이수일이든 환자의 치유에 중요한 역할을 한다는 점은 비슷하다. 그러나 전자는 병든 모친에 대한 동정과 연민보다는 발병의 원인이 된 강원감사에 대한 심판을 통해 모친에게 치유를 '권면'한다는 점에서 차이를 보인다. 모친인 본평댁은 딸인 옥순조차도 두려움을 느낄 정도의 공격성을 보이는 환자였기에 그 자체로 동정과 연민의 대상이라기보다는 강원감사로 대변되는 당대 지배계층에 대한 비판의식을 불러일으키는 기제로 작동했다. 반면 후자는 병든 심순애에 대한 연민과 동정의 마음으로 그녀의 죄를 용서함으로써 치유를 꾀하는 식이었다. 애초에 심순애를 병들게 한 원인은 심순애 그 자신에게 있었으므로, 그 원인을 용서하고 받아들인다면 심순애의 병 또한 나을 수 있으리라는 것이었다.

물론 여기에는 심순애의 '회개'라는 전제가 필요하기는 했다. 그런데 이 전제는 이미 심순애의 멜랑콜리아를 통해 입증되었다는 게 소설 속의 설명이었다. 심순애는 이수일에 대한 죄의식 때문에 발병을 일으킨 것이므로, 이는 다시 말하자면 심순애가 자신의 잘못을 깨닫고 후회한다는 의미라는 식이었다. 위의 인용문에서 이수일의 친구인 백락관이 그에게 심순애에 대한 용서를 통해 그녀를 치유하게끔 권하는 것도 그러한 맥락에서

---

34  조중환, 「長恨夢 · 氷上姥(이)」, 《매일신보》, 1913.9.27.

였다. 이처럼 환자에 대한 의료와 그 연장선상에서의 동정·연민의 감정을 촉발시켰던 것은 「장한몽」과 같은 조중환의 번안소설에서 현저하게 나타났던 현상이었다.

반면 조중환의 번안소설이 등장하기 직전에 《매일신보》에 연재되었던 이인직의 「모란봉」(1912)에서는 장옥련을 두고 "죽은 시체만 못한 병신"[35] 이라고 서술하고 있으며, 이러한 장옥련에 대한 별다른 의료적 처치는 나타나지 않는다. 최찬식의 「안의성」(1912)에서는 정애가 시어머니의 의심으로 인해 근심이 깊어지다가 심경병(心境病)을 앓게 되는데, 증상은 「장한몽」의 심순애가 앓았던 그것과 흡사하게 묘사되어 있지만 이에 대한 처치는 남편의 배려에 의해 강정(江亭)이라는 곳으로 요양을 가는 것이 전부이다. 이후 남편까지 외국으로 떠나면서 정애의 증상은 더욱 심각해지지만, 이때에도 정애를 돌보는 것은 오빠인 춘식이다. 정신질환자들이 택할 수 있는 대부분의 의료적 처치는 그대로 자기 집에서 홀로 앓아 눕거나, 혹은 가족에게 의지하는 정도였다. 정신질환을 의료의 대상으로 이해하고 병원이나 요양소와 같은 의료기관 또는 의료인의 도움을 받게끔 해야 한다는 발상은 여전히 낯선 것이었다.

「장한몽」의 심순애를 통해 확인되는 변화의 양상은 비슷한 시기 정신질환자를 다룬 기사에서도 종종 나타나고는 했다. 물론 여전히 정신질환자가 모종의 범죄를 저질렀다는 기사는 속출했다. 방화를 저지른 정신질환자를 경찰이 체포한 뒤 가족을 불러서 집안에 가둬 두고 엄중하게 감독

---

35  이인직, 「모란봉」, 『신소설전집』 1, 을유문화사, 1968, 70쪽.

하라면서 인계했다든가[36] 꿈에서 본 점쟁이가 자기 병을 고칠 수 있다며 찾아갔으나 뜻을 이루지 못하자 그 점쟁이를 죽인 정신질환자에 대한 공판이 열린다든가[37] 하는 식이었다. 위생 행정의 관점에서도 정신질환자에 대한 시선은 공중위생에 위해가 되는 존재로 간주하고 예방 차원에서 이들을 사회로부터 격리하려는 정책이 여전히 핵심을 차지하고 있었다.[38] 그러나 한편으로는 정신질환자를 가족에게 일임하던 기존의 체계에서 벗어나 의료기관에 수용하는 형태를 도입하려는 시도들이 이루어졌고, 이는 당시《매일신보》를 중심으로 형성되던 식민 통치 체제에 대한 선전과도 맞물려서 총독부 중심의 의료 정책의 우수성과 신정(新政)의 선치(善治)를 부각시키려는 시도[39]와도 연결되었다.

성신질환자와 관련하여 이전에는 볼 수 없었던 형태의 기사들이 등장했던 것도 이런 상황과 무관하지 않았다. 정신질환자의 이상 행적과 그로 인한 피해에 주목하는 대신, 그가 왜 정신질환을 앓게 되었는지에 주목하고 환자에 대한 독자들의 동정을 호소하려는 목적의 기사들이 그것이다. 대표적인 사례가 1914년 12월《매일신보》3면에 연재된「可憐(가련)흔 狂女(광녀) 淚(누)의 半生(반생)」이라는 기사이다. 당시《매일신보》는 한글 지면인 3면을 통해서 사회의 다양한 인물들의 사연을 연재하는「사회의 백면」이나「백면일기」등의 풍자소설[40]을 게재하고는 했는데, 이「가련한

---

36  「精神病者의 衝火」,《매일신보》, 1913.3.28.

37  「精神病者 殺人」,《매일신보》, 1916.1.12.

38  이방현, 앞의 글, 2012, 256쪽.

39  「是誰之德의 聖恩 - 죽을 사름이 살어, 총독 정치의 혜틱」,《매일신보》, 1913.10.4.;「샤회의 별별 쇼문」,《매일신보》, 1913.10.4.

40  김영민은「사회의 백면」이나「백면일기」와 같은 '풍자소설'이 1900년대의 『한성신보』

광인, 눈물의 반생」이라는 기사 역시 이러한 맥락 안에 놓인 기사이다. 이 기사는 전성녀(全姓女), 즉 전씨 성을 가진 여성이 어떤 인생 역정을 겪으면서 정신질환을 앓게 되었는가를 다루면서 그녀에 대한 연민과 동정에 초점을 두었다. 이미 제목에서부터 '가련', '눈물'을 앞세운 것만 보더라도 그러했다.

사실 기사에 묘사된 전성녀의 행동은 여타의 정신질환자들과 다를 게 없었다. 자신을 효유(曉諭)하려던 순사를 물려고 한다든가, 경찰서에서 자신에게 정경부인 첩지를 내려주지 않는다며 행패를 부리는 등[41]은 다른 기사에서 언급되던 그것과 대동소이하다. 하지만 이 기사는 전성녀의 문제적 행동을 부각시키는 쪽보다는 그녀가 정신질환을 앓게 되기까지의 사연에 집중함으로써 독자의 동정을 유발하는 데 주안점을 두었다.

> 나죵에 한 말홀 것은 어나는 긔쟈가 뎐셩녀의 불샹흔 ᄉ적을 대강 듯고 뎐셩녀의 길거리에서 날뛰는 것을 목도ᄒ고 뎐셩녀의 모녀의 긍측흔 모양을 참아 지나ᄯ려 볼 수 업기 춍독부병원에 소긔ᄒ야 아모됴록 그 광징이 낫도록 치료홀 도리를 쥬션ᄒ야주랴 ᄒ얏스나 뎐셩녀의 모친은 ᄌ식ᄉ랑ᄒ는 ᄆ음에 병원에 보ᄂ서 치료식이기를 앗겨서 되답을 우물ᄯᄯ 흠은 뎐셩녀를 위ᄒ야 좀 셥셥흔 일이라.[42]

에서 연재한 「경성백인백색」에서 장형화와 더불어 정치적 의도의 약화가 이루어지면서 탄생한 형식이라고 보았다. 즉 풍자를 목적으로 한 단형서사가 장형화되면서 서사성이 강화된 결과가 「사회의 백면」과 같은 기사라는 것이다. 김영민, 「「경성백인백색」 다시 읽기」, 『현대문학의연구』 56, 한국문학연구학회, 2015.5, 173쪽.
41  「可憐흔 狂女 淚의 半生(五)」, 《매일신보》, 1914.12.19.
42  같은 글.

그런데 특이한 점은 기사의 결말 부분에 있다. 기사 본문과는 별도로 후일담처럼 전하는 이야기 속에서 기자는 전성녀의 "불샹ᄒ 스젹"을 접하고 그녀가 길거리에서 날뛰는 "긍측ᄒ 모양"을 보고서는 차마 그냥 지나칠 수 없어서 그녀를 조선총독부의원에 소개하고 치료받을 수 있도록 주선했다고 한다. 정작 전성녀의 모친은 딸을 병원에 보내는 일을 망설이기는 했지만, 기자는 이런 반응에 대해서도 딱히 비판하지 않는다. 다만 '섭섭한 일'이라는 정도에서 논평을 아꼈다.

이는 흉행(兇行)의 보도 대상으로서의 정신질환자에 대한 기사가 보통은 가족으로의 송환으로 귀결되는 것과 비교해 보면 색다른 지점이다. 전성녀에게는 보호자가 따로 있음에도 불구하고 기자는 ᄀ 모친에게 전성녀에 대한 관리와 감독을 주문하는 대신 전문의료기관을 소개하여 그녀가 치료 받을 수 있게 배려한다. 이러한 차이를 만들어낸 것은 다름아닌 긍측(矜恤), 즉 전성녀에 대한 동정의 시선이다.

이러한 시선이 가장 두드러지는 건 총독부의원 정신병동인 '동8호실'과 관련된 일련의 보도에서였다. 《매일신보》에는 종종 동8호실을 방문한 기자들의 경험담이 기사화되고는 했는데, 이런 기사에서는 하나같이 환자에 대한 동정과 연민을 강조한다. 1919년 10월의 기사[43]에서는 부제(副題)부터 "불샹ᄒ 그네들의 표정과 몸둥이"라고 달기도 했거니와, 기자가 처음 목격한 환자에 대해서도 "일즉이 신문지샹에 여러 번 보도ᄒ고 여러 사람의 따쑷ᄒ고 간졀ᄒ 동정도 만히 밧던 불샹ᄒ 댱셕호"라고 설명하

---

43 「東八號 病室 訪問(上) - 정신병ᄌ를 슈용ᄒᄂ 동팔호실, 불샹ᄒ 그네들의 표졍과 몸둥이」, 《매일신보》, 1919. 10. 3.

기도 했다.

이 기사에서 언급한 장석호(張錫浩)라는 인물은 당시《매일신보》지상에서 「奇薄(기박)혼 八字(팔자)」라는 표제 하에 그 일대기와 더불어 정신질환을 일으키게 된 경위를 상세하게 다룬 사람이다. 앞서 다룬 전성녀의 사례도 그러했지만, 이 장석호의 경우에도 정신질환자로서 벌인 이상행동보다는 그가 처한 불쌍한 처지가 부각된다. 아예 기사 첫머리에서부터 "쇼셜보다도 오히려 우리의 가삼을 져리게 ᄒ고 우리의 눈물을 금치 못ᄒ게 ᄒ는 사실"[44]이라며 장석호라는 정신질환자가 동정의 대상임을 명시했다. 심지어는 이 기사를 본 독자들 가운데에는 장석호에 대한 동정의 마음을 금치 못하여 신문사 측에 위로금을 전한 사람마저 있을 정도였다.[45] 위의 동8호실 방문 기사와는 고작 한 달 가량의 간격을 둔 것으로 보건대 「기박한 팔자」를 통해 소개했던 장석호의 후일담을 전하기 위해 동8호실을 방문하는 형태로 후속보도가 진행된 것이 아닐까 한다. 이 기사역시 정신질환자에 대한 동정을 부각시켰음은 물론이다.

1921년《매일신보》에서 연재한 「含春苑(함춘원) 뒤 東八號室(동팔호실)」이라는 기사에서도 기자가 총독부의원 정신병동인 '동8호실'을 방문하여 그곳에서 보고 들은 바를 상세하게 기록해 두었다. 그중에는 담당의사와 나눈 대화도 있는데, 그 내용에 따르면 환자는 멸시와 배제의 대상이 아니라 동정의 마음으로 바라봐야 할 이들이며, 정신질환자에 대한 혐오와 배제가 오히려 증상을 더욱 악화시킨다고 하였다. 기자 역시 동8호실 방

---

44　「奇薄혼 八字」,《매일신보》, 1919.9.3.
45　「張錫浩에게 同情」,《매일신보》, 1919.9.5.

문을 앞두고 모파상(Maupassant)의 말을 인용하면서 "五感(오감)의 現實世界(현실세계)에 超越(초월)ᄒ야 데류감의 쑴셰샹에 노는 사름들"이라며 이들에 대한 일말의 기대감까지 내비친다. 물론 환자들을 실제로 목격하는 과정에서 일종의 두려움을 느끼기도 하지만, 이 기사의 핵심이 되는 것은 환자이자 자신의 친구였던 '김모'와의 만남이다. 중학 시절부터 친구로 지냈던 사람이었지만 지금은 자신조차 알아보지 못하는 친구를 바라보면서 기자는 이렇게 술회한다.

> 앗가 의사의 말슴과 갓치 셰상의 사람은 져 불힝ᄒ 사름들을 밋친놈이니 질알쟝이니 하고 경멸한다 안이다 나도 업슈히 녁엿다 과연 우리들에게 져의들 흉 보고 우스며 업슈히 녁여 욕홀 권리가 잇슬가? 이 셰샹에 졍신에 이상이 업ᄂ 완젼ᄒ 사람이 몃 사름이나 잇슬가 셜사 그 발쟉이 외형이 낫타나지ᄂ 안터라도 그러한 광인의 심졍을 가지고 잇ᄂ 자가 동팔병실 갓흔 데 잇ᄂ 병긱쑨이라.[46]

기자는 환자와 일반인 사이의 동질성을 강조한다. 겉으로 증상이 드러났는지의 차이는 있을지언정 '광인의 심정'을 지닌 사람은 어디에든지 존재할 수 있다는 것이다. 그가 마주친 친구 '김모' 역시 과거에는 자신과 별반 다를 바 없는 생활을 누렸던 이였으므로, 김모가 그러하듯 자신 역시 언제든지 환자가 되어 동8호실에 입원할 수 있다는 것이었다. 이러한 시각은 앞서 살펴본 전성녀나 장석호에 대한 기사보다도 한층 더한 것으로,

---

46　「含春苑 뒤 東八號室」,《매일신보》, 1921.9.12.

환자와 독자 사이의 동질성을 언급함으로써 환자에 대한 동정과 연민의 감정을 강조했다.

공교롭게도 이러한 동정의 시선은 총독부의원과 같은 전문적인 의료기관의 자장 하에 놓인 환자들을 중심으로 형성되어 있었다. 기자의 주선에 의해 총독부의원을 소개받은 전성녀의 경우는 물론이려니와, 장석호나 김모와 같은 환자들은 동8호실에 입원한 상태로 치료를 받고 있었다. 이는 소설의 경우에도 크게 다르지 않아서, 「장한몽」의 심순애는 역시 총독부의원 정신병동에 입원한 상태였고, 「쌍옥루」의 이경자는 비록 자택에서 치료와 요양을 하기는 해도 의사의 진단을 받고 있었다는 점에서는 마찬가지였다. 요컨대 정신질환자에 대한 연민과 동정을 가능하게 만든 지점은 이들을 의료의 대상으로 파악하고 대처할 수 있는 체계가 온전하게 작동하고 있다는 전제였다는 것이다.

반면 의료의 바깥에 놓인 환자들, 예컨대 여전히 가족의 감시 하에 관리되어야 할 이들에 대해서는 여전히 사회위생의 관점에서 배제의 담론을 유지하고 있었다. 소설에서든 현실에서든 의료체계 내로 포섭되지 않은 정신질환자는 항상 존재했고, 이들은 여전히 경계와 혐오를 불러일으키는 대상으로 인식되고는 했다.

1910년대부터 진행되기 시작한 정신질환과 관련된 의료기관의 설치와 확충은 정신질환자에 대한 인식을 양분하는 형태로 이행되었다. 조선총독부를 중심으로 한 신질서에 편입되는 정신질환자는 동정과 포용의 대상으로 간주되었지만, 그러한 제도의 범주로부터 벗어나서 체제 바깥에 머무르는 정신질환자들은 여전히 위험한 대상으로 여겨졌다. 이러한 분화는 식민통치가 수행했던 위생 정책과 맞물려서 그 체제 내에 포섭되는 이들에 대한 동정과 연민의 시선을 통해 통치자의 시혜(施惠)를 부각시키고자 하는 시도[47]와도 연결되어 있었다. 「장한몽」의 심순애나 「쌍옥루」의 이경자가 정신질환으로부터 회복되는 과정을 통해 갱생이라는 방식으로 표현되는 '신질서', 즉 《매일신보》를 중심으로 형성되던 당대 통치 담론의 자장 내부로 편입되어 갔던 것[48]도 이와 무관하지 않았다.

## 5. 악인과 약자의 분리, 권선징악으로부터 벗어난 의료

조중환의 「비봉담」은 이러한 양상이 더욱 구체적으로 나타난다. 박화순은 연인인 임달성을 실수로 연못에 빠뜨려 죽게 만드는데, 이 사건으로 충격을 받은 결과 신경열병(神經熱病)을 일으킨다. 신경열병의 정확한 정체가 서술되어 있지는 않지만, 전후 맥락이나 다른 번안소설과의 관계를 감안하면 당시 작중 인물이 겪던 전형적인 신경쇠약의 파생인 것으로 추정 가능하다.

박화순은 체포를 피해서 도주하지만 이 과정에서 증상은 더욱 심해지고, 결국 섬망(譫妄)을 일으킨 와중에 동행자였던 고준식을 죽게 만들고

---

47 "일제는 자신의 지배를 정당화할 수 있는 논리를 개발해야 했고, 조선인들에게 현실적인 이익을 제공해야 했다. 서양의학은 근대 문명의 핵심이자 조선인이 이전에 향유하지 못하던 새로운 의료라는 점에서 일제의 주요한 활용 수단이 되었다." 박윤재, 「조선총독부의 지방 의료정책과 의료 소비」, 『역사문제연구』 21, 역사문제연구소, 2009.4, 163쪽.

48 박성호, 「《매일신보》 소재 번안소설 속 여성인물의 신경쇠약과 화병의 재배치 - 「쌍옥루」와 「장한몽」을 중심으로」, 『어문논집』 89, 민족어문학회, 2020.8, 289쪽.

이로 인하여 체포되기에 이른다. 하지만 신경열병이 극에 달했던 박화순은 결국 감옥의 부속병원에 입원하게 된다.

박화순이 입원한 장소는 작중 서술에 의하면 '경성감옥병원'인 것으로 되어 있다. 일단 「비봉담」이 연재된 1914년을 기준으로 한다면 1912년 공덕리에 신설된 경성감옥[49]을 배경으로 삼은 것으로 보인다. 1912년 11월에 작성된 〈경성감옥배치도(京城監獄配置圖)〉에는 이미 병감(病監)과 의무소 구역이 건설된 것이 확인되며, 계획상으로는 여감(女監)도 포함되어 있었으므로[50] 경성감옥 여감에 수감되어 있던 박화순의 신경열병이 악화되어 부속 의무실에서 의사에게 치료를 받았다는 서술은 크게 어색하지 않다. 다만 작중 서술에서는 별도의 정원까지 갖춘 상당한 규모를 갖추고 있으며, 병원장까지 있을 만큼 본격적인 병원인 것으로 되어 있지만 이는 실제 경성감옥의 의무실과는 거리가 멀었을 것으로 보인다.

물론 이는 「비봉담」이 번안소설이라는 점에서 오는 착오라고 볼 수도 있겠다. 하지만 연재 직전 조중환은 『妾の罪(첩의죄)』를 번안하기 위하여 작품의 배경이 지니는 지리적 특수성을 명확하게 인지하고 있었고, 그래서 굳이 박화순의 저택을 경상남도 진주로 비정하고 비봉담이라는 연못을 표제로 삼았다.[51] 이 소설을 집필하기 위해 조중환 스스로도 진주를 비

---

49  1912년 가을 조선총독부령 11호에 의거하여 기존의 경성감옥은 서대문감옥으로 개칭되었고, 공덕리에 감옥을 신축하여 이를 경성감옥으로 부르도록 하였다. 「總督府公文: 朝鮮總督府令 第十一號」,《매일신보》, 1912. 9. 5.

50  〈일제시기 건축도면 컬렉션 - 경성형무소〉, 국가기록원. (https://theme.archives. go.kr/next/place/subject09.do?flag=3, 2022년 9월 7일 검색).

51  비봉담이 실제하는 연못인지는 알 수 없다. 다만 「비봉담」 등장 직전《매일신보》에 연재되었던 「주유삼남」에서는 진주 일대의 풍광을 묘사하는 과정에서 "북으로 외ᄽ히

롯한 경남 일대를 돌아보면서[52] 그 여행기를 「주유삼남(舟遊三南)」이라는 제목으로《매일신보》에 연재하기도 했다. 그런 점을 보건대 조중환이 단순히 원전에서의 '감옥부속병원'(監獄附屬の病院)[53]을 그대로 옮겨오지는 않았을 것이다. 하지만 원작의 흐름을 가급적 충실하게 가져오고자 했던 의도를 해치지 않으려면 박화순을 감옥부속병원이라는 특수한 공간으로부터 빼내는 것보다는, 경성감옥 병감이나 의무소의 현실과는 다소 동떨어진 '경성감옥병원'을 등장시켜서라도 공간의 특수성을 유지할 필요가 있었다. 박화순에게 원한을 지니고 있는 임달성이 의사로 등장하여 그녀의 병을 치료하게 만들기 위해서는 '감옥'과 '병원'이라는 두 개의 특수한 공간이 지닌 의미가 반드시 필요했던 까닭이다.

조중환의 다른 번안소설이 그러하듯, 「비봉담」의 박화순 역시 자신의 과오에 대한 죄책감과 현실 속에서의 위기 사이에서 딜레마를 겪다가 정신질환을 일으키게 된다. 임달성을 죽였다는 죄책감과 더불어 이를 수긍하고 경찰서에 출두하면 꼼짝없이 영어(囹圄)의 몸이 되리라는 두려움 사이에서 도피행을 반복하다가 생명이 위험해질 정도의 중증을 앓게 된다는 점 역시 「쌍옥루」의 이경자나 「장한몽」의 심순애의 투병 서사와 큰 차이가 없다. 박화순이 겪는 내면의 갈등을 구체적으로 묘사함으로써 이러한 투병의 과정에 대한 독자의 동정과 연민을 불러일으킨다는 점도 그리

서서 부녀를 구버보는 비봉산(飛鳳山)"을 언급하고 있다는 점에서 여기에 착안했을 가능성이 엿보인다. 실제로 작중에서도 "진주읍 북방으로 있는 비봉산 아래"의 연못이라는 점을 언명하고 있다. 이지훈, 「조중환의 『비봉담』 번안과 여행의 서사 형식」, 『한국근대문학연구』 18-1, 한국근대문학회, 2017.4, 45-46쪽 참조.
52  「趙一齋의 探訪旅行」,《매일신보》, 1914.6.13.
53  黑岩淚香, 『妾の罪』, 三友舍, 1890, 170面.

하다.

그런데 치유의 시점에서는 결정적인 차이가 있다. 「쌍옥루」나 「장한몽」은 정신질환의 치유가 곧 작품의 결말을 대변한다. 등장인물이 겪던 딜레마가 해소되고 등장인물 간의 갈등이 봉합되면서 정신질환 역시 치유된다. 즉 정신질환의 치유는 질병으로부터의 해방뿐만 아니라 작품 전체의 서사에 대한 은유로서 작동한다는 것이다. 그러나 「비봉담」에서 박화순은 이미 작품 중반부에서 신경열병으로부터 벗어난다. 그럼에도 작중의 갈등은 해소되지 않았으며, 박화순은 여전히 살인 혐의를 받고 있는 상태다. 경성감옥병원에서 치료를 받고 병으로부터 해방되기는 하지만, 미결수 신분에서 벗어난 것도 아니며 박화순을 둘러싼 오해와 갈등 역시 아무것도 해결되지 않은 상태다. 정신질환으로부터의 치유가 서사에서 중요한 의미를 차지하는 다른 소설들과는 명확한 차이를 보이는 지점이다.

임달성이 박화순의 신경열병을 치료했다는 점도 이전의 번안소설들과는 다른 양상을 드러내는 지점이다. 물론 당시의 번안소설에서 남성 인물이 정신질환을 앓는 여성 인물의 치유에 기여하는 것은 「비봉담」에서만 보이는 것은 아니다. 조중환의 「장한몽」에서도 멜랑콜리아형 우울증을 앓는 심순애를 간호하고 최종적으로 그녀의 완치를 선언한 것은 이수일이었다. 다른 신소설에서도 정신질환을 앓는 여성과 연인 혹은 가족 관계에 있는 남성 인물이 중요한 역할을 수행하는 경우는 많다. 앞 장에서 다루었던 「은세계」에서조차도 본평댁의 정신질환을 치료하는 데 결정적인 계기를 제공했던 것은 유복자인 옥남이었을 정도다.

하지만 이런 역할은 의료 행위와는 거리가 있었다. 심순애의 정신질환이 호전된 것은 이수일이 그녀의 과오를 용서했기 때문이지만, 이는 의료의 관점에서 비롯된 언행은 아니었다. 본평댁을 치료한 옥남 역시 마찬가지이다. 심순애나 본평댁을 병들게 만들었던 근본적인 원인, 즉 타인에 대한 죄책감이나 원한을 해소함으로써 치유의 계기가 되었다는 소설적 장치에 불과할 뿐, 이들이 의료적 행위의 일환으로 이러한 언행을 보인 것은 아니었다.

반면 「비봉담」의 임달성은 의사의 입장에서 박화순의 신경열병을 치료한다. 다른 소설의 남성 인물들과 달리 임달성은 박화순에 대한 의심을 거두지 않았으며, 그녀가 신경열병을 앓게 된 근본적인 원인 또한 해소시켜주지 않는다. 오히려 박화순을 원망하고 비난하면서도 의사라는 입장 때문에 환자인 박화순의 치료에 전념을 다하는 것이라고 주장한다. 박화순에게 남긴 편지 속에서 그러한 임달성의 입장은 뚜렷하게 드러나 있다.

> 그대는 나를 못 가운데에 집어넣어 죽이고자 했던 사람인고로 그대의 몸에 병이 있어 생사를 내가 알 바 아니로되 내 몸이 이미 의원의 직책을 가졌으므로 치료하지 아니할 수도 없으며 그대를 살려 정신을 회복한 후에 내 속에 있는 원통한 사정도 그대에게 말하고 아주 작별을 하려는 생각으로 그대의 병을 구하였음이요 조금이라도 그대를 사랑하여 구해준 것은 아니라.[54]

임달성은 의사로서의 자신과 과거의 연인이자 살인미수 피해자로서의 자신을 분리해서 생각한다. 이 과정에서 박화순이 앓는 신경열병 역시 그녀가 저지른 죄로부터 분화된다. 병의 원인은 죄로부터 비롯되었지만, 병

---

54   조중환, 「비봉담」 29, 《매일신보》, 1914.8.27.

을 치료하는 과정은 속죄와 무관하다. 임달성 역시 박화순의 병을 치료하는 것과 그녀의 잘못을 용서하는 것을 동일시하지 않는다. 오히려 죄는 용서할 수 없으되 병은 고쳐야 한다고 생각한다.

결국 박화순은 아직 소설이 결말에 이르지 않은 상황임에도 신경열병으로부터 완치되는 데 이른다. 임달성과 고준식에 대한 혐의는 여전히 남아 있다. 이를 해결하는 것은 임달성이 아니라 진주고등법원이다. 박화순은 재판 과정을 통해 임달성과 고준식에 대한 혐의를 벗고, 이 재판을 지켜본 임달성 역시 박화순에 대한 오해와 원한을 풀고 그녀와 결혼하여 가정을 꾸리는 것으로 결말을 맺는다.

요컨대 임달성은 경성감옥병원이라는 당대의 의료 체계 내에서 의사로서 주어진 역할을 수행함으로써 박화순을 치료했으며, 작중의 갈등 해소 역시 재판이라는 당대 사법 체계 내에서의 제도와 절차를 통해서 실현되었다는 것이다. 박화순의 신경열병을 치료하는 것은 근대적인 의료 체계였으며, 그의 살인 혐의를 해소해준 것은 사법 체계였다. 임달성은 그러한 제도와 체계 내의 구성원 혹은 방관자의 관점에서 체계가 박화순을 '치유'하는 과정을 지켜봤을 따름이며, 재판을 통해서 박화순의 무죄가 입증된 뒤에야 비로소 그에 대한 의심을 거둔다. 등장인물 자신이 의사이자 재판관의 관점에서 심순애의 완치를 '선언'했던 「장한몽」의 이수일과는 사뭇 다른 양상을 보였던 것이다.

이러한 분화는 정신질환과 그 환자를 분리해서 생각하는 계기와도 연결되는 것이었다. 1900년대의 정신질환자가 「은세계」에서 묘사된 것처럼 격리와 감금의 대상으로서 사회로부터 분리되어야 할 존재로 간주되었던 것은 병과 환자를 동일선상에 놓고 본 까닭이기도 했다. 거리의 오물이

도시 위생을 해치는 존재로 간주되어 구축되어야 할 대상으로 지목된 것처럼, 정신질환자 역시 공중위생에 끼치는 해악을 최소화하기 위해서 별도의 시설에 격리 수용되어야 할 대상으로 간주되었다. 앞장에서도 언급했듯이 이러한 시각은 대한제국기를 지나 일제의 식민통치기에도 동일하게 적용되었고, 관련 제도뿐만 아니라 대중매체의 관점에서도 이러한 시각을 뒷받침하는 다양한 기사들이 등장하고는 했다.

그러나 이러한 시각은 1910년대 중반 무렵부터 신문연재소설, 특히 번안소설을 중심으로 흔들리기 시작했고, 그 중요한 계기를 마련한 것은 정신질환자에 대한 '동정'의 시선이었다. 물론 이러한 동정을 가능하게 한 것은 한편으로는 정신질환자를 수용하고 치료할 수 있는 전문적인 의료기관, 즉 총독부의원 동8호실과 같은 정신병원의 출현과도 무관하지 않았다. 제국주의의 식민 정책에서 의료란 상당 부분 정치적 함의를 담게 마련이었고, 이는 식민지 조선의 경우에도 크게 다르지 않아서《매일신보》를 통한 동8호실 수용 환자들에 대한 동정어린 시선의 형성이란 다른 한편으로는 식민통치의 우월성을 내세우고 이를 수긍하게 만드는 과정과도 맞닿아 있었다. 「쌍옥루」나 「장한몽」에서 이경자, 심순애의 정신질환에 대한 동정과 연민을 유발하면서도 다른 한편에서는 이들의 정신질환이 자신의 잘못으로부터 비롯된 것이라는 징벌적 관점을 내세웠던 것도 비슷한 맥락이었다. 이는 4장에서도 언급했듯이 치세(治世)를 선언했던 조선총독부의 통치 담론 내에서 불완전한 개인의 행위가 정신질환이라는 상징적 요소를 통해 어떻게 처벌과 용서의 과정을 거치는지를 보여주는 것이기도 했다.

하지만 「비봉담」에 이르러서는 이러한 상징성조차 희석되고 본격화된 식민 통치 체계 내부로 포섭된 상태에서 각각의 영역으로 분화된 관점에서 서사 내부의 갈등을 해소하는 지경에 이른다. 박화순은 신경열병 환자로서는 병원-의사의 치료를 받고, 살인죄에 대한 피의자로서는 법원-판사의 재판을 받는다. 임달성은 이 과정에서 박화순의 신경열병 치료에 가담하기는 하지만 어디까지나 당대 의료 체계 내에서 종사하는 의사의 관점에서 치료에 임하는 것일 뿐, 박화순의 과오에 대해 심판하거나 용서하는 것과는 구분된 행위임이 강조된다. 박화순이든 임달성이든 결국은 체계 내에 포섭된 개인이며, 체계가 부과하는 과정을 충실히 이행하고 따름으로써 최종적으로는 갈등과 질병을 극복하고 행복한 가정을 꾸리게 된다.

요컨대 사건을 해결하고 서사를 마무리하는 역할은 서술자로부터 전권을 부여받은 특정한 인물에 의해서가 아니라, 등장인물들을 포섭한 체계 그 자체라는 것이다. 이 과정에서 환자는 질병으로부터 분리되었으며, 질병은 환자의 행적과는 무관하게 오롯이 의료의 대상으로서만 작동하게 된 것이 「비봉담」에서 드러나기 시작한 차이다. 물론 신경열병의 출발점은 여전히 박화순 자신의 딜레마에 놓여 있었고, 치유되기 이전까지 극한의 고통에 시달림으로써 속죄의 과정을 거쳐야 한다는 점은 여전했지만, 정신질환이 환자로부터 분리되어 의료의 대상 그 자체로 간주되기 시작했다는 것은 사소한 변화라고 치부할 문제는 아니었다.

## 6. 정리하며

상술한 바와 같이 정신질환자에 대한 인식은 1910년대에 접어들면서 위생적 관점 하에서 그 위험성을 경계하고 격리를 요구하던 기존의 양상에서 조금씩 벗어나서 환자 그 자체에 주목하고 그에 대한 동정과 연민을 불러일으키는 새로운 경향이 나타나기 시작한다. 그리고 이러한 차이는 총독부의원 제8호실과 같은 의료기관을 통해 정신질환자들을 수용·치료하는 체계가 퍼져나가는 과정에서 나타난 일련의 변화이기도 했다.

다만 이것이 정신질환자에 대한 인도주의적 접근의 보편화를 뜻한다고 보기는 힘들다. 조선총독부의 입장에서는 정신질환자는 여전히 사회위생에 위험한 존재로 간주되었으며, 이는 비단 행정당국뿐만 아니라 정신질환에 대한 당대의 연구에서조차도 적용되는 관점[55]이기도 했다. 그보다는 식민통치의 관점에서 제국의 의료의 우수성을 설파하기 위하여 그 수혜대상으로 포섭된 정신질환자들에 한해서 경계보다는 동정의 시선을 강조함으로써 정신질환과 관련된 총독부 중심의 의료기관들에 대한 선전을 목적으로 한 결과일 것이다.

하지만 이러한 식민통치의 의도에 의해 형성된 동정의 시선이라 할지라도 정신질환자에 대한 기존의 관점과는 다른 새로운 시선을 형성하는 데 기여했다는 점은 부인하기 힘들다. 더군다나 이러한 시선이 《매일신보》와 같은 관 주도 매체의 장악력으로부터 멀어진 지점, 즉 여타 매체의 기사나 연재소설 등으로까지 퍼져나가게 되면 본래의 의도와는 다른 맥

---

55  경성제국대학 정신신경과학 교실의 연구가 우생학적 내지 독일식 생물학적 정신의학 일변도였던 것은 당대 식민지 정부의 정신질환에 대한 정책 등과 맞물려 정신병에 대한 낙인을 형성했던 것으로 평가된다. 민성길·이창호·이규박, 「일제시대 조선총독부의원과 경성제대의 정신의학자들의 연구」, 『신경정신의학』 54-2, 대한신경정신의학회, 2015.2, 167쪽.

락을 형성하면서 정신질환자에 대한 인식 변화 그 자체를 이끌어내는 효과로도 이어져 나갔으리라고 본다. 물론 이는《매일신보》외의 다양한 조선어 대중매체들이 등장하게 되는 1920년대 이후의 일이겠지만, 그 계기는 1910년대부터 이미 마련되고 있었다.

다른 한편으로는 정신질환에 대응하는 의료기관의 발달과 이를 뒷받침하는 체계의 마련 등을 통하여 정신질환 그 자체를 의료의 대상으로 볼 수 있는 여건이 마련되기 시작했다는 점도 이러한 변화를 가능하게 한 원인 가운데 하나라고 볼 수 있겠다. 정신질환자를 보건위생에 저해되는 요인 그 자체로 바라보던 기존의 관점에 균열을 일으키고 의료를 통해 치료할 수 있는 별개의 질병으로 간주한다는 접근법은 정신질환자를 기피하고 혐오하기보다는 질병을 앓는 환자로서의 불쌍한 처지를 강조하고 이에 대한 의료적 처치의 필요성을 부각시키는 관점을 뒷받침할 수 있었다.

물론 이는 다양한 각도에서 작동하는 시선이었으므로 어느 하나의 방향으로만 규정해서 정리하기에는 어려움이 있다. 근대적인 의료 체계의 확립과 이를 통한 질병-환자의 분리, 그리고 이 과정에서 나타나는 정신질환자에 대한 시선의 변화란 다른 한편으로는 식민 통치 체계의 정립과 그 과정에서 발생하는 권력 관계의 변화와도 맞물려 있을 것이기 때문이다. 게다가 이러한 현상이 곧 실질적인 차원에서의 정신질환자에 대한 처우의 실질적인 변화로 직결되었다고 보기도 어렵다는 점을 감안해야 하겠다. 식민 통치 기간 내내 정신질환자에 대한 차별과 혐오의 문제는 제도의 관점에서든, 혹은 사회 일반의 의식이라는 관점에서든 여전히 적잖은 내홍(內訌)을 일으켜 왔으며, 이는 어찌 보면 오늘날까지도 여전히 현재진행형이라고 할 수 있는 문제이기 때문이다.

다만 이 글에서는 1900~1910년대 소설에서 정신질환자를 다루는 관점의 변화가 당대 의료 환경의 변화와 이를 둘러싼 정신질환자에 대한 시선의 추이와 맞물려 있었다는 점을 강조하는 데에서 결론을 갈음하고자 한다. 여기서 대상으로 한 시기를 넘어서 식민지 시기 전반을 관통하는 정신질환자에 대한 인식과 의료의 추이를 검토하는 것은 향후의 과제로 남겨 두고자 한다.

# 나환자로 살기*

## - 20세기 중반 루이지애나주 카빌시의 국립나병원 환자들의 새로운 삶과 권리 운동

공혜정 (건양대학교 의료인문학교실)

\*   이 글은 『인문학연구』 제54호에 실린 「'나환자'라는 이름 하에 - 20세기 중반 루이지애
    나주 카빌시의 국립나병원 환자들의 삶과 권리운동을 중심으로」를 바탕으로 수정 ·
    보완을 거쳐 작성되었다.

## 1. 들어가며

한센병은 나균(Mycobacterium leprae)에 의한 만성 육아종 감염으로 피부와 신경계에 침범하여 환자의 삶에 육체적, 정신적, 사회저으로 큰 영향을 미친다. 한센병은 인류 역사상 가장 오래된 질병 중 하나로 기원전 1,500년경에 인도에서 그 기록을 찾을 수 있고, 우리나라의 경우 1445년 세종 때 제주도에 구질막을 설치하고 수용 및 진료한 기록이 전해지고 있다. 1873년 노르웨이 과학자 한센(Gerhard Henrik Armauer Hansen)이 균을 발견하면서 변화의 계기가 마련되었다. 아울러 1940년에 있었던 썰폰제 치료의 획기적인 효과로 나병은 평생을 안고 가야 할 하늘이 내린 불치의 병이라는 낙인과 편견에서 벗어날 수 있게 되었다.

의료적 혁신이 가져온 무엇보다 큰 변화는 한센병과 한센인에 대한 낙인과 편견을 몰아내려는 환자 스스로의 노력이었다. 어빙 고프만(Irving Goffman)이나 미셸 푸코(Michel Foucault)를 비롯한 기존 학계에서는 병원 환자를 소극적이고 고립된 것으로 간주해 왔다.[1] 그러나 재커리 구쏘

---

1    어빙 고프만, 『스티그마: 장애의 세계와 사회적응』, 윤선길 ·정기현 역, 한신대학교출

(Zachary Gussow)를 비롯한 많은 학자들은 카빌 환자들은 자신들의 삶을 어느 정도 통제할 수 있는 수단을 얻기 위해 그들만의 연대를 형성하고 규제에 도전했다고 지적하였다.[2] 20세기 중반 미국 남부의 차별적인 인종분리(racial segregation)가 의료 및 교육을 비롯한 사회 전반에서 당연시되던 시기답게 국립나병원의 카빌 환자들 역시 성별과 인종별로 구분되고 차별되었다. 그러나 흥미롭게도 한센병 환자라는 낙인 아래 환자들은 인종 및 민족에 구별 없이 같은 교실에서 공부를 하거나 마디 그라(Mardi Gras) 같은 축제와 여가를 함께 즐겼다.[3] 질병이 당시 통상적인 사회 관계를 뛰어넘는 새로운 관계를 형성시킨 것이다.

카빌 국립나병원의 환자들의 생활을 연구 주제로 삼은 몇 개의 연구를 꼽자면 다음과 같다. 카빌 한센인들의 환자권리운동(patient rights movement)을 한센병의 낙인에서 벗어나기 위한 것으로 본 마이클 미젤-넬슨(Michael Mizell-Nelson), 병원에서의 가정성(domesticity) 회복을 연구한

판부, 2009; 미셸 푸코, 『임상의학의 탄생: 의학적 시선의 고고학』, 홍성민 역, 이매진, 2006.

2 Zachary Gussow, *Leprosy, Racism, and Public Health, Social Policy in Chronic Disease Control*, Boulder: Westview Press, 1989; Zachary Gussow and George S. Tracy, "Status, Ideology, and Adaptation to Stigmatized Illness: A Study of Leprosy," *Human Organization* 27-4, 1968, pp.316-325; Zachary Gussow and George S. Tracy, "The Phenomenon of Leprosy Stigma in the Continental United States," *Leprosy Review* 43, 1972, pp.85-93.

3 Marcia G. Gaudet, "Telling It Slant: Personal Narrative, Tall Tales, and the Reality of Leprosy," *Western Folklore* 49-2, 1990.4, pp.191-192; Marcia G. Gaudet, "The World Downside Up: Mardi Gras at Carville," *Journal of American Folklore* 111-439, 1998, pp.23-38; Marcia G. Gaudet, *Carville: Remembering Leprosy in America*, Jackson: University Press of Mississippi, 2004.

에이미 페어차일드(Amy Fairchild), 환자 공동체의 문화를 연구한 마르시아 가뎃(Marcia Gaudet), 환자들의 정의 회복을 위한 활동을 그린 팸 훼슬러(Pam Fessler), 노르웨이 이민과 나병의 관계를 연구한 신지혜 등의 연구가 있다.[4] 그러나 이들 연구에서는 환자들의 경험담과 생활에 대해서 다루고 있지만, 카빌 병원 내부의 환자들의 삶 중 인종 및 민족 간의 관계에 대해서는 구체적으로 다루고 있지 않다. 또한 환자들의 권리 회복 운동을 다룬 페어차일드나 훼슬러의 연구에서도 '나환자'라는 공동체 의식을 가지고 행한 다양한 활동에 대해서 간과한 부분이 있다. 이에 본 연구에서는 기존의 연구들을 보완하면서 두 가지 점을 강조하고자 한다. 첫째, 미국 루이지애나(Louisiana) 주 카빌(Carville)에 1921년 한센인 환자들을 격리하기 위해 미국 본토에 최초이자 유일하게 세워진 국립나병원(National

---

4  Michael Mizell-Nelson, "Treated as Lepers: The Patient-Led Reform Movement at the National Leprosarium, 1931-1946," *Louisiana History: The Journal of the Louisiana Historical Association* 44-3, Summer 2003, pp.301-324.; Amy L. Fairchild, "Leprosy, Domesticity, and Patient Protest: The Social Context of a Patients' Rights Movement in Mid-Century America," *Journal of Social History* 39-4, 2006, pp.1011-1043; Gaudet, *op.cit.*, 1990; Gaudet, *op.cit.*, 1998; Gaudet, *op.cit.*, 2004; Pam Fessler, *Carville's Cure: Leprosy, Stigma, and the Fight for Justice*, New York: W.W. Norton, 2020; 신지혜, 「19세기 미국의 나병과 이민자: 미국 중서부의 노르웨이 이민자와 나병 경험」, 『Homo Migrans』 23, 2020, 35-71쪽. 그 외에도 카빌의 국립나병원에 대한 대표적인 연구를 몇 개 나열하면 다음과 같다. 글로벌하게 근현대 200여 년간 한센병 역사에서 주요한 역할을 한 인물을 중심으로 서술한 토니 굴드(Tony Gould), 19세기 중후반부터 등장한 인종주의적 입장에서 한센병 정책을 분석한 재커리 구쏘(Zachery Gussow), 식민주의적 입장에서 분석한 미셸 모란(Michelle Moran)의 연구 등이 있다. Tony Gould, *A Disease Apart: Leprosy in the Modern World*, New York: St. Martin's Publishing Group, 2005; Zachary Gussow, *op.cit.*; Gussow and Tracy, *op.cit.*, 1968; Gussow and Tracy, *op.cit.*, 1972; Michelle Moran, *Colonizing Leprosy: Imperialism and the Politics of Public Health in the United States*, Chapel Hill: University of North Carolina Press, 2007.

Leprosarium, 혹은 United States Marine Hospital No. 66)의 환자들을 중심으로 병원 내 환자들 간의 남녀 및 가족관계, 그리고 인종 및 민족적 관계에 관심을 가지고 고찰하고자 한다. 둘째, 환자들이 공동체적 동질감을 각지고 권리 회복을 위해 행한 노력에 대해서 고찰하고자 한다. 이를 위해 카빌의 국립나병원 환자들의 회고록과 환자 주도의 뉴스레터『더 스타(*The Star*)』를 이용할 것이다.[5]

## 2. 나환자에서 한센인으로

카빌의 국립나병원은 연방정부가 제1차 세계대전이 끝나고 1920년에 매입한 루이지애나 나환자수용소(Louisiana Leper Home)의 시설과 병상 수를 확충하면서 건립되었다. 1년 후인 1921년 루이지애나 나환자수용소는 O. E. 데니(Dr. O. E. Denney)를 초대 원장으로 하는 국립나병원이 되었다.[6] 국립나병원은 1940년대에 이르면 480여 명을 수용할 수 있는 단지를 건

---

5  한센인 환자들의 수기 중 대표적인 것은 베티 마틴(Betty Marin)과 스탠리 스타인 (Stanley Stein)의 수기가 있다. 그 외 본 연구에서는 호세 라미레즈(José P. Ramirez, Jr.) 의 수기를 인용하였다. Betty Martin, *Miracle at Carville*, New York: Doubleday, 1950; Stanley Stein, with Lawrence G. Blochman and Forward by Perry Burgess, *Alone No Longer: The Story of a Man Who Refused to Be One of the Living Dead!*, New York: Funk & Wagnalls Company, Inc., 1963; José P. Ramirez, Jr., *Squint: My Journey with Leprosy*, Jackson: University Press of Mississippi, 2009; José P. Ramirez, Jr., "A Day at Carville: My Home-Mi Casa." *Public Health Reports* 123-2, 2008.

6  John Duffy, *The Rudolph Matas History of Medicine in Louisiana*, Vol. 2, Baton Rouge: Louisiana State University Press, 1962, pp.98-101.

설하고 전문 의료진을 확보하였다. 또한 치과 및 안과, X-Ray실과 실험실 (laboratory), 물리치료실 등을 포함하는 첨단 의료시설을 갖추었고, 기본 생활 편의 시설은 물론 직업 훈련소와 쇼핑센터(mall)까지 갖춘 대규모 단지를 형성하였다.[7]

첨단 의료 시설과 환자들을 위한 편의 시설을 갖추었다 해도 이곳은 철저한 이동 제한과 생활의 제한을 받는 감옥과도 같은 곳이었다. 한센인들은 괴롭힌 것은 물리적 환경이라기보다는 격리와 낙인(stigma)[8]이었다. 카빌 환자들과 병원 관리 직원들의 구술에 의하면 성경에서부터 유래된 한센병에 대한 종교적 낙인, 즉 레위기 13장 46절의 "병[나병] 있는 날 동안은 늘 부정(不淨, unclean)할 것이라. 그가 부정한즉 혼자 살되 진영 밖에서 살지니라"는 인식은 병원에 있거나 퇴원한 후에도 대중은 물론 환자들 사이에서도 만연하였다. 이러한 낙인을 내면화한 환자들은 자신들을 자책하거나 심지어 죄책감에 시달렸다.[9]

국립나병원의 설립과 운영의 주된 목적은 1940-50년대까지 철저하게 통제된 외부와의 격리였다. 병원 내에서는 담당 의료진의 특별 허가를 받은 경우를 제외하고 이성과의 의사소통이나 방문은 지정된 방문 장소에서, 정해 놓은 시간에만 허용되었다. 병원 내에 전화가 있긴 했지만, 환자들이 외부의 도움을 받아 탈출에 이용할까 봐 개인적인 사용을 제한하였

---

7    Mizell-Nelson, *op. cit.*, p.310.
8    낙인은 어떤 특정 집단의 사람들을 다른 사람들과 분리하는 표식이나 오점을 의미한다. 낙인에 대한 고전적 연구로는 다음을 참조하시오. 어빙 고프만, 앞의 책.
9    Barbara Hernandez, "Inside View of Carville: Oral Histories of Patients and Staff from the Last United States Leprosarium," *American Journal of Health Studies* 31-3, 2016, pp.180-181.

다. 카빌 병원 정문에는 엄중한 경비가 있었고, 밤낮으로 원내를 순찰하는 순찰대가 있었다. 환자들은 밤 9시까지 숙소에 들어와 점호를 받아야 했다.[10] 1926년에 카빌에는 병원 감옥(jail)이 만들어졌다. 감옥에 보내지는 가장 흔한 죄목은 '의학적 충고를 무시'하는 것, 즉 치료를 거부하거나 병원에서 탈출하는 것이었다. 탈출한 환자가 붙잡히면 30일 구류를 선고받았다. 반복적인 탈출 시도를 할 경우 또 다른 탈출 시도를 막기 위해 벌금을 내게 하였다. 카빌의 감옥은 1957년 루이지애나 주법에서 한센병이 '필수적으로 격리되어야 하는 질병 목록'에서 빠지게 되면서 폐쇄되었지만, 20여 년 넘게 한센병 환자들의 삶을 구속하는 장소로 사용되었던 것이다.[11]

종교적, 문화적, 사회적으로 한센인에 대한 낙인에 익숙한 환자들은 국립나병원에 입원하면서 본명을 버리고 가명(pseudonym)으로 개명하였고, 이를 통해 '정상인'에서 '나환자'로 신분을 갈아탔다.[12] 정상인과 한센인 간의 격리 중 가장 한센인들을 괴롭힌 것은 사랑하는 사람들과의 접촉 금지 규정이었다. 1950년대까지 환자들 간에 은밀한 접촉이나 교제가 없었던 것은 아니지만, 이성간의 교제나 결혼이 원칙적으로 금지되어 있었다. 배우자가 한센병 진단을 받고 병원으로 오게 되면 이혼은 당연한 수순이었다. 가족이 입원을 하더라도 함께 동거할 수 없었고, 아기가 태어나는 경

---

10  Stein, *op. cit.*, pp. 51-52, 178. 1936년에 환자들의 염원에 따라 공중전화가 설치되었다.
11  Fessler, *op. cit.*, pp. 114-122.
12  Martin, *op. cit.*, p. 20. 가명 사용에 대한 연구로는 다음을 참조하시오. Rick Bregg, "The Last Lepers; A Special Report: Lives Stolen by Treatment, Not by Disease," *New York Times*, 1995. 6. 19; Vicki L. Pierre, "Living with Leprosy: Carville Patients in the Early Twentieth Century," M.A. Thesis, University of Minnesota, 2012.

우에는 한센병 검사를 한 후에 부모와 분리되어 외부의 친척에게로 보내지거나 입양을 보냈다. 환자들 간의 결혼 역시 금지되었고, 환자들 스스로도 자녀를 낳는 것을 두려워하기도 했다.[13] 이렇게 철저하게 통제되고 격리되고 구분된 한센인으로서의 삶은 1940년대 썰폰제 치료의 효과로 인해 새로운 변화의 계기를 맞이하였다.

썰폰제의 시초인 DDS(Diaminodiphenly Sulfone, 혹은 Dapsone)는 1908년 처음 독일에서 합성되었다. 그 후 썰폰제는 합성항균제(synthetic anti-microbial agents)로 각광을 받아 1932년에 바이엘(Bayer) 제약회사에서 프론토실(Prontosil)이라는 상품으로 개발되었다. 그 후 페니실린(penicillin)이 상용화되기 전까지 유일한 항균제로 사용되었다. 1937년에는 DDS가 본격적으로 항균제와 항소염제로 연구되었고, 1940년대 중반 한센병 치료에 처음으로 사용되었다.[14] 1940년대 한센병 치료에 썰폰 치료제를 도입한 가이 패짓(Dr. Guy Faget)의 시도는 결과적으로 한센병 치료 역사에서 전대미문의 파장을 일으켰다. 썰폰제 도입을 한 이후 2년 이내로 카빌 병원에서는 대풍자유 치료요법을 완전히 폐기하고 썰폰제 치료요법에만 집중하기 시작하였다.[15] 1948년 제5차 국제나회의에서 이러한 변화

---

13    Martin, *op. cit.*, p.86; Stein, *op. cit.*, pp.171-172; Hernandez, *op. cit.*, p.182.

14    John Parascandola, "Sulfones and the Miracle at Carville," *Revue d'histoire de la pharmacie* 44-312, 1995, pp.409-412; John Parascandola, "Miracle at Carville: The Introduction of Sulfones for the Treatment of Leprosy," *Pharmacy in History* 40, 1998, pp.63-64; John E. Lesch, *The First Miracle Drugs: How the Sulfa Drugs Transformed Medicine*, Oxford: Oxford University Press, 2007, pp.51-67.

15    "Obituaries: Dr Guy Henry Faget," *International Journal of Leprosy* 15-3, 1947, p.338; Parascandola, *op. cit.*, 1998, pp.63-64; Parascandola, *op. cit.*, 1995, pp.409-412.

〈그림1〉 병원에서 퇴원하고 집으로 돌아가는 한센인

출처: *The Star*, 8-3, 1948, 표지.

를 반영하여 프로민(promin) 등의 썰폰제가 한센병 표준 치료제로 인정받
게 되었다. 이상과 같이 1940년대는 한센병 치료 역사에서 새로운 전기가
마련된 시기라 할 수 있었다.[16] 이러한 카빌의 과학자와 의사들의 전문적
인 연구와 환자들의 자발적인 희생이 합쳐져서 이루어낸 의학적 성과는
그 이후에도 지속적인 발전을 하였다. 1960년대 중반 제이콥 쉬스킨(Dr.
Jacob Sheskin)과 로버트 헤이스팅스(Dr. Robert R. Hastings)는 한센병 치료
에 있어 탈리도마이드(thalidomide)의 효능을 입증했고, 로버트 제이콥슨
(Dr. Robert R. Jacobson)은 리팜핀(Rifampin)을 복합약물 치료제(multi-drug

16    Guy H. Faget and Paul T. Erickson, "Chemotherapy of Leprosy," *JAMA* 136-7, 1948,
      pp. 451-457; Parascandola, *op. cit.*, 1998, pp. 59-66.

therapy)의 하나로 소개하기도 하였다.[17]

이상과 같이 단일 썰폰치료제, 복합 썰폰치료제 등으로 이어진 한센병 치료의 획기적인 변화는 의료적 발전뿐만 아니라 환자들의 삶 자체에 큰 변화를 초래하였다. 썰폰제에 의한 성공적인 치료의 성과는 환자들에게 퇴원에 대한 희망을 불러 일으켰다. 이러한 변화는 카빌 병원뿐만 아니라 글로벌하게 한센병 치료는 물론 환자들의 기본적 인권 회복 및 향상에도 영향을 미쳤다. 썰폰제 치료의 성공을 경험한 이후부터 카빌의 상황은 개선되기 시작했다. 1947년 미 공중보건국(U.S. Public Health Service)은 여행 허가를 필요로 하는 격리가 필요한 질병 목록에서 한센병을 삭제했다. 1948년 병원 시설에서 철조망이 제기되었다. 1952년에는 한센인의 결혼이 허용되었고 1960년에는 부부의 동거가 가능하도록 남녀 기숙사를 개조하였다. 병원에 외부 세계와 소통할 수 있는 자체 우체국이 생겼으며, 병원을 둘러싼 철조망을 제거하고, 외부와 통하는 도로를 연결하였다. 가장 중요한 변화는 죽어서야 벗어나는 병으로부터의 해방이었다. 전염의 위험이

---

17    Hernandez, op.cit., pp.176-177; John Parascandola, "The Gillis W. Long Hansen's Disease Center at Carville," Public Health Reports 109-6, 1994, pp.729-730; Samuel L. Moschella, "Carville: 100 Years of Excellence," Journal of American Academic Dermatology 36, 1997, pp.128-130. 1940년대 단일썰폰제(sulfone monotherapy) 치료부터 1980년대 복합썰폰제(multidrug therapy, MDT), 혹은 복합화학요법, polychemotherapy)로 이어지는 한센병 치료제의 발전, 변화, 부작용 등에 대해서는 다음을 참조하시오. Gould, op.cit., p.16; Robert H. Gelber and Jacques Grosset, "The Chemotherapy of Leprosy: An Interpretive History," Leprosy Review 83-3, 2012, pp.221-240; Rossilene Conceição da Silva Cruz, et al., "Leprosy: Current Situation, Clinical and Laboratory Aspects, Treatment History and Perspective of the Uniform Multidrug Therapy for All Patients," Anais brasileiros de dermatologia 92-6, 2017, pp.761-773.

없고 한센균이 소멸되었다는 의학적인 소견을 받아 퇴원(medical discharge)하고 가족들의 품으로 돌아갈 수 있게 되었다는 점이다.[18] 1943-1948년 사이 모두 132명의 환자가 퇴원을 하였다.[19] (〈그림 1〉 참조)

이상과 같이 법적, 사회적, 문화적으로 차별적이고 소외된 삶을 영위했던 한센병 환자들은 1940년대 썰폰 치료제의 기적 같은 효과로 인해 완치에 대한 희망을 가지게 되었다. 이러한 변화는 이들이 '한센인'이라는 이름 아래 기본적인 인권 회복을 위한 노력을 하는데 동력을 제공하였다(4장에서 자세히 논의).

## 3. '새로운' 환자의 대두

### 1) 가족

〈표1〉 국립나병원 입원 환자의 성별과 인종 및 민족 별 숫자(명) 및 비율(%), 1922-1950

| | 총 환자수 | 성별 | | 인종 | | | | | |
|---|---|---|---|---|---|---|---|---|---|
| | | 남성 | 여성 | 백인 | 멕시코계 | 흑인 | 중국인과 일본인 | 필리핀계 | 기타 |
| 입원 환자수(명) | 1,512 | 1,060 | 432 | 877 | 303 | 169 | 79 | 79 | 9 |
| 비율(%) | 100,2 | 70,1 | 29,9 | 58,0 | 20,0 | 11,2 | 5,2 | 5,2 | 0,6 |

출처: Herman H.Gray and Huldah Bancroft, "Tuberculosis at the United States Public Health Service Hospital, Carville, Louisiana, 1922-1950," *International Journal of Leprosy* 20-4, 1952, p. 468에서 발췌 및 요약.[20]

---

18  "The Medical Discharge," *The Star* 8-10, 1949, p.8.
19  "Carville in Review," *The Star* 8-3, 1948, pp.7-9.
20  총 환자수와 인종별 환자수의 총합에서 4명 정도 차이를 보인다. 이러한 오류는 미미한 것이기에 본 연구에서는 무시하기로 한다.

의료적 발전으로 이룩한 변화는 국립나병원의 환자들을 '새로운' 환자를 탄생시켰다. 그러나 한센병이라는 공동의 낙인을 가지고 있는 환자들에게는 다른 질병을 가진 환자들과는 구별되는 것이 있었다. 이들은 결혼하여 자녀를 가졌어도 떨어져 지내거나, 더구나 자녀를 가질 수 없거나 가지려고 하지 않았기 때문에 혈연이 아닌 새로운 가족 관계를 형성하는 경우가 종종 있었다. 더구나 일반적인 당시의 미국 사회, 특히 남부 사회에서 당연시 여겼던 인종 간의 분리적 경계가 분명하지 않았다.

〈표 1〉에서 보듯이 1922~1952년 통계에 의하면 남성이 70% 이상을 차지하여 전반적으로 국립나병원에는 남성의 비율이 높았다. 이런 점은 소아청소년에서도 나타났다. 1949년 소아청소년 한센병 환자 14명을 2년간 관찰한 결과에서도 11명이 소년, 3명이 소녀였다. 연구를 맡았던 데이비드 C. 엘리어트(Dr. David C. Elliot)는 이처럼 소년의 수가 소녀의 수를 능가하는 이유는 한센병 환자들의 성비 구성을 보여주는 것이 아니라 미국 가정에서 한센병을 가진 여아의 경우 집에 머무르게 하고 남아를 병원에서 치료받게 하는 경우가 더 많기 때문인 것으로 분석하였다.[21]

카빌에서 결혼한 부부는 카빌 바깥 세상에서와는 다른 기준으로 결혼과 가정생활을 하였다. 그들은 사회경제적 계급이나 조건을 따지기보다는 그들만의 공감대를 형성할 경우 결혼에 성공하였다. 베티 파커(Betty Parker, 결혼 후 마틴으로 성을 변경)이 해리 마틴(Harry Martin)과 결혼을 한 것

---

21  David C. Elliot, "Leprosy, a Disease of Childhood, with Special Reference to Early Findings in Eye, Ear, Nose, and Throat of Children Examined at the National Leprosarium at Carville," *Journal of Pediatrics* 35-2, 1949, p.195.

<그림 2> 남녀가 마주앉아서 함께 뜨개질을 하는 모습

출처: *The Star*, 5-1. 1945, p.14.

은 바로 "비밀[한센병]을 공유할 수 있는 누군가가 있다는 건 놀라운 일"이기 때문이었다.[22] 한센병 환자라는 동질감은 부부 사이에 결속감을 강화시켰다.

이들 한센인 부부의 가정에서는 일반 가정에서 보편화된 남-녀 간의 일의 구분이 명확하지 않았다. 즉 부부 사이에도 서로의 몸의 건강 상태나 장애 상태가 달랐기 때문에 명확하게 남녀 간의 일을 구분하는 것은 불가능하였다. 그 예로 『더 스타』지에 나온 삽화에 남녀가 나란히 앉아서 뜨개질을 하는 모습이 그려져 있는 것을 볼 수 있다.(〈그림2〉 참조). 또한 한스와 거트루드 혼보스텔(Hans and Gertrude Hornbostel) 부부는 한센병에 걸린 부인을 대신하여 남편이 청소, 설거지, 요리 등의 가사일을 도맡아 하

---

22　Martin, *op. cit.*, p.119.

였다.[23] 이러한 혼보스텐 부부의 사례는 드물지 않은 경우였다.

　남녀 간의 구성비가 다르고 결혼과 자녀 양육에 어려움이 있었기에 국립나병원에서는 혈연관계가 아닌 새로운 가족관계가 탄생하는 경우가 많았다. 호세 라미레즈(José Rammirez)는 1968년 20세의 나이로 카빌에 들어왔다. 라미레즈는 텍사스(Texas)의 라레도(Laredo)에 살면서 반복적인 고열 증세를 겪었고, 사지의 감각이 점차 무뎌지는 증상을 겪으면서 민간신앙과 종교적인 치유법에 의존하여 고쳐 보려고 애를 썼다. 결국 라레도의 자비병원(Mercy Hospital)에서 한센병이라는 판결을 받고 카빌로 이송되었다. 약 1,200킬로미터(750마일)나 떨어진 카빌로 이송될 때 라미레즈는 선상 상태가 악화되어 앉아 있을 수 없었고 유료 구급차 시설도 찾기 힘들었다. 결국 라미레즈는 19시간 동안 장례식 차를 타고 누워서 카빌로 왔다. 라미레즈의 가족과 여자친구 역시 라미레즈에게 호의적이었지만, 멀리 떨어져 있었기 때문에 직접적인 도움을 줄 수 없었다. 라미레즈는 카빌에서 비공식적인 양부모인 대릴 브루사드(Darryl Broussard)와 부인인 메리 루스(Mary Ruth)의 도움을 받았다. 루이지애나 주립대학(Louisiana State University)에서 미식축구 선수를 지망하던 젊은이였던 대릴 브루사드와 텍사스의 산 안토니오(San Antonio) 출신인 메리 루스는 같은 해에 카빌로 왔다. 이 둘은 사랑에 빠져 결혼을 하였지만, 자녀는 갖지 않았다. 대신 라미레즈의 양부모를 자처하고, '아들'이라고 부르면서 사회복지사를 꿈

---

23　한스는 정상인이었기 때문에 카빌 병원에 살 수가 없었기에 주변에 집을 따로 구하고 매일 부인을 방문하여 하루 종일을 같이 보내다가 귀가하였다. 이들 부부에 대한 이야기는 다음 장에서 자세히 할 것이다. Fairchild, *op. cit.*, p.1025.

꾸며 대학에 진학하고자 하는 라미레즈를 곁에서 돌보아 주었다.[24]

이상과 같이 한센인이라는 조건에서 국립나병원에서는 새로운 남녀관계와 가족관계를 형성하였다. 이러한 한센인으로서의 연대는 정상인들의 외부 세계와는 구별되는 차이점이 있었다. 이러한 차별성은 인종 및 민족관계에서도 반영되었다.

## 2) 인종과 민족

미국을 비롯하여 근대 서구 사회에서 한센병은 인종차별주의와 깊은 연관이 있었다.[25] 1926년 보고서에서 한센병의 세 가지 발병 원인--유전, 이민자, 그리고 해외를 다녀온 군인이나 선원-중 두 가지 원인을 '비(非)미국적(un-American)'인 것에서 찾았다.[26] 1889년 외국인 한센환자 추방령이 생겼고, 한센병이 진단된 이민자는 입국이 거부되었다.[27] 1940년대에도 미국 각지에 퍼져 있는 이민들이 한센병의 주 원인이라고 여겼다. 즉 중부와 북부 지역에서는 노르웨이, 스웨덴 등의 북부 유럽에서 온 이민자들, 캘리포니아와 서부지역에서는 중국인과 필리핀, 하와이 출신 이민자

---

24    Ramirez, *op.cit.*, 2008, p.222; Ramirez, *op.cit.*, 2009, pp.57-59.

25    Gussow, *op.cit.*, 1989, pp.18-22.

26    O. E.Denney, "Special Article: The Leprosy Problem in the United States," *Public Health Report* 41-20, 1926, p.923; Gussow, *op.cit.*, p.22.

27    U. S. Public Health Service, *Code of Federal Regulations, Title 42-Public Health*, Washington, D.C.: U.S. Government Printing Office, 1940, pp. 25-27; James A. Doull, "Laws and Regulations Relating to Leprosy in the United States of America," *International Journal of Leprosy* 17, 1950, pp.145-154.

들, 남부지역에서는 멕시코계, 특히 플로리다(Florida), 텍사스(Texas), 루이지애나 주에서는 흑인과 스페인계(쿠바, 서인도제도, 남미)가 한센병 환자들이라고 알려졌다.[28]

〈표 1〉에서 보듯이 입원자가 최대 다수는 백인 남성이었지만, 필리핀계, 아시아계, 흑인계, 멕시코계가 역시 다수를 차지하였다.[29] 베티 마틴(Betty Martin)이 지적한 대로 환자들은 "부자, 중산층, 빈민층, 배운 사람, 못 배운 사람, 젊거나 나이 든 사람, 몸이 부서졌거나 자존심이 부서진 사람" 등이 모두 섞여 있었다. 베티 마틴은 카빌은 전체 환자의 40%가 외국 출생이라고 하면서, 이를 '인종 용광로(melting pot)'라고 표현하기도 하였다. 스탠리 스타인(Stanley Stein) 역시 처음에 국립나병원에 도착했을 때 '장신의 텍사스 사람, 단신의 필리핀 사람, 수척한 흑인, 뚱뚱한 멕시코 사람, 파란 눈의 노랑 머리, 검은 머리의 중국인'을 포괄하는 모든 인종(men of all races and colors)이 자기를 쳐다보고 있었다고 기억했다. 스타인은 병원의 가장 많은 수를 차지하는 것은 라틴 아메리카계라고 하였다.[30] 1960년대 말에 입원한 라미레즈 역시 기억하기를 25개 이상의 다른 언어와 문화를 경험할 수 있었다고 서술하였다.[31]

---

28    Guy H. Faget, "The Story of the National Leprosarium (U. S. Marine Hospital), Carville, Louisiana," *Public Health Reports* 57-18, 1942, pp.642-643.

29    Herman H. Gray and Huldah Bancroft, "Tuberculosis at the United States Public Health Service Hospital, Carville, Louisiana, 1922-1950," *International Journal of Leprosy* 20-4, 1952, pp.467-474.

30    Martin, *op. cit.*, pp.75, 126; Stein, *op. cit.*, p.4, p.114, p.218.

31    Ramirez, *op. cit.*, 2008, p.224; Ramirez, *op. cit.*, 2009, p.52. 라미레즈는 다양한 국적을 가진 사람들이 수용되어 있었다고 말했다. 즉 미국 전역의 거의 모든 주, 남미(South America), 중미(Central America), 괌(Guam), 영국(England), 그린랜드(Greenland), 그

물론 국립나병원에서는 남부 사회의 전형적인 모습을 보여주듯 인종과 젠더에 따른 공간 분리가 있었다. 백인, 흑인, 중국인, 멕시코계 환자 기숙사 건물이 따로 존재했고, 남녀는 층별로 분리되었다.[32] 한센병 환자들은 같은 질병을 가졌지만, 모두 동일한 환자가 아니었다. 인종적, 민족적 경멸과 차별 속에서 일부 환자들, 그중에서도 비백인들이나 이민자들은 한센병을 퍼뜨리는 병원체로 취급을 받기도 하였다.

국립나병원에서 환자들에게 술은 허용이 되지 않았지만 도박은 허용되었는데, 도박은 특정 인종이나 민족을 경멸하는 데 이용되기도 하였다. 스타인은 "중국인은 타고난 도박꾼(gambler)이자 장사꾼(trader)인 듯싶다"고 비웃었다. 그는 병원의 "말도 안 되는 식사 시간", 즉 아침은 오전 7시, 점심은 오전 11시, 저녁은 오후 4시에 제공되는 식사 시간을 피해서 중국 식당(Chinese Cook Shop)에서 식사를 하기도 하였는데, 그곳이 수백 달러가 오가는 도박의 온상이 되는 것을 지적하였다.[33] 베티 마틴과 스탠리 스타인 모두 멕시코계 환자들이 운영하는 식당에서 역시 도박이 공공연하게 벌어졌다고 지적했다.[34] 즉 중국인과 멕시코계 한센인들은 비백인이자 비미국인으로 한센병의 원천이자 도덕적으로도 문란한 그룹으로 묘사되

리스(Greece), 멕시코(Mexico), 필리핀(Philippines), 사모아(Samoa), 중국(China), 일본(Japan), 베트남(Vietnam), 타일랜드(Thailand), 독일(Germany), 이탈리아(Italy), 쿠바(Cuba), 푸에르토리코(Puerto Rico), 캐나다(Canada), 프랑스(France), 한국(Korea), 에티오피아(Ethiopia), 아일랜드(Ireland), 인도(India), 인도네시아(Indonesia), 호주(Australia), 스페인(Spain) 등이었다.

32   Hernandez, *op. cit.*, p.182.
33   Stein, *op. cit.*, pp.82-83.
34   Martin, *op. cit.*, p.35, 75, 84; Moran, *op. cit.*, p.161.

〈그림3〉 각종 소포츠(소프트볼, 골프, 테니스, 배구)를 즐기는 카빌의 환자들

출처: *The Star*, 8-9, 1949, 표지.

었다.

이러한 분위기에서 병원 행정과 간호를 맡았던 수녀회에서 백인과 비백인 간의 인종 간 결혼(miscegenation)이 일어날 것을 경계하였다. 이들은 남녀간의 분리, 비백인과 백인간의 분리에 각별한 노력을 기울인 것을 당연한 것으로 여겨졌다.[35] 그러나 백인-비백인을 떠나서 이들은 모두 한센병 환자로서 사회적, 문화적, 의학적으로 외부 세계와 분리되어 있었고, 이러한 특수한 환경은 그들만의 동질감 형성에 기여하기도 하였다.

숙소나 식당은 백인과 비백인이 구분되어 있었지만, 학교나 여가 활동, 직장 등에서는 차별적 인종 분리가 없었다. 앞서 살펴본 바와 같이 다양

35  Moran, *op. cit.*, pp.92-93.

출처: *The Star*, 9-1, 1949, 표지

한 인종과 민족이 섞여 있었기 때문에 영어를 가르칠 학교가 필요했다.[36] 베티 마틴이 마사 수녀님(Sister Martha)에게서 피아노를 배울 때 중국인 소녀와 함께 배웠고, 교사였던 베티 마틴이 가르치는 교실에도 흑인과 백인 학생이 섞여 있었다. 로라 수녀님(Sister Laura)의 음악교실에는 20명의 학생 중 백인은 물론 중국, 스페인, 멕시코, 프랑스에서 온 학생들이 함께 배웠고, 흑인 소녀도 있었다.[37]

외부인들과 스포츠 경기를 하는 것은 한센인 환자들에게는 자신들도 정상인들의 경쟁할 수 있다는 자신감을 불어넣었다. 바톤 루즈(Baton

---

36  Martin, *op. cit.*, p.34.
37  *Ibid.*, p.34, p.45, p.131.

Rouge)의 한 스포츠 기자는 "건강한 사람들과 경쟁하여 승리할 수 있다는 것은 환자들에게 있어 세상의 모든 약과 거의 맞먹는 효과가 있다"라고 썼다.[38] 1951년 카빌의 소프트볼 팀인 '카빌 인디언즈'(Carville Indians)는 리버 리그(River League) 소프트볼 챔피언십에서 우승을 하기도 하였다. 카빌 인디언즈팀은 다인종, 다민족으로 구성되었다. 즉 3명의 흑인, 1명의 하와이 원주민 출신, 1명의 사모아 원주민 출신, 3명의 일본계 미국인, 4명의 백인으로 구성되어 있었다.[39] 선수층이 두꺼울 수 없는 카빌에서 이러한 선수·구성의 인종적, 민족적 다양함은 카빌만이 누릴 수 있는 장점이라 할 수 있었다(〈그림 3〉 참조).

특히 축제는 환자들 사이의 인종적, 문화적 분리와 경계를 없애는 시기였다. 환자들은 때가 되면 각기 자신들의 전통 축제를 즐겼다. 멕시코계 환자들은 독립기념일과 과달루페 축제(Feast of Guadalupe)를, 중국계 환자들은 새해와 국가창립일을, 필리핀계는 종교 관련 축제를 챙겼다.[40](〈그림 4〉 참조) 카빌의 가장 큰 축제였던 할로윈 축제나 마디 그라 같은 축제에서 인종과 민족에 관계없이 분장을 한 채 함께 즐겼다.[41] 매해 2월에 열리는 마디 그라(Mardi Gras) 축제는 한센병 환자들에게 큰 의미를 가졌다. 이미 사회에서 '비정상적'(abnormal)이라는 오명을 받고 있는 사람들에게 가면을 쓰고 '정상적'인 사람들과 함께 참여하는 마디 그라 축제는 환자들에게 중요했다. 1980년대 후반까지 마디 그라 축제에서는 6킬로미터가 넘

---

38  "The Sportsfolio, a Step Backwards," *State-Times, Baton Rouge*, Louisiana, 1956.8.6.
39  Ramirez, *op. cit.*, 2009, p.118.
40  Martin, *op. cit.*, pp.81-82.
41  *Ibid.*, p.59.

는 카빌 중앙 대로를 휠체어, 자전거 등을 타고 분장을 한 환자들이 퍼레이드를 벌였다.[42] 이들은 가면과 분장을 통해서 익명성을 얻고 질병으로 인한 장애를 가릴 수 있었다. 무엇보다도 이 축제에서만은 인종과 민족, 젠더는 물론 환자-정상인, 낙인-비낙인의 벽을 뛰어넘을 수 있었다.

이상에서 살펴본 바와 같이 인종, 민족, 계급, 직종 별로 구분되어 그들만의 구분된 삶을 유지하던 국립나병원 환자들은 병원 내부에서는 하나의 공동체로 인종적, 민족적으로 통합하여 살 수밖에 없었다. 그들은 서로 다른 사회문화적, 인종적, 민족적 배경에도 불구하고 한센병이라는 이름 아래 공통된 경험을 공유할 수밖에 없었고, 이러한 점은 앞서 살펴본 바와 같이 병원 밖의 사회와는 다른 모습으로 표현되었다.


## 4. 국립나병원에서의 한센병 환자 권리의 문제

어릴 때부터 한센병을 앓았던 25세의 젊고 건강한 닉 패럴(Nick Farrel, 가명)은 국립나병원에서 4년을 보내고 썰폰약제인 프로민 치료제의 성공으로 퇴원하게 되었다. 패럴은 병원으로부터 '음식을 다루는 직업'을 포함해서 어떤 직업을 가져도 상관없다는 승인을 받았는데도 불구하고, 고용을 꺼리는 고용주와 직원들 때문에 취업이 힘들었다. 그는 뉴욕(New York)에 가서 『라이프(Life)』에 본인의 이야기를 출판하려고 시도했지만

---

42    Stein, *op. cit.*, pp. 129-132; Fessler, *op. cit.*, p. 129; Gaudet, *op. cit.*, pp. 116-146.

실패하였다. 그는 그 길로 디트로이트(Detroit)로 가서 프로민을 생산하는 파크 데이비스(Parke Davis) 제약회사에서 '카빌의 프로민 졸업자'(a Promin graduate of Carville)라는 광고를 찍었다. 그 후 그는 《뉴욕타임즈》(New York Times)와 시카고 라디오 방송사 등의 미디어와 그의 경험담을 인터뷰하고 전국적으로 유명해졌다. 그는 1949년 인터뷰에서 병원 외부 세계로 나가는 두려움, 직능 기술의 부족, 일반들의 인식 부족 등으로 퇴원이 가능한데도 불구하고 병원을 떠나지 못하는 환자가 많다고 밝혔다. 그러면서 죄(sin)나 불결함(filth)과 연관된 오랜 낙인을 벗기고 한센병의 진실을 밝히는 데 평생을 밝히겠다는 포부를 밝혔다. 이러한 패럴의 대담한 행동은 한센병에 대한 일반 대중의 인식을 변화시키려는 한센병 환자 스스로의 적극성을 보여주는 것이었다. 또한 이것은 카빌의 환자권리운동을 이끌었던 스타인과 그가 창간한 카빌 환자들의 공식 뉴스 레터였던 『더 스타』지의 입장을 그대로 반영하였다. 패럴의 이야기는 표지까지 22페이지짜리 짧은 뉴스레터인 『더 스타』지에서 가장 많은 지면인 3-4페이지 반을 차지할 만큼 대대적으로 다루어졌다.[43]

독일계 유태인이고 본명이 시드니 모리스 레비슨(Sidney Maurice Levyson)인 스탠리 스타인은 저널리즘과 영화에 관심이 많았지만, 가계를 이어받기 위해서 텍사스 대학(University of Texas) 약학과에 진학하였고, 졸

---

43 "Senate Holds Hearing on S.704," *The Star* 8-9, 1949, p.8; "Mr. Farrel Goes to Washington," *The Star* 8-10, 1949, pp.3-5, p.8; "House Committee Holds Hearings on National Leprosy Act," *The Star* 8-11, 1949, p.5; Raúl Necochea López, "Arresting Leprosy: Therapeutic Outcomes Besides Cure," *American Journal of Public Health* 108-2, 2018, p.199.

업 후에는 약사로 활동하였다. 스타인은 한센병에 걸리고 카빌로 온 후에 그의 관심사를 발휘하여 극단을 시작하였다.[44] 또한 스타인은 1931년 『66개의 스타』라는 66개의 국립해군병원을 상징하여 명명한 잡지를 발간하였다. 초창기에는 농담, 식당 메뉴, 환자들 간의 가십 등의 가벼운 소재로 구성되었지만 점차 중요한 뉴스와 교육 섹션을 추가하였다.[45] 그런데 '에그버트의 모험'(The Adventures of Egbert)이라는 섹션의 글 때문에 1934년에 폐간하게 되었다. 이 섹션은 카빌에 새로 들어온 환자들이 카빌에서의 생활에 대해서 터득해 가는 과정을 그린 유머가 담긴 연재물이었다. 4호부터 연재된 이 연재물은 순진한 신입 환자와 병원에 잘 적응한 환자들 간의 충돌, 병원과 스태프에 대한 조롱 등이 담겨 있었다.[46] 『66개의 스타』는 외부 병원 출판지들과 교류하던 중 『후지에[인디애나주를 일컫는 별명] 구원자(Hoosier Res-cuer)』의 편집장인 찰스 W. 브라운(Charles W. Brown)이 쓴 고대와 중세의 나환자에 대한 미신과 편견에 대한 글인 '나환자 미사'(Leper's Mass)를 수록했다.[47] 이 글에서는 중세 시대에 나병이 발견되면 성당에서 나환자에 대한 성경 구절을 읽고 장례의식을 행하는 것을 지적하면서, 20세기에서도 중세 암흑시대(Dark Age)의 구습은 변하지 않았음을 지적하였다. 그러나 이 글은 1896년부터 2005년까지 병원의 내부 총괄 운영(간호, 식사, 환자 돌봄 및 관리 등)을 담당했던 성 빈센트 드 폴 수

44    Stein, *op. cit.*, p.10, 12, 100-101, 110-116, 230-231; Martin, *op. cit.*, pp.77-79.
45    Stein, *op. cit.*, pp.69-72.
46    Mizell-Nelson, *op. cit.*, p.311.
47    나환자 미사에 대해서는 다음을 참조하시오. Jessica Chace, "Diagnostic Medievalism: The Case of Leprosy's Stigma," *Disability Studies Quarterly* 39-3, 2019.

녀회(Daughters of Charity of St. Vincent de Paul)는 물론 환자 대다수가 가톨릭 교인이었던 상황에서, 양쪽으로부터 빗발치는 비난을 피할 수 없었다. 결국 『66개의 스타』는 주변의 부정적인 분위기를 극복하지 못하고 폐간할 수밖에 없었다.[48]

그러나 1941년에 스타인은 『더 스타』지를 새롭게 발간하기 시작하였다. 『더 스타』는 스타인이 사망한 후인 현재까지도 지속적으로 발간되고 있다. 앞서 살펴본 『더 스타』에서 패럴의 이야기를 대서특필했듯이 이것은 외부 세계에 한센병에 대한 과학적 이미지와 한센병 환자들의 치유 사례를 알리는 데 역할을 톡톡하게 하였다. 『더 스타』는 과학적 근거를 제시하여 한센병에 쓰인 전통적인 믿음과 종교적 굴레에서 벗어나고자 하였다. 즉 이들은 1941 첫 발간호에 "작은 돌을 연못에 던져" 파문을 일으키듯이 한센병에 대해 대중들이 잘못 알고 있는 내용을 고치고 사실(fact)를 전달하겠다는 의지를 밝혔다. 또한 이들은 격리를 통해서는 결코 한센병을 완전히 제거하지 못하며, 이는 세계 대부분의 한센병 연구자들에 의해 밝혀진 사실임을 전달하고자 하였다. 무엇보다 스타인은 '나병'(leprosy)이라는 용어를 한센병으로 대체하고자 노력하였다. 이러한 노력은 차츰 결실을 맺어 1948년 하바나(Havana)에서 열린 국제나학회 이후 "나환자"(leper)라는 단어를 사용하지 말자는 캠페인이 시작되었다.[49]

『더 스타』지를 중심으로 환자들은 카빌 병원에서의 좀 더 나은 삶과 그들의 권리 회복을 위해 노력하였다. 1944년 『더 스타』지에서는 프랭클린

---

48    Stein, *op. cit.*, pp.153-165.
49    *The Star* 1-1, 1941, p.5; Parascandola, *op. cit.*, 1994, pp.729-730.

D. 루즈벨트(Franklin D. Roosevelt) 대통령의 "네 가지 자유"(Four Freedoms)를 본 따서 그들만의 "네 가지 자유"(Four Freedoms)를 주장하였다. 루즈벨트 대통령의 "네 가지 자유"란 제2차 세계대전 중인 1941년 연두교서로 "언론과 의사 표현의 자유, 신앙의 자유, 결핍으로부터의 자유, 공포로부터의 자유"를 말한다. 이 "네 가지 자유"는 1944년에 다시 반복적으로 천명되었다. 『더 스타』의 익명의 저자는 한센인으로서의 "네 가지 자유," 즉 "정치로 부터의 자유, 희망으로의 자유, 다른 사람처럼 살 자유, 공포로 부터의 자유"(Freedom from Politics, Freedom to Hope, Freedom to Be as Other Men, Freedom from Fear)를 주창하였다. 아울러 이러한 자유가 미국의 전후 국가적 계획에 포함되지 않는다면, "약자(the Weak)를 위한 자리는 없다"면서, 독일의 아돌프 히틀러식 "게르만화"(Germanation) 이념을 이어가게 될 것이라고 지적하였다.[50]

카빌 환자들은 루이지애나 주법에 의하여 투표권 행사가 제한되어 있는 현실을 개선하고자 하였다. 정치적 권리 행사에 열심이었던 프레드 스미스(Fred Smith)는 다섯 번이나 카빌 병원을 몰래 빠져나와 선거에 참여했다가 최소 두 번 이상 카빌 감옥에 수감되기도 하였다.[51] 한센인들에게 투표권 행사 금지는 제2차 세계대전의 미국 참전 대의명분인 '자유와 민주주의 수호'라는 이념에 어긋나는 것이었다. 한스와 거트루드 혼보스텔 부부는 1946년에 필리핀에서 귀국하여 카빌로 왔다. 군인으로 '죽음의 바

50    "New World-New Hope-We Hope!," *The Star* 4-2, 1944, pp.3-4.
51    Stein, *op. cit.*, p.237.

탄 행진'(Bataan Death March)[52]을 겪은 한스와 전쟁 내내 필리핀 마닐라의 수용소에 수용되었던 거트루드는 오랫동안 떨어져 지냈다. 전쟁이 끝나고 이 부부는 샌프란시스코를 통해서 미국으로 귀국하였다. 부부는 귀국 수속 과정에서 거투르드가 한센병에 걸린 것을 알게 되었다. 65세인 한스와 52세인 거트루드는 나머지 인생을 함께하기로 결심하고 카빌로 함께 향했다. 이 부부는 카빌 병원에서 함께 지내기를 원했으나 병원에서는 허락하지 않았다. 거트루드는 『더 스타』지에 환자와 가족을 분리하는 것은 환자들에게서 먼저 떨쳐내야 할 "두려움과 공포"를 조장하는 것이라고 비난하였다. 즉 정부는 한센병이 전염력이 낮은 질병임을 알려야 할 책임이 있는데, 환자와 가족을 분리함으로써 오히려 고대 성시 시내로 돌아간 것 같이 행동하고 있다는 주장이었다.[53] 또한 한스는 부인인 거트루드가 필리핀에서 감금되어 있다가 돌아왔는데, 고국에 돌아와서도 감금되어 있다고 지적하면서 카빌 환자들이 마치 죄수인 것처럼 취급되고 있다고 한 인터뷰에서 한탄하였다. 특히 인권을 유린하는 전체주의 국가에 맞서 싸운 기억을 가진 한스와 거트루드는 자국에서 한센인들에게 투표권이 박

---

52  1942년 미 극동지상군(필리핀군과의 연합군)이 마닐라만의 바탄 반도에서 항복하면서, 7만 6,000명이 포로가 됐다. 일본은 미국과 필리핀 전쟁 포로를 강제로 마리벨레스(Mariveles)에서 오도넬 수용소(Camp O'Donnell)까지 120킬로미터를 5일간 강제로 행진시켰다. 포로에게는 식량과 물을 배급하지 않았고, 낙오자는 총검으로 살해했다. 수용소에 도착한 인원은 약 5만 4,000명으로, 잔혹한 행진의 결과 최소 1만 명이 숨지거나 일부는 밀림으로 도주했다. '죽음의 바탄 행진'에 대한 회고록 중 하나는 다음과 같다 Manny Lawton, *Some Survived: An Eyewitness Account of the Bataan Death March and the Men Who Lived through It*, Chapel Hill: Algonquin Books, 2004.

53  "As I See It," *The Star* 5-11, 1946, pp.5-6.

탈된 것을 보고 더더욱 분개하였다.[54] 혼보스텔 부부의 항거가 전국적으로 보도되자 '주 정부의 보호(care)하에 있는 사람들'에게 투표권을 제한하는 루이지애나 주법에도 변화가 생겼다. 혼보스텔의 인터뷰 바로 다음날 주 상원의원이 의회에 카빌 환자들에게 투표권을 부여하는 법안을 상정하여 그해에 통과되었다.[55]

그 이후에도 혼보스텔 부부는 함께한센인들의 카빌에서의 기본적인 인권을 보장받고 생활 환경을 개선하려고 노력하였다. 1949년에는 거트루드는 다른 환자들이 가득 찬 기숙사 방에서 의사와 상담해야 할 때 환자의 사생활이 노출된다고 불평하였다. 이런 진료 상황은 히포크라테스 선서에 나와 있는 환자들의 비밀 유지 원칙을 위반하고 있다고 맹렬히 비난하였다.[56]

1945년 말에는 '사회진보와 재활을 위한 연합 환자 위원회'(United Patients' Committee for Social Improvement and Rehabilitation)가 조직되었다. 이 위원회에는 '환자 연합'(Patients' Federation)을 비롯하여 『더 스타』 스태프들, 미국 재향군인회 분과(American Legion Post) 등이 참여하였다. 이들은 한센인들의 고립된 삶을 개선할 수 있는 '15개 개선안'(Fifteen Points)를 내놓고, 의무감(Surgeon General)이 설립한 '나병자문위원회'(Advisory Committee on Leprosy)에 제시하였다. 15개 개선안은 다음과 같다.

---

54 "Bill Would Allow Lepers to Vote," *Pensacola News Journal*, 1946.6.10; Fessler, *op. cit.*, pp.195-196.

55 Stein, *op. cit.*, p.237.

56 "As I See It," *The Star* 8-10, 1949, pp.6-8.

(1) 현대 과학지식에 맞추어 강제 격리를 폐지하고, 병원 입원을 자발적으로 하게 하라.

(2) 전국에 한센병 조기 진단 및 치료를 위해 외래 진료소를 설립하라.

(3) 일반 운송업체[일반 대중교통업체]의 운행을 금지(common-carrier ban)시킨 것을 철회하라.

(4) 한센병이 풍토병이라는 시각에서 벗어나서 기후가 치료에 미치는 영향을 실험하기 위한 소규모 병원이나 진료소를 설치하라.

(5) 연구 시설을 확충하고 레오널드 우드 기념관(Leonard Wood Memorial: 필리핀에 있는 미국 나병재단을 의미)을 가져와서 카빌에서 작업을 하게 하라.

(6) 카빌에 레지던트나 파트타임 성형외과 의사를 고용하라.

(7) 카빌에 모인 사람 중 집안의 가장인 경우, 그 가족에게 재정적 지원을 제공하라.

(8) 작업 치료(occupational therapy) 프로그램을 시작하라.

(9) 더 자유로운 여행을 허용하라.

(10) 결혼한 부부에게 숙소를 제공하라.

(11) 방문객을 위한 숙소 및 식사를 제공하라.

(12) 질병의 본질에 대해 대중 교육 프로그램을 시작하라.

(13) 병원 철조망과 미용실에 '나병' 대신 '한센병'을 공식 명칭으로 사용하라

(14) '가석방'(parole), '도주'(abscond) 같은 범죄적 의미를 가진 용어를 병원 규정에서 폐지하라.

(15) '나병자문위원회'를 영구적으로 유지하라.


환자들의 요구 사항 중 가장 시급한 것은 강제적인 감금 해제였다. 또

한 그들은 자신의 집 근처의 외래진료소에서 치료 받을 수 있게 해 달라고 요구하였다. 그 외에는 부양가족에 대한 정부의 재정 지원, 기혼 부부를 위한 숙소 제공, 그리고 정부가 대중을 상대로 한센병에 대한 두려움을 없앨 수 있는 교육과 노력을 실시할 것을 촉구하였다.[57] 그러나 이러한 요구 사항은 무엇보다 예상치도 못한 곳, 즉 카빌 주변 지역 주민들로부터 반발을 일으켰다. 이웃 주민들은 환자들이 카빌 병원을 떠나게 되면 병원이 문을 닫고 일부 주민들이 병원에서의 일자리를 잃거나 위험수당(월급의 25-50%)을 받지 못하게 될까봐 두려워했다. 이들은 환자들의 노력을 저지하기 위해 병원으로 향하는 거리 표지판을 없애는 등 다양한 대응을 하였다.[58] 그럼에도 이러한 개선안의 제안은 환자들이 자신들의 권리를 심각하게 고민하고 그 이념을 서로 공유했음을 알 수 있다.

흥미롭게도 카빌 환자들은 국립나병원을 병을 치료하기 위한 장소라기보다는 자신들의 삶의 터전이라 인식했다. 이러한 공통된 인식을 가진 대다수의 환자들은 에드워드 M. 고든(Edward M. Gordon) 병원장이 1953년 부임하자마자 서로 갈등을 일으켰다. 고든 병원장은 병원은 병원다워야 한다고 믿었기에, 병원 스태프와 환자들이 서로 어울리는 것을 금지하고, 외부 정상인 팀과 한센인 팀 사이의 각종 스포츠 경기를 못하게 막았다. 또한 주말마다 카빌에서 열리던 일반인과 환자 사이의 댄스파티 역시 금지했다. 일부 환자들의 경우 카빌에서 최소 10년 이상 거주하였기에 가족이나 친인척 간의 연락이 끊겼다. 그런데도 고든 병원장은 12개월이상 한

---

57    Stein, *op. cit.*, pp. 231-233.
58    *Ibid.*, p. 238; Fessler, *op. cit.*, pp. 203-204.

센균이 발견되지 않은 경우–장애를 가진 경우에도 불구하고–바로 병원에서 퇴원해야 한다고 환자들에게 요구하였다. 병원을 퇴원해야 하는 환자들의 수는 1955년 1월 1일 통계상, 326명의 환자 중 86명, 즉 1/4이 넘는 26.4%에 달하였다. 사실상 10년 이상 가족과 친지를 떠나 강제로 국립나병원으로 이주해야만 했던 환자들에게는 카빌 병원은 단순히 병을 치료하는 병원이라기보다는 새로운 친구들과 함께 삶을 영위하는 삶의 새로운 터전이자 본거지였다. 그렇기에 이러한 조치가 반갑기보다는 삶의 터전을 억지로 떠나야 하는 두려운 것이었다. 환자 대표들은 고든 병원장과 긴급하게 회합하고 강력하게 항의하였다. 환자들은 자신들을 강제로 입원하게 한 다음 또 강제로 병원을 떠나라고 하는 것은 부당하다고 주장하였다. 대신 카빌에 온 지 3년 이내인 환자들 중 회복된 환자들만 떠날 수 있게 해달라고 호소하였다.[59] 그러나 고든 병원장은 병원은 자선 단체가 아니라고 냉정하게 거절하면서 3개월 이내에 떠날 것을 종용하였다. 또한 병원장은 한센인 환자들이 사회로 돌아가는 것이 바로 대중에게 한센병이 정상적인 삶으로 회복 가능하고 두려워할 질병이 아니라는 것을 보여주는 것이라고 주장하였다. 그러나 카빌 환자들은 고든 병원장의 주장에 동의하면서도 환자들의 의사에 어긋나게 강제로 떠나야 하는 것에는 반대하였다.[60] 일부 환자들에게는 국립나병원이 그들 삶의 모든 시간을 보낸 생활의 터전이었지만, 고든 병원장에게는 일부 정상인 환자들까지 국가 세금으로 무료로 혜택을 보는 장소로 비춰졌던 것이다. 그는 환자들

---

59   Stein, *op. cit.*, p.305.
60   López, *op. cit.*, pp.196-202.

중 한센균을 가진 사람은 국립나병원에서 스태프로 일할 수 없고, 환자들이 운영하는 가게에서도 일할 수 없게 하였다. 또한 부부인 경우에 부부 중 한 명만 일자리를 가질 수 있게 규제하였다. 이러한 규제는 병원에서 퇴원한 이후 사회에서 새 삶을 시작하기 위해 열심히 저축을 하던 환자 부부에게는 매우 충격적인 조치였다. 고든 병원장은 환자들이 병원 영지 안에 스스로 지어 올린 개별 주택(cottage)에서의 생활은 물론이고, 텃밭 가꾸기나 가축 사육을 모두 금지하고, 모든 환자들이 기숙사 생활을 해야 하게 만들었다. 더구나 카빌 외부인들의 방문 시간을 줄였고, 암암리에 환자들이 몰래 마을에 나갔다 오는 '뒷구멍'까지 봉쇄해 버렸다.[61]

1956년 여름에 환자들과 고든 병원장 사이의 갈등은 최고조에 다다랐다. 고든 병원장의 조치에 대응하여 환자들은 자신들의 자율성이 회복하기를 강렬히 희망하였다. 그들은 먼저 로버트 클라인피터(Robert L. Kleinpeter) 변호사를 고용하여 환자 연합(Patients' Federation)의 편지를 미 해군 병원의 최고 책임자인 의무감에게 전달하였다. 그들은 환자-의사 간의 관계가 악화되어 더 이상 참을 수 없는 상태가 되었고, 고든 병원장은 '인간적인 손길'(human touch)이 부재하다고 비난하였다.[62] 카빌 환자들은 고든 병원장이 호시탐탐 『더 스타』지를 폐간하려고 노리고 있었기 때문에, 더 이상의 꼬투리를 잡히기 않기 위해서 지방 신문과 재향군인회에 자신들의 처지를 대대적으로 호소하였다. 드디어 1956년 8월 오토 패

61 "There Have Been Some Changes Made," *The Star* 14-4, 1955, pp.4-5, p.8; Gussow, *op.cit.*, p.170.

62 "Patients Appeal to Washington in Controversy at Carville," *State-Times*, 1956.8.24; Fessler, *op.cit.*, p.235.

스맨(Otto Passman) 연방하원 의원이 병원을 방문하고 고든 병원장은 물론 환자들과 대담을 나누었다. 패스맨의 방문은 카빌 병원 역사상 처음으로 연방하원 의원이 방문한 사례였다.[63] 지방 신문과 환자들은 '소비에트식 죄수 수용소' 같이 카빌 병원이 강제적으로 운영되고 있다고 비난하였다.[64] 결국 환자들과 패스맨 의원의 노력 결과 고든 병원장은 다른 병원으로 전속되었고 새로운 병원장 에드가 B. 존윅(Edgar B. Johnwick)이 새로 부임하게 되었다.[65]

이상과 같이 카빌 병원의 환자들은 한센병이라는 동일한 질병을 가지고 그들만의 권리를 주장하였다. 즉 '나병'이 가지고 있는 대중적인 낙인을 타파하고, 한센인으로 누릴 자유에 대한 새로운 정의를 만들었나. 또한 루이지애나 주 정부로부터 박탈당했던 투표권을 회복했으며, '네 가지 자유'와 '15개 개선안' 제안을 통해서 한센인이 누려야 할 권리 및 복지에 대한 개념을 다시 세웠다. 또한 카빌 병원을 자신들의 삶의 터전으로 인식하였고, 병원장과의 갈등을 적극적으로 극복하기 위해 주인의식을 표출하였다.

63   Stein, op.cit., p.309; "Congressman Passman's Visit—Real Turning Point," The Star 16-1, 1956, p.9.
64   "Soviet-Type Prison Camp at Carville?" Monroe Morning World, 1956.8.26; Gussow, op.cit., p174.
65   "Crisis at Carville, to Be Resolved We Hope," The Star 16-1, 1956, p.16.

## 5. 정리하며

1980년대 이후 국립나병원과 카빌 환자들은 큰 변화를 겪었다. 1982년
에는 미국 연방 보건복지부(U.S. Department of Health and Human Services)
가 병원의 운영을 맡았다. 1986년에는 공식적으로 한센병은 격리 대상
질병에서 배제되면서 국립나병원은 길리스 W. 롱 한센병센터(Gillis W.
Long Hansen's Disease Center)로 개칭하였다. 1990-1993년에는 연방교도
소(Federal Bureau of Prisons)에서 죄수를 잠시 수감하기도 하였다. 센터
연구실은 1992년 배턴 루즈에 있는 루이지애나 주립대학(Louisiana State
University) 수의과대학으로 이전되었다. 1999년 소유권이 연방에서 주
(州)로 이전되고 환자들의 임상 진료는 배턴 루즈의 서밋 병원(Summit
Hospital; 현 옥스너병원 Ochsner병원)으로 이전되었다.[66] 남은 130명의 한센
병 환자들에게 세 가지 선택권, 즉 평생 독립적으로 살거나, 서밋 병원의
만성 환자 병실로 옮기거나, 아니면 일상생활을 영위할 수 있는 도움을
받으면서 카빌의 임대 주택에 남을 수 있는 선택권이 주어졌다. 카빌에
남은 환자는 1999년에 36명, 2015년에는 2명이었고, 서밋 병원으로 옮겨
간 사람은 1999년에 9명, 2015년에는 8명이었다.[67] 카빌의 국립나병원은
국립 한센병 박물관(National Hansen's Disease Museum)으로 거듭나면서 한
센병 환자들의 삶은 20세기 초중반과는 완전히 다르게 되었다.

---

66   Hernandez, op.cit., 1996, pp.176-177; Parascandola, op.cit., 1994, pp.729-730;
     Moschella, op.cit., pp.128-130.
67   Hernandez, op.cit., p.177.

국립나병원은 1920년대 나환자들을 철저하게 격리하기 위해 건립되었지만, 썰폰제 치료제의 효능을 기반으로 새로운 국면이 전개되면서 몇몇 환자들을 중심으로 한센병에 대한 인식을 바꾸려는 노력은 큰 성공을 거두었다. 병원 내의 환자들의 삶은 인종 및 민족별 분리와 젠더별 역할 구분이 일반적이었다. 그러나 흥미롭게도 미국 남부의 차별적인 인종 분리(racial segregation)가 의료 및 교육을 비롯한 사회 전반에서 당연시되던 20세기 중반 시기에, 국립나병원의 카빌 환자들은 한센병이라는 공통의 낙인 아래 인종 및 민족에 구별 없이 같은 교실에서 공부하거나 삶을 영위하고 여가를 즐기기도 하였다. 또한 이들은 가족에 대한 개념을 새롭게 정립하고, 젠더별 역할 구분에도 유연하게 대처하였다. 물론 한 가지 간과해서는 안 될 점은 인종적으로 1940-60대에는 비백인 환자들, 즉 흑인, 중국인, 멕시코계 환자들과 백인 환자들이 완전한 인종적 통합을 이루지는 못했다. 또한 비백인들 환자들이 환자들을 대표하여 직접 목소리를 내기도 어려웠고 제한적이었다.

그럼에도 이들 카빌 환자들은 나환자로서의 권리에 대해 주도면밀하게 대응하였다. 이들은 자신들의 무엇보다 '나환자'라는 굴레를 벗고 '한센인'으로 인식되기를 강력하게 희망하였다. 또한 카빌의 구성원으로서 누릴 '자유'를 규정지었고, 그들의 환자로서의 비밀이 유지되고 사생활이 존중되기를 희망하였다. 이들은 루이지애나 주법으로 박탈당했던 투표권을 회복하였고, 미국 정부를 상대로 구체적인 권리 회복을 위한 제안을 하였다. 또한 병원 환자로서의 주인의식을 가지고 병원의 운영에 적극적으로 자신들의 의견을 개진하였다. 이들에게 국립나병원은 단순히 병을 고치는 곳이 아니라 한센인으로서의 새로운 삶의 터전이었다.

2부
다른 미래를 생각하며

# 간호와
# 돌봄의 윤리*

공병혜 (조선대학교 간호학과)

\*   이 글은 『범한철학』 제48호에 실린 필자의 논문 「보살핌의 학문과 철학」을 바탕으로
    수정 보완을 거쳐서 작성되었다.

## 1. 들어가며

양육과 돌봄을 의미하는 간호는 인류의 시초 이래로 사회적 인간관계 속에서 좋은 삶을 기획하고 영위하기 위한 인간의 기본적인 생활 방식이며, 동시에 사회적 실천으로서의 전문적 직업 활동으로 이어져 왔다. 특히 사회적 실천으로서의 간호의 근원은 초기 기독교 시대로 거슬러 올라가며, 그때 사도 바울의 뜻을 따르던 교회 여집사들이 병든 자, 가난한 자, 나그네 등 소외된 자들에게 조직적으로 사회적 돌봄을 실천한 것이 시원이 된다. 그 이후 서양 역사에서는 수도원이나 교회가 중심이 된 간호단체에서 돌봄의 실천이 조직적으로 이루어져 왔으며, 오늘날 간호는 병원뿐만 아니라, 지역사회나 산업체 등에서 전문적 직업의 형태를 띤 사회적 실천을 의미하고 있다. 이렇듯 간호는 이미 일상생활에서 기본적 삶의 양식으로 존재해 왔고, 또한 직업 활동으로서 간호는 학문적 틀을 갖추기 이전부터 사회 실천의 형태로 지속적으로 이루어져 왔다. 그러나 바람직한 간호 실천을 위한 교육과 연구를 위해 이론적으로 체계화된 학문에 대한 요구는 19세기 중엽 나이팅게일의 독자적인 전문 간호학교 성립과 더불어 시작되었다.[1] 이처럼 간호는 오래전부터 일상 곳곳에 인간의 기본적인 생활 방식으로 존재해 왔고, 동시에 사회적 실천으로서의 전문적 직업과 이러한 바람직한 간호 실천을 연구하고 이론화하는 간호학이 있는 것이다.

오늘날 일반적으로 간호학을 의학의 학문적 전통 속에서 포함시켜 의학의 주변 학문으로 인식하는 경향이 있지만, 서양 역사에서 의학과 간호학은 서로 다른 학문적·실천적 전통의 뿌리를 지니며 발전되어 왔다. 의학이 히포크라테스 이후의 인간 신체와 질병 구조에 대한 합리적인 이해와 과학주의 전통을 가지고 발전되어 왔다. 반면에 간호는 학문 이전에 이미 일상적으로 실천되어 온, 개인과 집단의 생존을 보호하고 생활을 향상시키기 위한 자연적 돌봄의 차원과 그리고 사회적 봉사라는 기독교 정신에 바탕을 둔 돌봄의 실천에 그 전문적 직업의 뿌리를 두고 있다. 따라서 간호학이란 인간 선을 증진시키는 인간의 근원적 존재 방식인 보살핌을 사회적 실천을 위해 조직적이며 협동적 방식으로 발전시키고, 인간의 치유와 건강과 복지를 증진시키기 위한 목적을 지닌 실천적 학문이라고 말할 수 있다. 이러한 간호 실천은 오늘날 개인적인 인간관계에서의 돌봄의 차원을 넘어서 사회적·협동적 관계 속에서 실현되는 전문적이며 직업적인 개인, 가족, 지역사회를 대상으로 한 돌봄의 실천인 것이다.

의료 역사 속에서 간호가 의학의 주변 학문으로 밀려나기 시작한 것은 근대 이후 실증주의에 기초한 세균학이나 병리학 등의 과학으로서의 의학과 기술공학에 기초한 치료 행위가 근대의 지식 권력으로 등장함에 따

---

1    김문실 외, 『간호의 역사』, 대한간호협회, 1998, 40쪽.

른 것이다. 그래서 주로 병원에서 이루어지는 임상간호가 의학적 패러다임에 종속되기 시작하면서, 객관적 지식이 될 수 없는 돌봄의 가치들, 즉 신체적 지지, 안위 제공, 연민, 공감, 동정심 등은 감추어지거나 배제되기 시작하였다.[2] 간호의 도덕적 전통 속에서 계승되어 왔던 돌봄의 가치는 의료 영역에서 평가 절하되고, 과학적인 검증과 통계적으로 계량화가 가능한 영역만이 의학적 패러다임 속으로 흡수되어 갔다. 이러한 현상에 대한 결과로서 테일러(C. Taylor)는 오늘날 사회나 의료시설은 환자를 문제를 지닌 치료의 대상으로 보는 고도의 전문적 지식과 기술을 가진 전문가의 공헌을 높이 평가하고, 이에 반해 환자를 이야기를 지닌 전체적인 인격체로 보고 인간적이고 정감어린 치료에 봉사해 온 간호사들의 공헌을 평가 절하하고 있음을 지적한다.[3] 따라서 간호는 근대 이후부터 오늘날까지 과학적 의학과 기술공학이 보건의료 영역의 중심부를 차지함에 따라 주변으로 밀려난 돌봄, 옹호, 협동, 지지, 신체적 안위 제공 등을 비롯한 간호 실천의 근원적인 돌봄의 가치를 다시 자리매김해야 하는 것이다.[4] 그러면 인간 상호 관계가 이루어지는 우리 삶의 도처에서 그리고 전

---

2   나이팅게일은 이미 19세기 말 영국병원의 실태에 대한 보고서에서 침상 곁에서 환자를 돌보는 일보다 의학적 지식과 기술이 더 권위를 가지게 되면서 돌봄의 가치가 능률에 종속되고 간호사들의 연민의 감정이 무디어지고 있음을 경고하였다. 테오도르 절딘, 『인간의 내밀한 역사』, 김다우 역, 강, 1999, 312쪽 참조.

3   찰스 테일러, 『불안한 현대 사회』, 송영배 역, 이학사, 2001, 16쪽 참조.

4   특히 실증주의에 기초한 해부학과 세균학의 발달에 따른 근대 의학이 보건의료계의 지식 권력으로 군림함에 따라 관찰과 분석, 객관화와 일반화가 불가능한 여성 치유자, 간호제공자들의 경험적 지식은 학문의 제도 영역에서 배제되기 시작했다. 그러나 오늘날 간호학은 질병치료 중심에서 배제된 각각의 문화권, 개인마다 차별적으로 요구되는 인간 돌봄의 가치들, 모성, 공감, 신체 간호, 양육, 지지, 위로, 안위 등을 재조명하고 있다.

문적 직업의 실천 현장에서 살아 숨쉬는 진정한 간호에서의 돌봄의 가치란 무엇인가? 돌봄의 가치는 간호의 실천 현장에서 어떠한 윤리적 실천력을 발휘하는가?

이러한 질문은 간호에서 진정한 돌봄을 실천하기 위해 인간을 어떻게 이해해야 하는가를 전제로 한다. 모든 인간은 태어나서 성장하고 늙고 병들어 죽을 수밖에 없는 연약한 신체를 지닌 생명체이다. 특히 인간은 병들고 늙어 가면서 이 세상에서 행위를 할 수 있는 신체의 자유에 제한을 받게 되며, 이 세상에 거주하기 위해서 그 몸의 능력을 회복하고 유지하기 위해서 타인의 돌봄을 필요로 한다. 오늘날 의료 현장에서 의술은 인간의 신체와 질병 구조에 대한 과학적 지식에 기초하여 신체를 개인의 인격과 분리시키고, 점점 기술적 치료 대상으로 객관화하고 있다는 지적이 있다. 그러나 간호는 개인의 인격과 분리되어 질병 치료 대상으로서 객관화된 몸이 아니라, 스스로에게 잊혀져 가는 주체로서의 몸을 자각하게 하고 상호 신체적 접촉을 통해 친밀한 관계가 형성되는 신체적 돌봄을 중요시하는 것이다. 그래서 간호는 몸의 접촉을 통해 전인적 돌봄의 중요성과 이것의 윤리적 가치를 탐구해야 할 과제를 안게 되는 것이다.

그래서 간호에서 몸은 단순히 신경생리학적 차원을 넘어서 자기 인격의 근원으로서 이해되어야 한다. 특히 질병이나 상해, 노화 등으로 인한

---

이러한 돌봄의 가치들은 일상사 탐구, 자전적 연구, 담화 분석 등에서처럼 인간 상호간의 질적 대화를 통해 지식으로 생산된다. 크베일(S. Kvale)은 이러한 이야기적 대화를 통해 생산된 지식은 이야기적, 지엽적, 맥락적, 인간 관계적, 실천적인 특징을 지닌다고 말한다. 공병혜, 「포스트모더니즘과 간호의 이슈」, 『대한간호학회지』 34-3, 2004, 397쪽 참조.; S. Kvale, 『인터뷰 -내면을 보는 눈』, 신경림 역, 하나의학사, 1997, 69쪽 참조.

개인의 신체적 조건의 변화는 개인의 몸의 기억을 통해 행위로 표현되며, 개인의 자기 정체성에 영향을 미친다. 따라서 간호에서 전인적 돌봄은 몸의 기억을 지닌 개인을 삶의 목적과 가치가 담긴 이야기를 지닌 인격체로 이해하는 것(narrative human understanding)을 기반으로 한다. 개인을 삶의 이야기를 지닌 존재로서 이해하는 과정은 결국 상호성과 보호라는 돌봄의 윤리적 차원을 함축한다. 상호성의 윤리란 간호에서 일상적으로 행해지는 돌보는 자와 돌봄을 받는 환자사이의 주고 받는 신체적 소통과 이야기를 나누는 대화의 관계를 통해서 좋은 삶을 향해 자기 정체성을 형성해 나가는 배려의 윤리이다. 반면에 보호의 윤리란 자아 개념이 성립되지 않은 내아나 배아, 혹은 인격의 존엄성이 위협받는 취약한 상황에 노출되어 있는 중환자, 무의식 환자 등의 자기 정체성을 보호하고 옹호하기 위한 윤리이다. 특히 보호의 윤리는 간호 실무에서 잠재적 인격체나 타자화된 인격체 등도 과거와 현재, 그리고 미래로 이어지는 자기 정체성을 지닌 인간 존재로서 존중되어야 함을 강조하는 것이다.[5]

따라서 이 글은 간호에서의 돌봄의 가치를 조명해보고 전인적 돌봄의 실천을 위한 기반으로서 인간의 신체성을 탐구해 보기로 하겠다. 그리고 인간의 신체성의 이해를 바탕으로 몸의 기억을 지닌 개인의 이야기적 인간 이해가 어떠한 윤리적 의미가 있는지 고찰해 볼 것이다. 이 글은 간호에서 돌봄의 실천으로 이야기 윤리가 상호성의 윤리와 보호와 책임의 윤

---

5   M. Schnell, "Leiblichkeit-Verantwortung-Gerechtigkeit-Ethik. Vier Prinzipien einer Theorie des bedürftigen Menschen", in; *Pflegen und Philosophie*(Hrg. M. Schnell), Göttingen, 2002, pp.9-14.

리적 차원에서 전개될 수 있음을 보여줄 것이다.


## 2. 간호에서의 돌봄

간호에서 돌봄(caring)을 어떻게 이해하고 있는가? 간호학자들은 돌봄의 현상에 대한 연구를 통해서 돌봄을 간호의 특성으로 설명할 수 있는 간호이론을 구성하고자 하였다.[6] 특히 J. M. Morse(1990)는 지난 10여 년간 간호이론가들이 다양한 시각에서 구성한 돌봄의 내용을 다음과 같이 분석하여 범주화하였다; 돌봄이란 1) 인간의 존재론적 특성(trait)이며, 2) 간호의 도덕적 이상이며, 3) 정서적 특성을 지니며, 4) 대인관계 속에서 이루어지며, 5) 치료적 중재 역할을 한다는 것이다.[7]

우선 존재론적 돌봄이란 인간의 근원적인 존재 양식으로서, 간호에서는 특정한 상황에 처한 환자에게 자기 이해를 촉진시켜 자기 정체성을 구성하도록 돌보는 차원이다.[8] 이러한 돌봄은 실존적 삶의 곤경에 처한 환

---

6  간호이론을 돌봄의 이론으로 구성한 대표적인 간호학자로는 오렘(Orem)의 간호의 자가 돌봄 결핍이론(Self-care Deficit Theory of Nursing), 왓슨(Watson)의 인간 돌봄 이론(Theory of Human Care), 라이닝거(Leininger)의 횡문화적 돌봄이론(theory of Transcultural Care) 등을 들 수 있다. J, M. Morse, "Concepts of caring and caring s a concept", *Advanced Nursing Science* 13-1, 1990, pp.1-14.

7  *Ibid.*, pp.2-7.

8  S. D. Edwards, *Philosophy of nursing*, London: Palgrave, 2001(『돌봄과 치유의 철학』, 공병혜, 홍은영 역, 철학과 현실사, 241쪽 참조). 또한 라이닝거를 비롯한 간호학자들은 인간은 누구나 돌봄의 잠재력을 지니고 있으며, 인간의 기본적인 생활양식으로서의 자연적 돌봄과 구분하여 전문직 간호의 돌봄을 인간 상태나 생활양식을 향상, 또는 개선

자들에게 자기 존중 능력을 향상시켜 주고 옹호해 주는 역할을 하는 것이다. 또한 간호학자들은 돌봄의 도덕적 차원을 강조한다. 그들은 돌봄이란 인간 상호 관계를 통해서 질병과 고통 속에서 위협받는 인간의 존엄성을 보호하고 유지·증진시키는 간호의 도덕적 이상이라고 말한다. 그래서 돌봄은 오랜 간호실천의 역사 속에서 오늘날까지도 옹호, 책임, 협동과 더불어 간호의 도덕적 전통을 특징 짓는 윤리적 개념인 것이다. 간호학자들은 돌봄에서의 인간 이해의 과정과 도덕적 태도를 설명함에 있어서 특히 돌봄의 정서적 개입과 인간관계의 친밀성과 신뢰를 강조한다. 돌봄은 환자가 처한 상황과 요구를 이해하여 이에 응답하는 행위이며, 사심이나 편견이 없는 동정심, 공감, 책임감 등의 도덕적 감정의 개입을 통해 인간 상호 관계의 친밀성과 신뢰를 형성하게 한다. 간호학자들은 이러한 인간 상호 관계 속에서 일어나는 돌봄의 감성적·도덕적 성격이야말로 간호 실무에서 치료적 간호 중재 행위의 핵심을 이룬다고 말한다. 그래서 예를 들어 신체 간호, 환자 교육, 신체적 접촉, 주의 깊은 경청, 함께하기, 신체적 지지 등은 인간관계의 상호성과 돌봄의 감성적·도덕적 성격을 드러내 주는 전문적 간호 활동인 것이다.[9]

위의 간호학자들의 주장을 종합해 보면, 간호에서 돌봄은 질병이나 상해 등으로 인해 자기 정체성의 위기에 처한 환자의 자기 이해를 도와주고 자기 존중 능력을 향상시켜 주는 것이다. 그리고 이러한 돌봄은 특히 취

---

하고자하는 욕구를 지닌 개인이나 집단을 위한 촉진적, 지지적, 협력적 행동이라고 정의하였다. 최영희 외, 『간호와 한국문화』, 수문사, 1992, 293쪽.

9  I. Madjar& J. Walton, 『질병체험연구』, 신경림 외 역, 현문사, 2001, 49쪽.

약한 상황에 처한 환자들에게 연민, 동정심, 공감, 책임감 등의 도덕적 감정의 개입을 통해 인간의 존엄성을 보호하고 옹호해 주는 역할을 하는 것이다. 또한 실무에서의 전문적 돌봄, 다시 말해 신체적 지지 활동이나 위로나 안위 제공 등은 신체적 접촉에 의한 인간관계의 친밀성과 신뢰를 증진시키는 감성적 성격을 띤다. 예를 들어 약물을 투여하고, 피부를 깨끗이 해 주고, 통증을 완화시켜 주고, 위로를 주는 간호사의 손은 환자의 상태를 탐지하는 진단적 역할도 하지만, 인간관계의 친밀감과 신뢰를 갖게 하는 감성적인 돌보는 손인 것이다.

간호학자들은 이러한 인간관계 속에서 이루어지는 돌봄의 감성적 · 도덕적 특성을 '인간 돌봄의 예술'(art of human caring)이라도 일컫는다. 돌봄의 예술을 특징 짓는 감성적 차원은 간호사의 감성적 능력, 즉 예민한 지각 능력, 상상력 등을 통해 간호 대상자의 요구를 인지하고 그가 처한 상황을 총체적으로 이해하고 판단하여 느껴 본다는 것을 의미한다. 돌보는 자는 사심과 편견이 없는 개방적인 자세로 환자가 처한 취약한 상황이나 요구에 대해 그려 보고 상상하여 느껴 봄으로써 그들과 공감할 수 있다. 특히 간호학자인 왓슨(J. Watson)은 간호란 영적, 정신적, 신체적 능력을 지닌 전인적 인간에 대한 총체적인 돌봄의 과정이라고 말한다.[10] 인간 돌봄이란 인간의 몸과 마음, 영혼과의 내적인 통합이 깨어진 인간의 불건강 상태로부터 내적인 자아의 통합과 조화의 감각을 회복시키면서 자기를 인식하고, 통제하고, 치유하는 감각을 찾도록 도와주는 것이다.[11] 이때 간

10    공병혜, 「간호에서의 돌봄의 예술」, 『의철학연구』 3, 2006, 104쪽.
11    또한 나이팅게일도 신체와 영혼은 누구에게나 하나이며, "영적인 돌봄은 신체적 돌봄

호사와 대상자 사이에서 '인격적 접촉과 만남'이라는 실재적인 돌봄, 삶의 사건(event)이 발생하는데, 이러한 사건은 전적으로 자신의 자아를 대인 관계의 상황 속에 참여시켜 감정을 전달하고 드러나게 하는 데서 발생한다. 그래서 간호사와 대상자 사이에서 실재적 돌봄이 발생하려면 특히 간호사는 타자의 이야기를 경청하면서 그의 감정과 내적 상태를 상상하여 그것을 가시화하여 느끼고 표현하여 전달할 수 있게 하는 감성적 능력을 지녀야 한다. 왓슨은 이러한 돌봄이야말로 간호사와 대상자 사이의 상호 인격적 접촉과 만남을 통해 발생하는, 자기 인식의 확장과 치유가 동시에 일어나는 돌봄의 기회라고 말하는 것이다.

## 3. 인간의 신체에 대한 이해

### 1) 신체에 대한 현상학적 이해

인간은 신체를 지닌 생명체이기 때문에 나이 들고, 약해지고, 병들고, 언젠가 죽을 수밖에 없다. 인간의 신체란 생리학, 병리학 등의 경험과학

---

과 분리될 수 없다"는 점을 강조한다. 그래서 진정한 돌봄은 인간의 신체와 영혼의 전체성, 통합성을 위한 잠재력을 활성화시키는 데 기여한다고 말한다. 그러나 무엇보다 나이팅게일은 자신의 간호론에서 기본적인 돌봄(basic caring)에 대한 사유를 하고 있다. 거기서 그녀는 인간 돌봄이란 자연의 치유력이 최상의 상태로 발휘하도록 삶의 조건을 조성해 주는 기예(techne, art)이며, 이것은 인간 생명체가 지닌 경이로운 자연적 치유력에 대한 관찰과 경험을 통해서 습득될 수 있다고 말한다. 공병혜, 앞의 논문, 2006, 108-109쪽 참조.

의 연구 대상처럼 객관적으로 탐구되고 관찰될 수 있지만, 또한 나 자신의 신체, 너의 신체, 혹은 그의 신체로서 자기 삶을 지속시키는 실존적 주체로서의 의미가 있다.[12] 돌봄을 필요로 하는 인간의 신체는 바로 이러한, 객관화될 수 없이 자기 삶을 살아가는 주체로서의 신체의 의미로 이해된다. 따라서 간호는 자기 돌봄을 할 수 없는 사람에게 신체적 주체로서의 실존적 능력을 갖추고 이 세상을 살아갈 수 있도록 도와줄 수 있어야 한다. 그래서 신체적 활동의 지원으로서 기본적 돌봄(basic care)은 간호의 가장 핵심적인 요소가 되는 것이다. 멜스텐(K. Malmsten)에 따르면 기본적인 돌봄은 "우리의 신체적 기능에 깊이 관여하는 돌봄의 유형"이다.[13] 신체적인 지지와 안위 등을 제공하는 기본적 돌봄은 신체적 상호 작용을 통해 수행된다. 예를 들어 돌보는 사람은 의사의 처방에 따른 투약이나 처치 등의 기술적 행위 영역뿐만 아니라 누군가를 팔로 부축하고, 손을 잡고, 수발을 제공하며, 위로의 말을 건네며 함께 있어 주며 상호 신체적 접촉을 한다. 이러한 신체적 돌봄은 결국 신체적 자아가 자신이 처한 상황에 거주하고 대처할 수 있도록 신체의 실존적 능력에 도움을 주는 행위라고 말할 수 있다. 따라서 우리는 신체에 실존적 의미를 부여한 리쾨르(Ricoeur)나 메를로-퐁티(Merleu-ponty)의 현상학적 사유를 통해 간호를 필요로 하는 신체에 대한 이해에 접근할 수 있다. 왜냐하면 리쾨르는 신체성(Leiblichkeit)을 이 세계 속에서 자신의 행위를 실현시킬 수 있는 육화된

---

12  M. Schnell, 앞의 책, 13쪽 참조.
13  K. Malmsten, *Reflective Assent in Basic Care*, Uppsala: Uppsala University Press, 1999, p.121.

의지의 표현으로 이해하고, 또한 메를로-퐁티는 신체를 육화된 의식(정신)으로서 구체적 상황에 참여할 수 있는 주체의 실존적 능력으로 이해하기 때문이다.

우선 리쾨르의 '의지의 현상학'에서 전개된 신체성의 특징을 살펴보기로 한다. 그는 신체적 능력을 의지와 관계하는 세 가지 차원, 즉 의지활동의 신체적 동기와 의지가 행위로 실현되는 신체적 기관, 그리고 의지가 승복할 수밖에 없는 신체적 필연성으로 구분하여 전개시킨다.[14] 첫 번째 차원은 인간의 의지에 동기를 부여하는 신체의 생명 유지를 위한 가치의 차원이다. 이것은 무엇을 하고자 기획하고 결정을 내리는 인간의 의지에 동기를 부여하는 근원적인 능력 혹은 힘이다.[15] 즉, 신체의 생명 유지를 위해 동기가 부여되지 않는 기획이나 결정은 단순히 꿈이거나 소망의 대상에 불과하다는 의미이다. 이러한 신체성은 목마름이나 배고픔과 같은 나의 생리적 욕구, 신체적인 감응으로서의 나의 통증 등을 통해 체험된다. 나의 신체적 욕구란 단지 유기체의 생명 유지를 위한 결핍 상태만을 경험하는 것이 아니라, 이미 그것을 충족시켜 줄 대상을 향한 지향성을 지니고 있으며, 그래서 무엇을 결정하고자 하는 의지와 항상 결합하여 욕구를 표현하게 되는 것이다. 이러한 가장 기본적인 의지의 결정에 있어서 근원적 동기가 바로 생명을 유지시키는 가치이다. 예를 들어 내가 배

---

14  리쾨르의 신체성에 대한 현상학적 탐구는 인간의 의지적 행동의 근원으로서 신체에 지향적 의미를 부여한 메를로-퐁티의 『지각의 현상학』에 근접해 있다. F. Dastur, "Das Problem des Anfangs. Wille und Freiheit bei Paul Ricoeur," in: S. Orth (Hrg.), *Faccettenreiche Anthropologie*, Muenchen, 2004, p.40.
15  윤성우, 『폴 리쾨르의 철학』, 철학과 현실사, 2004, 19쪽.

가 고파서 무엇인가를 먹고자 하거나, 신체적 아픔에서 벗어나고자 하는 욕구에는 바로 신체의 생명을 유지시키는 가치와 결합된 육화된 의지의 활동이 있는 것이다.

또한 나의 신체는 의지에 동기를 부여하는 원천일 뿐 아니라, 그러한 의지를 실현하는 행위의 기관이다. 즉 인간은 자신의 신체로부터 동기가 유발되어 신체를 거쳐서 그리고 그 신체를 매개로 하여 이 세계 속에서 행위를 한다. 이때 나의 신체는 세계를 연결하는 유기적 매개체로서 그 의지를 세계 속에서 실행하는 행위의 기관으로서 이해된다. 여기서 세계를 연결하고 행위하게 하는 유기적 매개체를 리쾨르는 신체적 자발성(spontanneite corprelle)이라고 칭한다.[16] 신체적 자발성이란 비의지적으로 혹은 직접적으로 행위의 신체적 기관이 될 수 있도록 의지에게 힘이나 능력을 제공한다. 이러한 신체적 자발성이 자신의 신체를 통해 구체적인 형태들로 드러나게 된다. 자신의 신체를 통해 구체적으로 드러나는 자발적 형태들에는 무엇인가를 성취하고자 하는 무의식적인 신체의 움직임이나 놀라움, 충격, 열정 등의 신체를 통해 드러나는 정동(情動), 그리고 몸에 밴 습관들이 있다.[17] 그중에서 몸 습관은 자연스럽게 의지에 영향을 미치며 나의 의지 활동의 근거로서 무의식적으로 일정한 행위의 도식을 수행하는 것이다. 즉, 몸 습관은 자아를 세계와 유기적으로 연결하여 세계 속에 의지를 실현시키는 신체적 행위를 가능하게 한다. 특히 이러한 몸 습관에 대한 사고는 메를로-퐁티에게서도 찾아 볼 수 있다. 메를로-퐁티에게서

---

16   위의 책, 28쪽.
17   위의 책, 29쪽.

몸 습관이야말로 몸이 상황을 맞이하여 친숙하게 그 상황에 대처하게 하는 행위의 도식이다. 몸 습관은 의식적 삶의 배후에서 지각과 운동 능력 그리고 의지와 결합하여, 끊임없이 구체적 상황에 반응할 수 있는 실천적 행위를 가능하게 한다.[18]

이러한 의지를 일으키는 동기이며 동시에 그 의지를 세계에 참여하는 행위로 실현시키는 신체성은 동시에 그 의지를 필연적으로 구속하기도 한다. 신체가 지닌 비의지적인 생명의 필연성이 바로 행위를 통해 의지를 실현하는 것을 구속하는 것이다.[19] 리쾨르는 신체적 필연성의 세 가지 구체적 모습과 계기를 비의지적인 성격과 무의식, 생명의 흐름으로 구분한다.[20] 여기서 나의 성격이란 내 의지로 형성된 것이 아니라, 비의지적으로 타고난, 마치 본성과 같은 삶의 고유한 방식이며 삶의 눈이다. 타고난 성격은 나의 총체적 삶 전반에 영향을 미치는 마치 내 것이 되어 버린 것과 같이 내 의지로 어찌 할 수 없는 것이다.[21] 또한 인간 신체의 무의식의 세계는 지성으로 완전히 파악될 수 없는 인간 의지의 어두운 그늘을 보여준

---

18  특히 메를로-퐁티는 구체적인 상황 속에서 무의식적인 몸 습관에 따른 지각과 운동 능력을 우리의 의식적인 삶, 즉 실천적 의식과 결합시킬 수 있는 자발적 능력으로서의 몸의 소질을 '지향궁'(intentional arc)이라 칭한다. 메를로-퐁티, 『지각의 현상학』, 유의근 역, 문학과 지성사, 2002, 157쪽.

19  허버트 스피겔버그, 앞의 책, 180쪽; 윤성우, 앞의 책, 33쪽.

20  F. Dastur, op. cit., p.42.

21  리쾨르는 『타자로서의 자기』에서 인간의 자기 동일성의 구체적인 모습으로 '지켜진 말'과 '성격'을 드는데, 거기서 성격을 자기 동일성의 불변적 요소로서 표현하고 있다. 따라서 성격은 개인의 정체성을 이해하는 데 중요한 요소가 되는 것이다. P, Ricouer, Das Selbst als ein Anderer, Aus dem Franz. von J. Greisch, W. Fink Verlag, Muenchen, 1996, p.147.

다. 물론 우리는 의식적으로 그러한 무의식을 해독할 수 있지만, 궁극적으로는 수용할 수밖에 없다. 그리고 성격과 무의식보다도 더 근원적인 신체적 필연성이 바로 나의 태어남과 나의 성장, 노화와 죽음이라는 생명 과정이다. 이것은 어찌할 수 없이 나의 의지를 필연적으로 제한한다. 이렇듯 우리의 의지는 성격과 무의식, 생명의 흐름이라는 신체성의 제약과 그 한계를 받아들여 그 의지 자신의 것으로 전환시키는 특성을 지니는 것이다.

위에서 기술한 바와 같이 나의 신체는 생명을 유지시키는 유기적 힘의 근원이며, 이러한 근원적 힘의 결핍이 나의 의지의 동기로서 작용하게 된다. 그리고 나의 신체는 자신을 세계와 연결시키는 유기적 매개체로서 이 세상에 참가하는 행위 능력이다. 즉 오로지 행위 능력으로서 신체라는 유기적 매개체를 통해 이 세계 속에 행위할 수 있다. 그러나 인간은 나의 의지가 어찌 할 수 없는 비의지적인 성격과 무의식, 그리고 거역할 수 없는 생명의 흐름이라는 신체의 필연성을 받아들여야 하는 것이다.

그러면 신체성에 대한 이해를 바탕으로 간호에서 돌봄을 필요로 하는 신체적 개인을 어떻게 이해할 수 있는가? 생명 유지를 위한 생리적 기능의 결핍은 신체적 돌봄을 받고자 하는 의지의 동기가 될 수 있다. 예를 들어 호흡곤란, 연하(삼킴)장애, 배변장애와 같은 통증의 호소는 단지 생리적 기능의 결핍에 대한 경험뿐만이 아니라, 그 결핍 상태로부터 벗어나고자 하는 생리적 충족을 향한 신체의 지향성을 표현하는 것이다. 즉, 환자가 호흡곤란, 두통 등 극심한 신체적 통증을 호소하는 것은 생리적 기능의 충족을 향한 육화된 의지의 표현이며, 간호에 대한 요구이기도 하다. 특히 환자가 생명을 유지하는 기능에 어떤 장애가 있음을 알리는 급성질병에 의한 극심한 신체적 통증은 신체 내의 기관이나 조직, 시스템의 기능과 구조에 교란을 일으키는 하나의 실체를 지니고 있을 뿐만이 아니라, 그 통증으로부터 빨리 벗어나고자 하는 일종의 결핍에 대한 호소인 것이다.

또한 질병과 상해, 스트레스 등으로 인한 신체가 경험하는 고통은 신체가 자신의 의지를 세계 속에서 실현시키지 못하기 때문에 발생하는 것이다. 그래서 늙고 병들어서 또는 사고 등으로 인해 자신의 의지대로 몸을 움직일 수 없는 사람은 자신의 몸 습관이 자신이 처한 상황에 자발적으로 반응할 수 없기 때문에 고통을 겪는다. 몸의 부자유로 인한 그의 고통은 바로 몸 습관의 자발성이 자신의 의지와 결합하는 데 장애를 받기 때문인 것이다. 특히 만성병을 앓는 환자는 이러한 부자유가 삶의 전반에 영향을 미치면서 자신의 신체적 조건과 자신의 의지와의 갈등으로 인해 더욱 괴로워한다.[22] 자신의 의지가 추구하는 가치와 다양한 욕구들이 몸 습관을 통해 실현되지 못하면 몸의 부자유로 인한 고통은 더욱 가중되는 것이다. 따라서 질병으로 인한 신체적 고통이란 자신의 의지와 신체적 지각과 운동과의 결합이 자유롭지 못한 데서 오는 신체적 표현이며, 이것은 결국 지금까지 삶에서 익숙해진 신체적 자기 정체성에 대한 위협의 경험이다. 이러한 개인의 신체성에 대한 이해는 탄생에서 죽음에 이르는 거역할 수 없는 생명의 흐름의 과정을 통해 형성되는 개인의 삶의 정체성을 이해하는 기반이 되는 것이다.[23]

---

22    에릭 카셀, 『고통 받는 환자와 인간에게 멀어진 의사를 위하여』, 강신익 역, 코키토, 2002, 89-90쪽 참조.
23    리쾨르, 『자기로서의 타자』, 동문선, 2006, 421쪽.

## 2) 신체적 자기 정체성

개인의 신체적 자기 정체성을 이루는 것은 나의 몸의 기억이다. 몸의 기억은 마치 "내 정신이 결코 망각해서는 안 되는 과거의 충실한 수호자"로서 본래의 자기로 항상 되돌아갈 수 있고 신뢰할 수 있는 신체적 자아의 근원이다.[24] 그래서 신체적 자아는 과거의 계기에 대해 회상하는 능동적 반성이 일어나기 이전에, 전반성적인 자기 체험의 총체적 차원으로 자기 지속의 기반이 된다. 이러한 전반성적인 자기 체험은 원초적인 생명 감정과 결합된 냄새, 맛, 소리 등의 신체의 감응의 차원과 감각 운동적 상호관계 속에서 형성된 몸 습관, 그리고 사람과의 신체적 상호작용을 통해 형성된 사회적 자아의 차원을 함축하고 있다.[25] 몸의 기억이란 바로 이러한 자기 정체성의 근원인 신체적 자기 체험인 것이다. 그래서 원초적인 신체적 자기 체험은 명시적 기억에 의해 개인사를 서술할 수 있는 이야기적 자기 정체성의 기반이 된다. 의식적이며 반성적 기억에 의한 자기 서

---

24  마르셀 프루스트, 『잃어버린 시간을 찾아서』 1, 김희영 역, 민음사, 2012, 19쪽.
25  훅스는 신체적 자아를 원초적인 신체적 자아, 환경적 자아 그리고 사회적 자아라는 차원으로 차별화하여 기술할 수 있다고 말한다. 원초적인 신체적 자아는 신체의 감응으로 모든 의식의 흐름에 잠재되어 있는 자기 촉발의 차원이다. 또한 체험하는 주체와 환경과의 감각운동적인 관계를 통해 형성된 신체의 자아는 환경적 자아이다. 지팡이 끝으로 땅을 체험하는 장님은 자신이 사용하는 지팡이를 통해 자신의 존재 능력을 환경으로 확장한다. 또한 사회적 자아는 아이가 탄생한 직후부터 다른 사람과의 신체적 상호작용을 통해 감각 운동적으로 반응하는 신체적 도식을 형성하면서 발전된다. 훅스는 이러한 신체적 자아를 반성적, 혹은 개인적 자아와 구분한다. T. Fuchs, Leiblichkeit und personale Identitaet, in, I. Roemer/M.Wunsch(hrsg.) *Person: Anthropologische, phaenomenologische un analytische Perspektiven*, Mentis, Muenster, 2013, pp.171-188.

술은 삶의 부분적 계기가 통일된 자기 이해의 관점을 지니며, 거기엔 신체적 자아의 자기 체험의 차원인 몸의 기억이 내재하고 있다. 즉, 개인의 자기 체험의 역사는 현재화되는 몸의 기억의 시간적 연속성 속에서 통합되기 때문에 특히 과거의 충실한 수호자인 습관적 몸은 항상 개인의 역사를 이해하는 출구가 된다.[26]

그래서 개인의 인격의 지속성은 의식적인 기억이 계기별로 현재화된 자기 자신에 대한 자서전인 기술에서 총체적으로 드러나는 것이 아니다. 그 인격의 지속성은 바로 몸의 기억 속에서 침전되어 암묵적으로 현전하는 몸의 역사로부터 나오는 것이다. 즉 자신의 탄생부터 지속되어 온 자신의 신체의 정체성은 자신 몸이 놓여 있는 상황 속에서 발현되는 몸의 기억을 통해 즉각적 행위로 표현된다.[27] 그래서 반성적이며 의식적인 회상에 의한 자기 이야기도 결국 몸의 기억이 지닌 자기 신뢰성을 바탕으로 한다. 따라서 개인의 정체성에는 신체적 자기 체험의 근원인 몸의 기억과 이를 바탕으로 하는 자기 반성적이며 명시적 기억에 의한 이야기적 인간 이해가 함께 존재하는 것이다.[28]

---

26  개인적 자아는 의도적인 행위자로서 다른 사람들 이해하고 자신의 관점을 실행하는 능력을 지닌다. 그는 고유한 상태들과 체험에 대해 높은 수준의 의식을 통해서 (내적인 반성적 자의식), 고유한 경험을 표현하고 통일된 삶의 이야기 속으로 결합시키는 능력(이야기적 정체성)을 지니고, 그래서 개념적이고 자서전적으로 자기 자신에 대해 안다. *Ibid.*, p.891.
27  메를로-퐁티, 앞의 책, 608-609쪽.
28  공병혜, 「몸의 기억과 자기 정체성」, 『철학과 현상학 연구』 78, 2018, 166쪽.

## 4. 개인의 이야기적 인간 이해

개인의 삶의 정체성을 이해하는 것은 인간을 이야기를 지닌 존재로 이해하는 것을 전제로 한다. 이것은 인간의 신체성에 바탕을 둔 탄생과 성장, 그리고 죽음에 이르는 삶의 흐름과 변화 속에서 지속적으로 자기 해석을 하여 다른 사람과 소통하는 존재로서 인간을 이해하는 방식인 것이다. 리쾨르에 따르면 과거나 현재와 미래의 차원으로 전개되는 자기 체험에 대한 해석이 이야기로 구성될 때, 비로소 자기 삶의 이야기는 실존적 의미를 지니며 다른 사람과의 소통을 가능하게 한다.[29]

위에서 이미 기술하였듯이 간호에서 돌봄을 필요로 하는 인간은 유한하고 취약한 신체적 존재이다. 탄생부터 성장 그리고 노화를 거쳐 죽음에 이르는 과정까지 신체적 개인은 삶의 이야기를 형성해 나가는 과정에서 지속적으로 자기 정체성의 위협에 처하게 된다. 예를 들어 질병으로 인한 통증, 불편함, 피로감 등은 생리적 기능의 충족을 향한 육화된 의지의 표현일 뿐만 아니라, 자신의 신체적 습관에 기초하여 상황에 대처하는 신체적 행위 능력이 방해를 받고 있다는 경험이다. 특히 질병으로 인한 신체적 조건과 신체적 습관의 변화는 그 개인의 인격적 삶의 총체적인 흐름에 영향을 주어 자기 삶의 이야기를 바꾸어 놓는다. 예를 들어 다운 증후군을 가진 개인의 이야기는 이러한 조건을 가진 개인들의 특징적인 외모와 관련해서 이어진다. 만성 질병으로 인해 오랫동안 고통 받는 환자의 삶의 이야기는 '나는 할 수 있다'라는 신체적 능력의 한계에 대한 좌절과 수용,

---

29  정기철, 『현대 프랑스 철학과 해석학』, 철학과 현실사, 1999, 80쪽.

그리고 적응 과정에 따라 지속적으로 변화되며 형성되는 것이다.[30] 이것이 간호에서 자기성의 근원으로서 신체성에 기초한 이야기적 인간 이해 방식이다.

따라서 간호에서 질병이나 상해 등으로 인해 고통 받는 개인을 삶의 이야기를 지닌 고유한 인격체로서 이해하는 것이 중요하다. 개인의 삶의 이야기는 인간 존재에 대한 자기 관심과 염려와 배려를 통해 구성되며, 이것은 곧 고유한 인격체로 자기가 형성되도록 하는 존재론적 보살핌을 필요로 한다는 것을 의미한다. 즉 "나는 누구인가" "그는 누구인가"라는 인격의 정체성에 대한 물음은 자신의 삶에서의 고착된 성격뿐만이 아니라, 그가 실제로 추구하고 열망하는 삶이 가치와 목적을 부사하고 있는 자기의 이야기를 통해서 구성되는 것이다. 한 개인의 이야기는 "나는 누구인가" "그는 누구인가"에 대한 자기 관심에서 비롯하여 자신의 고착된 성격뿐만 아니라, 그가 실제로 추구하고 열망하는 삶의 가치와 목적이 담긴 미래에 대한 삶의 계획이나 소망 등을 통해 구성된다.[31] 매킨타이어(MacIntyre)에 따르면 인격의 정체성은 "이야기의 시작부터 중간, 종말에서 개인의 출생과 삶, 죽음에 이르기까지 이어지는 이야기의 통일성 속에 놓여 있다."[32] 그러나 그 개인의 이야기가 항상 개인의 이력과 일치하는 것

---

30  간호학에서의 대부분의 질적 연구물들은 환자들과의 심층 인터뷰를 통해 얻어낸 질병 체험에 대한 삶의 이야기의 재구성으로 되어 있다. 이러한 이야기의 재구성 과정은 그들의 간호 요구를 이해하게 할 뿐만이 아니라 자기 정체성을 지속시키는 돌봄의 과정임을 보여준다. Irena Madjr, J. An Walton, 앞의 책; 최남희, 「재난 생존자의 경험의 내러티브 분석」, 『대한간호학회지』 35-2, 2005, 407-417쪽 참조.

31  S. Edwards, 『돌봄과 치유의 철학』, 공병혜 · 홍은영 역, 철학과 현실사, 2001, 162쪽.

32  A. MacIntyre, *After Virtue*, London; Duckworth, 1984, p.205.

은 아니다. 개인의 이야기는 자신의 삶의 경험이나 미래에 대한 계획으로 이어질 뿐만이 아니라, 그 개인의 탄생 전부터 타자에 의해 시작될 수 있으며, 한 개인의 죽음 이후에도 그를 기억하는 사람에 의해 그의 이야기가 만들어지고 전해질 수 있는 것이다. 따라서 이야기는 자기의 삶에 상호 영향을 미치는 타자와 함께 만들어내는 공동의 산물인 것이다(Edward, 2001).

간호학자인 벤너와 루벨은 인간의 자기 해석을 도와주는 존재론적 돌봄(ontological caring)에 대해 말한다.[33] 간호에서의 존재론적 돌봄이란 다른 사람과 이야기하면서 자기 이해를 돕고 자기 정체성을 구성해 주는 돌봄이다.[34] 그렇다면 이러한 이야기적 인간 이해는 과연 간호 실무에서 돌봄의 태도와 어떠한 관련이 있는가. 간호 실무에서 환자에게 일인칭적인 자기 삶의 이야기를 하도록 용기를 주고, 그 이야기를 경청하며 상호 반응하는 것은 환자 자신이 무엇을 하고 있으며 '나는 누구인가'에 대한 자각을 하게 한다. 그래서 이야기를 통한 대화는 좋은 삶에 대한 전망을 가지고 미래를 기획할 수 있게 하며 자기 존중 능력을 증진시켜 주는 돌봄의 행위이다.[35] 즉 여러 가지 병환으로 인하여 자기의 삶에 영향을 주는 고통의 체험은 환자 자신이 이어갈 이야기의 지속성과 통일성에 위협적인 요소로 작용할 수 있다. 왜냐하면 병환으로 인한 고통의 경험이 지금

33  P. Benner., J. Wrubel, *The primacy of caring, Stress and Coping in Health and Illness*, CA: Addiso-Wesley, 1989, p.11.
34  S. Edwards, *op. cit.*, p.235.
35  H. P. Meininger, "Narrative ethics in nursing for persons with intellectual disabilities", *Nursing philosophy* 6, 2005, pp.112-113.

까지 살아온 개인의 삶의 습관에 대한 변화와 그가 소망하고 추구하는 삶의 자기 지속성에 대한 단절을 야기하기 때문이다. 그래서 이야기적 인간 이해는 그 사람의 질병이나 사고와 노화 등으로 인한 고통에 대한 경험이 그가 소망하고 추구하는 삶의 전체적이며 통일적인 맥락에서 어떠한 의미를 지니는지를 이해하는 데에 도움이 된다. 즉 돌보는 사람에게 중요한 것은 '고통이 그 병을 앓고 있는 사람에게 무엇을 말해 주는가'를 이해하는 것이다. 돌보는 사람은 환자의 고통의 전 과정과 그 의미를 이해하고 이에 반응하여 표현하게 함으로써 위협 받는 인격의 온전성을 회복시켜 주기 위해 노력해야 한다. 이를 위해 돌보는 사람은 환자의 삶의 이야기를 듣고 그 이야기에 함께 참여하여 이야기를 재구성해 나감으로써 고통의 경험이 고유한 인격의 파괴나 해체의 계기가 아니라, 오히려 자아 인식의 기회가 되도록 해야 한다. 그래서 환자 자신이 고통에 대처할 수 있는 힘을 스스로 일깨워서 자기임을 유지할 수 있는 삶을 소망하고 계획할 수 있도록 이야기를 이어가게 해야 한다. 이렇듯 이야기적 인간 이해의 장점은 특히 인격의 정체성에 위협을 주는 장애나 혹은 만성 질병의 의미를 스스로 이해하여, 자기를 지속하게 하는 이야기 구성에 참여함으로써 스스로 삶을 통제할 수 있게 하고 좋은 삶을 향한 거시적 전망을 제시할 수 있게 한다.

그러나 자기 삶의 이야기의 저자가 될 수 없도록 타자화되어 가는 인격체나 그리고 자아개념이 형성되지 않은 잠재적 인격체인 태아를 돌보는 태도에 대해 살펴보자. 돌보는 자는 그들이 스스로 각자의 자기를 말할 수 없지만 그들이 관계하고 있는 타자의 삶의 이야기의 일부가 되고 그리고 미래를 향하여 타자에 의해 지속적으로 이야기되는 인격체로서 보호하고 존중해 주어야 한다. 우선 자기 삶의 이야기의 저자가 될 수 있는 일인칭적 관점을 잃어 가는 치매환자를 살펴보자. 그들의 이야기는 질병의 영향 때문에 단절되기 시작하며 점차로 그 통일성이 상실되어 간다. 돌보는 사람은 그들에게 자기 정체성을 확인하게 하는 이야기를 이어가게 하는 것이 중요하다. 그래서 그들의 이야기가 파편적이거나 극단적으로 우연적이 아니라, 어느 정도의 지속성과 통일성을 지니게 하는 보살핌이 필요하다. 그들의 이야기가 쇠퇴하지 않고 지속적으로 유지되도록 계획하는 전략은 그 개인의 이야기적 이해의 범위를 확장시켜 주는 것이다. 그래서 자신의 삶을 매우 희미하게 기억하는 환자들에게 그의 삶의 이야기를 이어가게 하는 실마리들로 에워싸인 가정환경이 중요하다. 즉, 돌보는 사람은 배우자 사진이나 그들이 아끼는 장식품, 좋아하는 냄새나, 음악 등에 의해 그들의 몸의 기억을 일깨워 그들의 이야기가 진행될 수 있도록 도와주어야 한다. 그래서 그들의 삶의 이야기가 단절되지 않고 파편화되지 않고 지속적으로 이어져가도록 해야 한다. 그 방법은 새로운 환경과 낯선 것들을 줄이고 그를 가능한 한 그와 친밀한 물건들에 에워싸여 있게 하고, 오랫동안 함께 살아온 사람과의 신체적 접촉을 유지하며 확대하는 일이다. 일인칭 관점이 소실되었다고 해서 그들의 이야기가 지속성을 잃는 것은 아니다. 특히 돌보는 사람이 그들에게 친숙한 환경을 조성해 주고 오랫동안 함께 살아온 사람들과의 신체적인 접촉을 통해 개인의 신체적 자아의 기반인 몸의 기억을 일깨워주어 그에게 삶의 이야기가 단절되지 않고 지속될 수 있도록 해야 한다.[36] 따라서 간호 실무에서 자기 개념

---

36  S. Edwards, *op. cit.* pp.182-183.

이 불확실하거나 스스로 자기 이야기를 할 수 없는 잠재적 인격체로서 태아나 무의식 환자, 그리고 죽어 가는 환자나 식물인간도 자기 삶의 이야기를 지닌 취약한 존재로서 보호를 받을 수 있다. 그래서 그들을 보살피는 사람은 스스로 자기를 말할 수 없는 곤경에 처한 그 환자와 삶을 함께 했던 친구나 가족들을 통해 엮인 삶의 이야기를 통해서 그의 자기 정체성을 보호할 수 있는 것이다.

## 5. 상호성의 윤리와 보호의 윤리

간호사가 환자를 돌보는 관계에서 형성되는 이야기는 상호 배려의 윤리와 보호의 윤리적 차원 모두를 지닌다. 이때 돌봄의 관계에서 형성되는 내러티브는 윤리적 내러티브이다. 윤리적 내러티브는 간호사와 환자가 함께 추구하는 선에 대한 관심을 가지고 공동의 이야기의 저자가 되는 상호 대화적 관계 속에서 형성된다.[37] 이러한 이야기는 한편으로 상호 배려하는 신뢰 관계를 형성하게 하며, 다른 한편으로 인격의 존엄성이 위협받는 상황에서 환자의 자기 정체성을 보호하는 윤리적 차원으로 고양된다.

특히 일상적으로 행해지는 간호의 영역에서 상호성의 윤리는 환자와 간호사와의 신체적인 접촉과의 상호작용에서 출발한다. 즉 상호 신체적 행위에서 경험하는 가까움, 친밀한 접촉, 관심과 애정어린 눈길은 인간의 신체적 지각에 뿌리내린 인간관계의 신뢰 형성의 기초가 된다. 왜냐하면

---

37    S. Gadow, "Ethical narratives in practice", *Nursing Science Quarterly* 9-1, 1996, p.8.

인간관계의 신뢰는 서로 주고 받는 신체적 접촉과 행위 속에서 형성되기 때문이다. 예를 들어 간호사의 얼굴 표정, 제스처, 기구를 사용하는 손놀림, 접촉, 함께 있음, 신체적 지지 등의 활동은 상호 신체적 접촉과 행위를 통해 일상적으로 수행되는 간호에서의 상호성의 윤리를 보여준다. 상호성의 윤리란 자기 관심에서 비롯한 자기 존중이 상대방을 위한 배려를 통해 실현되는 것에 있다. 이러한 배려의 상호성은 바로 신체적 상호관계로부터 획득되는 신뢰를 기반으로 한다.

간호사와 환자 사이의 신체적 지각에 따른 신체적 상호작용을 통해 형성되는 신뢰적 관계는 자기 정체성을 유지시키는 대화와 이야기들을 탄생시킨다. 즉 병원의 병실과 외래 그리고 지역사회 등에서 일상적인 임상 실무에서의 상호 신뢰 관계 속에서 탄생되는 환자들의 이야기는 좋은 삶을 지향하는 자기 관심과 배려를 서로 주고 받는 육화된 상호성의 윤리를 보여준다. 윤리적 이야기는 간호사와 환자 사이에 서로 신뢰하는 우정의 관계 속에서 좀 더 좋은 삶을 소망하는 자기 존중의 의미를 부여하는 과정에서 형성되는 것이다.

그러나 자기 삶의 이야기의 저자가 될 수 없는 환자는 상호성의 윤리가 아니라 비대칭적인 보호와 책임의 윤리를 필요로 한다. 특히 보호의 윤리는 칸트의 '정언명법'과 같은 명령의 형식을 띤다. 그러나 그것은 칸트적인 이성을 지닌 보편적 인간성의 이념에 대한 존중만을 명령하는 것이 아니라, 인간성의 이념이 파괴되거나 아직 실현되지 않은 신체적 생명체까지도 보호하고 책임을 져야 한다는 윤리적 명령이다. 이것은 태아, 식물인간, 무의식 환자, 죽어 가는 환자, 광인인 경우에 이르기까지 인격 존중의 존재론적 범위가 확대된 보호와 책임의 윤리이다. 이들은 스스로 이성을 지닌 자율적 존재이기 전에 신체적 생명체이며, 다른 사람의 보호와 생명에 대한 책임 없이는 자기다운 삶을 지속시킬 수 없다. 즉, 보호와 책임이 필요한 취약한 신체적 존재의 의지적 삶은 비의지적인 신체적인 필연성에 따를 수밖에 없으며, 자신의 생명적 가치를 의료인에게 위임할 수밖에 없는 것이다. 이렇듯 필연적인 신체적 한계 상황에 놓인 환자들은 돌보는 자와 서로 주고받는 우정의 관계에 놓인 것인 아니라, 돌보는 자에게 전적으로 의존해 있는, 신체적으로 취약한 존재이다.[38] 따라서 돌보는 자는 취약한 신체적 존재의 자기 정체성을 보호하고 옹호해야 한다는 책임의 윤리를 필요로 하는 것이다.

예를 들어 갑작스런 사고로 의식이 없는 환자의 생명과 죽음의 태도와 관련된 인격 존중에 대한 보호의 윤리는 과연 어떻게 보살핌의 태도로 드러나는가? 현재 그 환자는 자기 스스로에 대해 말할 수 없는 상태이기 때문에, 친구나 가족과 함께한 자기의 삶의 역사에 대한 이야기를 통해서 그가 '누구'임이 추정적으로 확보될 수 있다. 즉 그와 삶을 함께한 가족이나 친구 등에 의해 구성된 이야기를 통해서 환자의 고착된 성격이나 생활 습관뿐만 아니라, 미래의 소망과 꿈 그리고 죽음에 대한 입장을 해석할 수 있다.[39] 이러한 이야기에서는 특히 사회 속에서 타자와 함께, 타자를 위해서 그가 추구하는 훌륭한 삶이 무엇인지, 그리고 가능한 소망과 삶의 마지막 소원들이 표현된다. 이것이 바로 환자의 자기 정체성을 보호받을

---

38  M. Schnell, *op. cit.*, 2002, p.13.

39  Martin, W. Schnell, "Narrative Identität und Menschenwürde," in, A. Breitling Stefan Orth Birgit Schaff(hrsg.) *Das herausgeforderte Selbst, Perspektiven auf Paul Ricoeurs Ethik*. Würzburg, 1999, p.117.

수 있는 이야기의 차원이다. 예를 들어 그와 삶을 함께한 배우자는 그와 함께 경험했던 것, 그로부터 들었던 삶의 단편들로부터 환자 자신의 삶과 죽음에 대한 관계를 이야기로 구성하여 그의 죽음의 태도를 존중할 수 있다.[40] 그래서 환자의 인격은 그의 삶의 단편적 조각들이 삶의 통일성을 지닌 이야기로 구성됨으로서 보호받을 수 있다.[41]

이렇듯 주위 사람들에 의해 구성된 환자 자신의 총체적 삶의 이야기를 이해함으로써 환자 자신의 인격을 존중해 주는 태도는 신체적으로 취약한 한계상황에 처한 환자의 인격을 보호하는 윤리라고 말할 수 있다. 이러한 보호의 윤리는 인격의 정체성이 위협받는 취약한 상황에 처한 개인을 삶의 가치와 목적이 담겨 있는 자기만의 이야기를 지닌 인격체로서 존중해야 한다는 규범을 내포하고 있다.


## 6. 정리하며

위에서 살펴본 바와 같이 간호는 인간 상호 관계가 이루어지는 삶의 도처에서 그리고 전문적 직업의 실천 현장에서 살아 숨쉬는 인간 돌봄의 가치를 실현한다. 그래서 간호에서의 돌봄의 실천을 위해 우선 인간의 신체성과 개인에 대한 이야기적 이해를 살펴보고, 돌봄의 윤리적 차원으로서

---

40  *Ibid.*, p.118.
41  H.P. Meininger, "Narrative ethics in nursing for persons with intellectual disabilities", *Nursing philosophy* 6, 2005, pp.112-113.

상호성과 보호의 윤리에 대해 논의해 보았다.

오늘날 의료 현장에서 개인의 신체는 자신의 인격과 분리되어 단지 질병 치료의 대상으로 인식되는 경향이 있다. 그러나 간호는 바로 잊어져 가는 자기 신체의 의미를 자기 인격의 근원으로서 이해해야 하며, 신체적 상호작용을 통해 인간관계의 친밀성과 신뢰가 형성되는 돌봄의 가치를 중요시 여겨야 한다. 이를 위해서 돌보는 자는 몸의 기억을 지닌 신체적 자아를 질병이나 상해 등으로 자기 정체성의 위협을 받는 상황에서도 삶의 목적이나 가치를 지닌 이야기적 존재로서 간주하여야 한다. 이러한 개인에 대한 이야기적 이해는 자기 존중을 촉진시켜 주고 자기 정체성을 지속할 수 있도록 도와주는 돌봄의 윤리적 차원으로 나아가게 한다.

특히 개인에 대한 이야기적 이해는 간호에서 돌보는 자와 돌봄을 받는 자와의 대화적 관계를 통해서 좋은 삶을 향한 이야기를 함께 만들어 나가는 상호성의 윤리를 함축한다. 신체적 상호 접촉과 대화적 관계 속에서 탄생되는 개인의 이야기는 인간 상호간의 신뢰를 형성하게 하며, 질병이나 장애 등으로 인한 개인의 고통에 대처할 수 있는 힘을 일깨워 자기다운 삶을 소망하여 자기 존중을 유지할 수 있도록 한다. 그러나 또한 간호에서의 개인에 대한 이야기적 이해는 보호의 윤리를 함축한다. 보호의 윤리는 가족이나 의료인에게 자신의 생명을 의존할 수밖에 없는 인간의 존엄성이 위협받는 취약한 상황에 처한 환자의 자기 정체성을 보호하고 옹호하기 위한 윤리이다. 특히 보호의 윤리는 간호 실무에서 잠재적 인격체나 타자화된 인간도 과거와 현재, 그리고 미래를 향해 지속적으로 자기 정체성이 지속되는 이야기를 지닌 인격적 존재로서 존중되어야 함을 명령하는 윤리이다.

이 글은 인간의 신체성에 대한 이해를 기반으로 하여 이야기적 인간 이해와 그것이 함축하고 있는 윤리적 특성을 고찰해 보았다. 앞으로 간호에서 진정한 돌봄의 윤리에 대한 논의를 확산시키기기 위해서 간호 현장에서의 구체적이며 생생한 돌봄의 현상들을 성찰할 수 있는 학문 간의 열린 대화와 동시에 돌봄의 실천을 촉진할 수 있는 제도적 환경이 구현되어야할 것이다.

# 첨단의료기술과
# 불교적 도덕 향상*

이은영 (경희대학교 인문학연구원)

* 이 글은 『인문학연구』 제42호에 실린 필자의 논문 「의료기술을 통한 도덕적 향상은 가능한가-불교윤리학의 관점에서」를 수정 · 보완한 것이다.

## 1. 들어가며

영화 〈매트릭스〉의 네오는 단지 알약 한 알로 환각의 세계에서 깨어나 진실에 눈뜨게 된다. 올더스 헉슬리의 『멋진 신세계』에서 불쾌감을 행복 감으로 바꿔주는 것은 단지 소마 한 잔이다. 첨단의료기술로 영화나 소 설에서나 가능했던 상상이 현실화될 수 있을까? 의료기술의 발달은 치료 를 넘어서 인간이 스스로를 변화시킬 수 있게 만들고 있으며, 인류는 더 이상 호모사피엔스 종이라 부르기 어려운 새로운 유형의 인간이 되어가 고 있다. 이러한 신인류를 호모사피엔스 종인 인간과 구분하여 '포스트 휴먼'(posthuman), 즉 '인간 이후의 인간', 혹은 '인간을 벗어난 인간'이라 부른다. 포스트휴먼 담론 중 가장 시급하고 중요한 문제는 의학적 향상 (enhancement)[1]의 문제, 즉 치료를 넘어서 의료기술로 인간의 신체적, 인지 적, 정서적 능력을 향상시킬 수 있는지, 또한 그렇게 해도 되는지이다. 이 글에서는 의학적 향상의 가능성과 이에 관련된 윤리를 살펴보고, 특히 의 료기술을 활용하여 불교적 도덕 향상(moral enhancement)도 이룰 수 있는

---

1  'enhancement'는 국내에서 '향상' 외에도 '증강', '강화' 등으로 번역된다.

지 논하겠다.

불교는 태어난 그대로의 범부(凡夫)에 머물지 말고, 적극적으로 범부 이상의 인간인 아라한(arhat)이나 붓다, 보살로 스스로를 향상시키라고 한다. 이 점에서 불교의 가르침과 수행을 통한 인간 향상은 의학적 수단을 통한 인간 향상과 비교해서 논할 만하다. 실제로 불교적 향상과 의학적 향상의 유사성에 주목하여 불교와 트랜스휴머니즘을 융합하는 시도가 있다. 과거 승려이기도 했고, 현재 불교적 트랜스휴머니스트로서 사이보그 붓다 프로젝트(Cyborg Buddha Project)를 주도하고 있는 제임스 휴즈(James Hughes)는 생명공학, 신경공학 기술을 활용한 인간 향상에 긍정적인 태도를 취한다. 그는 기술을 통해 미래에는 인간의 수명이 연장되고 질병이 제거되며 정신질환이 억제되고 더 총명해질 것이라고 낙관한다.[2] 휴즈는 도덕적인 면에 있어서도 신경공학 기술들을 이용하여 우리 자신을 좀 더 정직하고 동정심 풍부하게 만들 수 있으리라 믿는다.[3] 이처럼 의학적 인간 향상의 측면에서 불교를 바라보고, 불교와의 접점이나 차이점을 발견하려는 시도들이 있다.[4]

인간 스스로가 자신의 향상을 추구한다는 점에서 불교적 향상은 의학

---

2  Jonathon Rosen, "Cyborg Buddha", *Tricycle*, 2010. https://tricycle.org/magazine/cyborg-buddha

3  이상헌, 「포스트휴먼 시대의 도래와 불교」, 『불교평론』 79, 2019, 116쪽.

4  Hughes, James, "Buddhism and Our Posthuman Future", *Sophia*, 2018; LaTorra, Michael, "What Is Buddhist Transhumanism?", *Theology and science* 13(2), 2015 등. 국내의 연구로 다음과 같은 것들이 있다. 이상헌은 『철학자의 눈으로 본 첨단과학과 불교』(살림, 2017) 3부에서 불교의 정토 사상과 기술 유토피아를 비교하는 차원에서 도덕적 향상을 언급한다. 「포스트휴먼 시대의 도래와 불교」(『불교평론』 79호, 2019)에서는 불교적 트랜스휴머니즘을 소개한다.

적 향상과 유사한 점이 있음에도 불구하고, 경전의 가르침을 이해하고 계율을 준수하며 명상 수행을 통해 오랜 기간에 걸쳐 서서히 진행되는 불교의 비의학적인 전통적 향상 방법은 의학적인 향상 방법과 분명히 다르다. 과연 의료기술을 사용해서도 불교가 추구하는 도덕적 향상 상태에 도달할 수 있을까? 어떠한 기술로 무엇을 얼마나 향상시킬 수 있을까? 이러한 문제의식으로 2장에서는 먼저 의학적 인간 향상에 대해 살펴보겠다. 그리고 3장에서는 불교적인 도덕 향상에 대해 살펴보고, 4장에서는 의료기술로 불교적 도덕 향상을 이룰 수 있겠는지 논하겠다. 이러한 논의는 첨단 의료의 발달과 함께 시급한 문제로 부상한 인간 향상의 문제를 생명의료윤리적으로 다루는 한편, 현재적 관점에서 오래된 사상 불교를 조망한다는 의의가 있다. 생명의료윤리 분야와 불교 양측의 논의가 발전적으로 확장되는 계기가 되기를 기대한다.


## 2. 의학적 인간 향상

### 1) 의학적 인간 향상의 방법과 종류

의학적 향상은 교육이나 윤리, 종교에 의한 전통적 방식의 향상에 대비되는 말로서, 약리학, 생명공학, 프로스테시스(prosthesis) 기술, 뇌-컴퓨터 인터페이스(brain-computer interface, BCI) 기술 등을 활용하여 인간을 신체적, 인지적, 정서적으로 향상시키는 것을 가리킨다. 신경과학, 인지과학, 인공지능학의 연구 및 기술과 융합하면서 의학적 인간 향상 기술은 나날이 빠르게 발전하고 있다.

의학적 향상 기술과 그러한 기술로 향상되는 능력을 간략하게 살펴보 겠다. 약리학적 향상은 약물을 사용하여 신체적, 정신적 능력을 향상시 키는 것이다. 예를 들어 아나볼릭 스테로이드(anabolic steroid)는 단시간 에 근육을 키우는 대표적인 경기력 향상 약물(Performance Enhancement Drugs, PEDs)이고, 2015년 개발된 나이트비전 안약은 인간의 시야 인지 능 력을 향상시키는 점안액으로서, 한밤중의 숲에서도 50미터 떨어진 사람 과 사물을 알아볼 수 있게 해 준다.[5] 애더럴(Adderall)과 리탈린(Ritalin)은 본래 주의력결핍과잉행동장애(ADHD) 치료약이지만 ADHD가 아닌 사람 이 복용했을 때 주의집중력을 향상시키는 효과가 있다. 프로작(Prozac)은 우울감을 개선시키는 효과가 있어서 우울증 환자에게 처방되지만 정상적 인 사람들이 기분 개선을 위해 복용하기도 한다. 신경과학의 발달에 힘입 어 누트로픽스(nootropics), 즉 뇌기능을 향상시키는 이른바 스마트 드러그 (smart drug)도 주목받고 있다. 예를 들어 피라세탐(Piracetam)은 치매 초기 나 알츠하이머 환자의 인지력 장애를 개선하기 위한 약인데, 건강한 사람 이 복용하면 언어 학습력이 향상되고 정신이 맑아지며 IQ가 높아진다는 견해가 있다.[6]

생명공학기술, 특히 유전공학기술을 활용한 향상은 자궁에 착상할 배 아를 선택하거나, 인간 배아 또는 생식 세포를 조작하는 방식으로 인간

---

5  박성원 외, 『트랜스휴머니즘 부상에 따른 과학기술 정책이슈의 탐색』, 과학기술정책연 구원, 2016, 77쪽.
6  이준정, 「두뇌가 똑똑해지는 총명탕이 가능할까?」, 『이코노믹 리뷰』, 2016.5.31.http:// www.econovill.com/news/articleView.html?idxno=289807

을 신체적, 정신적으로 향상시키는 것이다. 1997년에 개봉한 영화 〈가타카〉는 유전자 조작으로 맞춤형 아기를 낳는 것이 일반화된 미래 사회를 그렸다. 영화에서 부모는 재능, 성격, 외모, 수명에 있어서 자신의 마음에 들거나 우월한 아이를 낳을 수 있었다. 그런데 실제로 2018년 11월 중국의 허젠쿠이 교수는 CRISPR-Cas9 유전자 가위를 활용한 유전자 편집(gene editing)으로 배아의 CCR5-delta 유전자 부분을 수정하여 에이즈 바이러스(HIV)에 저항력이 있는 쌍둥이를 태어나게 했다고 밝혀서 전 세계적으로 큰 논란을 일으켰다. 이 경우는 신체적으로 특정 질병에 대한 면역력을 강화한 경우이다.[7]

프로스테시스 기술은 손상된 신체에 의족이나 의수 등 인공장치를 결합하는 것이다. 인공장치가 발달할수록 장애의 극복을 넘어서 신체적 능력을 향상시키는 기술, 아이언맨과 같은 능력을 갖추는 데 활용될 것이라 전망된다. 뇌-컴퓨터 인터페이스 기술은 뇌파를 활용해 인간의 의사소통 능력을 향상시킨다. 구체적으로는 뇌에 전자칩을 이식하는 뇌 임플란트 방식, 뇌전도(electroencephalography, EEG)를 이용한 기술이 있다.[8] 영화 〈아바타〉에서 주인공이 뇌파로 나비족 전사의 몸을 움직이는 것이 이러한 기술을 활용한 것이다. 이 기술이 실현된다면 인간은 생각만으로도 자동차나 드론 등 외부 사물을 움직일 수 있게 된다.[9] 물론 인간은 지금도 자

---

7  최예지, 「'유전자 편집 아기 논란' 중국인 과학자, 실험과정 대공개」, 『아주경제』, 2018. 11. 28. https://www.ajunews.com/view/20181128161130771

8  박성원 외, 앞의 책, 74쪽.

9  이강봉, 「아바타가 현실로…뇌-컴퓨터 인터페이스」, 『사이언스타임즈』, 2013. 5. 20 https://www.sciencetimes.co.kr/?news=아바타가-현실로뇌 · 컴퓨터-인터페이스

신의 손과 발로 자동차나 자전거 등의 외부 사물을 움직인다. 그러나 인간 자신의 몸에 칩을 심거나 자신의 뇌파로 외부의 사물을 움직이는 것은 인간과 기계가 한 몸처럼 결합하는 것으로서, 인간이 사물을 움직이는 종래의 형태와는 현격히 다르다.[10]

### 2) 의학적 인간 향상, 해도 되는가

의학적 향상의 추구는 인류사에 어벤져스를 등장시킬까, 아니면 프랑켄슈타인을 등장시킬까? 영화와 문학작품으로 구현된 포스트휴먼 캐릭터에 대한 열광과 공포의 상반된 태도는 인간 향상을 대하는 태도에도 녹아 있다. 현재 의학적 향상을 통해 인간이 자신을 둘러싼 자연적, 문화적 환경을 개선하는 데 그치지 않고 스스로를 진화시킴으로써 삶의 질을 높일 것이라는 기대와 함께, 감히 '신처럼 구는'[11] 시도는 심각한 위기를 초래할 것이라는 우려가 공존한다.

1996년 복제양 돌리가 태어나고 2000년대 초반 인간게놈 프로젝트가 완성되었다. 기술적으로 동물복제가 가능해지고 인간 유전자의 비밀이 밝혀지면서 인간 향상, 특히 생명공학을 활용한 인간 향상에 대한 찬반 논의가 본격화되었다. 2001년 미국 부시 대통령은 대통령산하 생명윤리 자문위원회를 구성했는데, 레온 카스(Leon Kass)가 위원장을 맡고 프랜시

---

10  의학적 인간 향상 중 도덕적 향상은 의료기술을 통한 불교적 도덕 향상의 가능성을 논하는 4장에서 서술하겠다.
11  앨런 뷰캐넌, 심지원 · 박창용 역, 『인간보다 나은 인간』, 로도스 출판사, 2015, 22쪽.

스 후쿠야마(Francis Fukuyama), 마이클 샌델(Michael Sandel) 등이 위원으로 참여했다. 이 위원회에서 인간복제, 인간 향상 등을 생명윤리적으로 논의하고 참여한 위원들이 개인적으로 후속 연구를 하면서[12] 이 분야의 찬반 논의는 더욱 뜨거운 이슈가 되었다. 인간 향상에 대한 입장은, 향상을 적극적으로 찬성하는 트랜스휴머니즘(transhumanism)과 향상을 반대하는 생명보수주의 입장이 양극단을 이루고, 그 사이에 중도적인 입장이 있다. 아래에서는 향상에 찬성하는 논거, 반대하는 논거를 간략히 살펴본 후 필자가 가장 합리적이라고 생각하는 중도적 입장을[13] 앨런 뷰캐넌(Allen Buchanan) 중심으로 논하겠다.

트랜스휴머니즘은 "포스트휴먼으로의 변화를 긍정하고 지지하는 운동"[14]을 의미하는 용어이며, 트랜스휴머니스트는 향상에 적극적으로 찬성하는 이들을 가리킨다. 고대부터 불로장생약을 구하러 다닌 인간에게 향상에 대한 열망은 자연스러운 측면이 있다. 의학과 과학기술을 활용해서 〈어벤져스〉의 슈퍼히어로처럼 특별한 능력을 갖게 되는 것이 결코 나쁘

---

12  이 위원회는 2008년까지 활동했다. 레온 카스가 2001-2005년, 에드먼드 펠레그리노(Edmund D. Pellegrino)가 2005-2009년 위원장을 맡았다. 발간 보고서로 *Human Cloning and Human Dignity: An Ethical Inquiry*(2002), *Beyond Therapy: Biotechnology and the Pursuit of Happiness*(2003) 등이 있다. 후쿠야마와 샌델은 위원회 활동을 계기로 각각 *Our Posthuman Future*(2002), *The Case against Perfection*(2007)을 집필하였다. 후쿠야마의 책은 『부자의 유전자, 가난한 자의 유전자』(2003)라는 제목으로, 샌델의 책은 『완벽에 대한 반론』(2016)이라는 제목으로 국내에 번역, 출간되었다.

13  앨런 뷰캐넌의 입장을 '중도'로 표현한 것은 뷰캐넌의 책 『인간보다 나은 인간』 역자 후기에 나오는 번역자들의 표현을 따른 것이다. 앨런 뷰캐넌, 앞의 책, 234쪽.

14  신상규, 『호모 사피엔스의 미래』, 아카넷, 2014, 105쪽.

지 않고 바람직하다는 것이 트랜스휴머니스트들의 입장이다. 유전적 향상에 대해서도 이들은 일종의 '자유주의 우생학' 입장을 취한다. 타인에게 해를 끼치지 않는 한, 자녀의 형질을 선택할 수 있는 부모의 권리를 인정해 주어야 한다는 것이다.[15] 대표적 트랜스휴머니스트인 닉 보스트롬(Nick Bostrom)은 데이비드 피어스(David Pearce)와 함께 1998년 세계 트랜스휴머니스트 협회를 설립했다.[16] 이들은 첨단 의학과 과학기술이 인간을 더 강하고 영리하게 만들어줄 것이라고 기대한다.

이에 반해, 생명보수주의는 인간 향상을 반대하는 입장이다. 향상에 반대하는 논거는 다음과 같다.

첫째, 향상 기술이 안전하지 않다는 것이다. 핵폭탄의 개발이 인류를 위협하게 된 것처럼 섣부른 기술 개발과 적용은 우리가 미처 예상치 못한 위험한 결과를 낳을 수 있다. 예를 들어, 하나의 유전자가 복수의 형질에 영향을 미쳐 의도하지 않은 결과를 초래할 수 있다. 이것을 다면발현(Pleiotropy)이라고 하는데, 앞서 사례로 들었던 허젠쿠이 교수의 경우 CCR5 유전자를 조작함으로써 에이즈에 저항력이 생겼을지는 몰라도 수명이 짧아졌으리라는 예측이 있다.[17] 약리학적 향상의 경우도 1950년대 임산부의 입덧 억제를 위해 사용했지만 기형아 출산으로 이어졌던 탈리도마이드(Thalidomide)의 사례처럼 향상의 시도가 끔찍한 비극을 초래할

---

15  위의 책, 127쪽.
16  위의 책, 106쪽.
17  수명이 짧아지고 지능이 향상되었으리라는 예측이 있다.(윤신영, 「유전자 교정 아기, 건강 문제 계속 살펴야」, 『동아사이언스』, 2019.8.2. http://dongascience.donga.com/news.php?idx=30347)

수도 있다.

둘째, 향상은 불평등을 초래할 수 있다. 향상 기술은 특히 초기에 고가일 것이기에, 이에 대한 접근은 부유층이나 권력층만 가능할 것이다. 따라서 향상은 부유층이나 권력층 자신, 특히 유전적 향상은 그들의 자녀에게 혜택이 먼저 갈 것이다. 신체적, 정신적으로 우월한 유전자를 갖고 태어난 맞춤형 아기는 자연적으로 태어난 아기에 비해 출발선부터 유리한 고지에 있게 된다. 경쟁도 하기 전에 〈가타카〉에서처럼 유전자 정보가 담긴 이력서로 직업이 갈리는 일이 일어나지 않으리라는 법이 없다.

셋째, 자연적으로 우리에게 주어진 것을 훼손하고 그것에 대한 감사를 잃었을 때, 이에 기반하고 있는 다른 소중한 가치들도 훼손될 것이다. 후쿠야마는 향상, 특히 유전공학에 의한 향상이 인간의 타고난 본성을 훼손한다고 한다. 이때의 본성은 신으로부터 부여받은 절대불변의 본성을 의미하는 것은 아니다. 그는 "인간 본성이란 인간이라는 종의 전형적인 행동과 특성의 총합으로, 환경적 요소라기보다는 유전적 요소에 기인한다"[18]라고 한다. 진화의 과정에서 현재 우리가 갖고 있는 종의 고유한 특성으로서의 인간 본성, 인간이라면 누구나 공유하고 있는 그 본성을 훼손했을 때, 그것에 기반하고 있는 인권과 인간 존엄성도 훼손될 것이라고 후쿠야마는 우려한다. 샌델도 우리에게 주어진 삶을 선물처럼 여기지 않고, 정복과 통제의 욕망으로 향상을 추구하는 것은 겸손, 책임, 연대라

---

18  프란시스 후쿠야마, 송정화·최준명 역, 『부자의 유전자 가난한 자의 유전자』, 한국경제신문, 2003, 202쪽.

는 가치를 훼손하리라고 본다.[19] 유전자 선택 등 인위적 개입으로 인간이 스스로를 향상시키게 될 때, 그래서 자신의 현재 모습이나 재능이 우연히 주어진 선물과 같은 것이 아니라 자신의 선택의 결과가 될 때, 겸손, 책임, 연대라는 도덕적 가치가 훼손될 것이다.[20]

정리하자면 후쿠야마나 샌델과 같은 생명보수주의자들은 향상에 반대한다. 그리고 이들과 대척점에 치료를 넘어서 '적극적으로 향상해야 한다'는 트랜스휴머니스트들이 위치한다. 앨런 뷰캐넌(Allen Buchanan)은 이러한 양극단의 입장 사이에서 중도적 입장을 취한다. 그는 향상에 대하여 '단순히 안 된다'고 할 수는 없다는 입장이다.[21] 그런 면에서는 향상에 찬성하는 입장이라 할 수 있지만, 트랜스휴머니스트들처럼 과학과 의학의 발전이 가져올 장밋빛 미래를 낙관하며 향상을 찬양하다시피 하는 것은 아니다.

필자는 뷰캐넌의 중도적인 입장이 현재로서는 가장 합리적, 현실적이라고 생각한다. 따라서 여기에서는 주로 그의 논거를 활용하여 유전공학을 포함하여 의학적 향상을 무조건 반대할 수는 없는 이유를 제시하겠다. 첫째, 치료와 향상은 경계가 모호하다. 후쿠야마나 샌델 등 향상을 반대하는 사람들은 전적으로 생명공학기술의 사용을 부정하는 것은 아니고, 치료에 제한해서 그것들을 사용해야 한다고 주장한다. 일견 이러한 입장은 합리적으로 보인다. 향상은 아직 위험성이 있는 과감한 시도이니 치료

---

19   마이클 샌델, 이수경 역, 『완벽에 대한 반론』, 와이즈베리, 2016, 112-115쪽.
20   신상규, 앞의 책, 148쪽.
21   앨런 뷰캐넌, 앞의 책, 205쪽.

에 국한하여 기술을 사용하는 것이 신중한 태도 아니겠는가? 하지만 치료와 향상은 그 경계가 모호하며 의학과 과학기술이 발달할수록 더욱 그러할 것이다. 예를 들어 평균 수명의 연장으로 이제 100세 시대를 바라보고 있는데, 이렇게 수명이 연장된 것은 노화라는 질병을 치료한 결과인가, 정상적으로는 50~60세였을 수명을 향상시킨 것인가? 시력교정술인 라식과 라섹, 렌즈삽입술은 근시를 '치료'하는 수술인가, 시력을 '향상'시키는 수술인가? 수술을 통해 1.0의 시력을 갖게 되면 치료한 것이고, 3.0의 시력을 갖게 되면 향상시킨 것이라고 해야 할까? 이처럼 "치료는 허용하지만 향상은 허용하지 못한다"는 주장은 그럴듯해 보이지만 실제로는 적용하기 어려운 원칙이다. 향상이 상당 부분 치료 과정에서 부수적으로 발견되었다는 사실도 무시할 수 없다.[22]

둘째, 향상의 추구를 막는 것은 현실성이 없다. 인간의 역사는 끊임없이 향상을 추구한 역사이다. 인간은 자연적으로 타고난 신체적 한계를 극복하기 위해 의학과 과학기술을 발전시키고, 인지적 한계를 극복하기 위해 글자, 서적, 컴퓨터, 스마트폰에 이르는 매체를 개발해 왔다. 샌델은 향상 추구에 담긴 '정복과 통제'의 태도를 비판하지만, 달리 보면 그것은 생물학적 조건을 '극복하고 확장하려' 한 태도이며, 우리가 소중하게 여기는 문명을 탄생시킨 원동력이다. 향상을 비판하는 샌델 자신도 자신의 지적 향상을 위해 평생을 노력해 왔다는 것을 인정하지 않을 수 없을 것이다. 이처럼 인간에게 향상의 추구는 본능과 같아서 이것을 막는 것은 현실성이 없다. 향상의 추구를 막으려면 약물이나 유전자 조작을 통해 그러한

---

22   위의 책, 15-17쪽.

본능을 억제하는 정서적 향상을 해야 하리라는 역설이 발생한다.

셋째, 첨단 의료기술을 활용한 향상의 위험성이 예상보다 크지 않을 것이다. 향상에 반대하는 이들은 향상 기술의 안전성과 남용, 향상으로 인해 야기될 불평등을 우려한다. 이것은 오래된 향상술인 성형수술의 경우를 통해 예상해볼 수 있다. 성형이 보편화된 지 오래되었고 성형중독, 수술 후 부작용이나 수술 중 사고 등의 문제가 일어나기도 한다. 하지만 현재 성형수술을 전적으로 금지해야 한다고 주장하는 사람들은 없으며, 부작용이나 수술 중 사고는 일반적인 의료 수술에서도 따르는 위험성이다. 인위적인 외모 향상을 통해 직업적, 사회적으로 이득을 취하기도 하지만, 심각한 불공평의 문제라고 생각하기보다는 개인의 선택의 문제라고 생각한다. 불만족스러운 외모를 성형을 통해 향상시켜서 개인이 만족한다면 삶의 질 측면에서 긍정적 효과를 가지는 것이다. 또한 삶의 전체적인 질은 신체적이든 정신적이든 단순히 인간의 한 부분이나 능력을 향상시킨다고 해서 전적으로 보장되는 것은 아니다. 그렇기에 새로운 향상 기술이 등장한다 해도 그것은 성형수술을 포함한 여러 향상 기술들의 하나로서, 기존의 의학적 방법들과 함께 사람들에게 주어질 것이고, 새로운 향상 방법이 야기할 문제와 위험성의 한계는 기존의 것과 크게 다를 바 없을 것이다.

향상의 위험성과 관련해서 후쿠야마는 인간 본성을 이루는 모든 특성들이 밀접하게 연관되어 있어서 향상을 위해 하나의 특성에 개입한다면 그것과 연관되어 있는 다른 특성들도 영향을 받는다고 한다. 그래서 비록 최악의 특성일지라도 함부로 그것의 개선을 꾀하는 것이, 꼭 좋은 결과를 가져온다는 보장이 없을뿐더러 심각한 파국으로 치닫는 결과를 초래할 수도 있다고 한다.[23] 그러나 뷰캐넌에 의하면 이것은 진화론에 대한 이해가 부족한 데서 온 우려이다. 진화된 생명체는 단위성(modularity)의 특징을 갖는다. 유기체는 후쿠야마의 생각처럼 극단적으로 연관되어 있지 않고 단위(module) 별로 구획되어 있다. 예를 들어 배아는 성숙한 생명체로 발달하는 동안 그 과정이 순조롭게 돌아가도록 '방화벽'을 만들어낸다. 따라서 한 단위에서 무언가 잘못된다 해도 손상은 그 단위에 한정될 수 있다. 또한 유기체는 중복성(redundancy)의 특징이 있어서 일종의 예비용 체계가 마련되어 있다. 어떤 것이 손상을 입더라도 예비한 것으로 대체할 수 있다.[24]

그렇다면 향상을 무조건 반대해서는 안 되는 이유를 넘어서, 향상이 필요한 이유를 살펴보자. 뷰캐넌은 진화의 과정이 숙련된 장인 기술자가 작품을 만들어 가는 과정이라기보다는 땜장이가 그때 그때 땜질해 나가는 과정과 유사하다고 한다.[25] 인간은 누군가 목적을 가지고 완벽하게 설계해서 만들어낸 작품이 아니기 때문에 추가적인 보수, 즉 인위적 개입이 필요하다. 또한 인간의 현재 심신은 약 15만년 전 홍적세 시기에 형성된 그대로이다. 하지만 그때의 환경은 지금의 환경과 상당히 달라서 인류는 현재 미세먼지 등 환경오염과 기후 변화에 따른 고통을 겪고 있다. 따라서 현재의 환경에 최적화된 심신으로 향상할 필요가 있다. 그리고 진화의 과정에서 인간의 심신은 생존과 재생산(번식)에 특화된 상태인데, 현재 우

---

23   프란시스 후쿠야마, 앞의 책, 261-263쪽.
24   앨런 뷰캐넌, 앞의 책, 103-104쪽.
25   위의 책, 39-41쪽.

리가 당면한 과제는 이른바 '재생산 이후의 삶'을 사는 50세, 60세 이상이 상당수인 고령사회에 진입했다는 점이다.[26] 고령인구의 건강수명과 삶의 질을 위해서 의학적 수단을 활용한 인간 향상을 고려할 필요가 있다.

후쿠야마나 샌델처럼 자연적으로 타고난 본성, 선물처럼 우리에게 주어진 것에 감사하며 살아가기를 주장하는 이들도 본성이나 자연적으로 주어진 것 자체가 중요해서가 아니라 그것이 인권과 인간의 존엄성, 그리고 인간이 소중하게 여기는 가치인 겸손, 책임, 연대에 기여하기 때문에 중요시하는 것이다. 바로 그 가치에 더 기여할 수 있는 것이 의학적 인간 향상이라면, 향상을 추구하지 않을 이유가 없다. 뷰캐넌은 '완벽'을 위해서 향상을 꾀하는 것이 아니라, 우리 현생 인류의 생물학적 조건이 형성된 15만 년 전과 현재의 환경이 크게 다르기에 우리 자신, 그리고 우리가 소중히 여기는 가치를 유지하기 위해 향상이 필요하다고 한다.[27] 즉 완벽해지기 위해서가 아니라, 인간이 스스로 바꾸어놓은 환경에 자신의 심신이 부합하도록 목적성을 가지고 인위적으로 스스로를 진화시킬 필요가 있다.

물론 위험성이 전혀 없는 것은 아니지만 위험과 이득을 고려해서 예상되는 이득이 더 크다면, 위험을 어느 정도 감수하는 것이 우리가 일반적으로 취하는 태도이다. 또한 허젠쿠이 교수의 사례처럼 불법적인 상태에서 음성적으로 이루어진 실험, 그리고 그로 인한 위험성을 막기 위해서는 향상을 양성화해서 그것이 법적, 제도적 틀 안에서 체계적으로 연구, 시

---

26   위의 책, 44-49쪽 참고.
27   위의 책, 96쪽.

행되도록 해야 한다. 안전하지 않으리라고 지레 겁먹기보다 안전할 수 있도록 연구를 해야 한다. 향상 기술의 독점이라든가, 부유층, 권력층 외에 접근할 수 없으리라는 불평등 문제도 정부의 지원으로 해소할 수 있다.

## 3. 불교적 관점의 도덕 향상

앞에서의 논의로 우리는 인간 향상을 무조건 반대할 수는 없다는 결론에 도달했다. 그렇다면 의학적 수단으로 불교적 도덕 향상을 실현시킬 수도 있을까? 여기에서는 먼저 불교적 관점의 도덕 향상에 대해 살펴보겠다. 불교적인 도덕 향상은 도덕적 행위 증진과 관련된 개별 능력을 강화하는 것, 도덕적인 자가 되는 것 두 가지로 나눌 수 있다.[28] 여기서는 편의상 'Buddhist Moral Enhancement'의 약자를 써서 전자를 BME1, 후자를 BME2라 하겠다. 전자와 후자가 전혀 별개인 것은 아니다. 도덕적인 자가 되기(BME2) 위해서는 도덕 행위와 관련된 개별 능력의 향상(BME1)이 필요하기 때문이다.

불교는 범부의 삶을 고통[苦, duḥkha]으로 보고, 고통에서 벗어나는 것을 목표로 삼는다. 고통의 원인은 번뇌(煩惱, kleśa)로서, 번뇌를 끊어야 고통에서도 벗어날 수 있다. 번뇌에는 탐욕[貪], 증오[瞋], 무지[癡], 오만[慢],

---

28 불교는 기원전 5~6세기 고타마 붓다가 창시한 이래로, 지금까지 지역별, 시대별, 부파와 학파별로 다종다양하게 변천해 왔다. 여기에서는 의료기술을 활용한 도덕적 향상을 논하기 위해 불교 내의 구체적인 견해 차이를 단순화시켜 논의를 전개하고 있다는 점을 미리 밝혀 둔다.

의심[疑], (그릇된) 견해[見], 게으름[懈怠], 질투[嫉] 등이 있지만,[29] 초기불교부터 대승불교에 이르기까지 공통적으로 불교에서 가장 근본적인 번뇌로 꼽는 것은 삼독심인 탐욕, 증오, 무지이다. 다른 번뇌들을 모두 없앤다 해도 탐욕, 증오, 무지를 없애지 않고는 고통이 완전히 소멸한 상태인 열반에 이를 수 없다는 의미에서 이것들은 가장 근본적인 번뇌이다.

삼독심 중 탐욕과 증오는 정서적 성질의 번뇌이며, 무지는 인지적 성질의 번뇌이다. 범부는 자신에게 즐거운 느낌을 주는 대상을 탐하고[貪] 자신에게 괴로운 느낌을 주는 것을 싫어하는[瞋] 경향이 있다. 그래서 탐욕과 증오는 강한 목마름과 화살에 맞은 듯한 아픔처럼 범부 자신을 고통스럽게 한다. 심리적인 고통뿐만 아니라 윤회의 과정에서 탐욕, 증오, 무지 등의 번뇌, 이로 인한 비도덕적 행위는 지옥, 아귀, 동물, 그리고 인간 중에서도 저열한 상태로 태어나게 한다. 한편, 이것들은 자신의 욕망 추구에 방해가 되거나 자신에게 괴로운 느낌을 주는 타인을 해치는 비도덕적 마음과 행동으로 이어진다. 따라서 고통의 원인인 탐욕과 증오를 없애는 것은 자신의 고통을 소멸한다는 점에서 자신에게 이로운 것이자[自利], 타인에 대한 비도덕적 마음과 행동, 그로 인해 초래되는 타인의 고통을 방

---

29  불교의 부파와 학파에 따라 헤아리는 번뇌의 종류에 차이가 있다. 예를 들어 아비달마 불교 중 가장 영향력이 있었던 설일체유부는 근본번뇌를 탐(貪), 진(瞋), 만(慢), 무명(無明, 癡), 견(見), 의(疑)의 6가지로 꼽는다. 그리고 이것들을 분류 방식에 따라 다시 10가지(6가지 번뇌 중 견을 유신견(有身見), 변집견(邊執見), 사견(邪見), 견취견(見取見), 계금취견(戒禁取見)으로 나눔), 98가지 번뇌(10가지 번뇌를 다시 사성제-고성제, 집성제, 멸성제, 도성제-와 수도에 의해 끊어지는 번뇌, 삼계-욕계, 색계, 무색계-에 속한 번뇌로 분류함으로써 98가지 번뇌로 나눔)로 열거한다. 「아비달마구사론」, 『대정신수대장경』 29권, 99b-c 참고.

지한다는 점에서 타인에게 이로운 것이다[利他].

번뇌들 중에서 가장 근본적인 번뇌가 삼독심인 탐욕, 증오, 무지이고, 이 중에서도 가장 근본적인 하나의 번뇌가 무지이다.[30] 무지는 다른 이들과 구분되어서 독립적으로 실재하는 '나'가 있다고 착각하는 것을 의미하고, 바로 이 착각이 증오[瞋]와 탐욕[貪]을 일으킨다. 즉, 무지는 자타(自他)를 분별하는 마음이고, 증오는 '나'를 위해, 내 고통과 불쾌함을 피하기 위해 남을 미워하고, 외부의 사물들을 싫어하는 마음이다. 탐욕은 '나'를 위해, 내가 나의 행복과 즐거움을 얻기 위해 다른 이와 사물들을 욕망하고 소유하려는 마음이다. 수행에 의해 탐욕과 증오를 감소시킬 수는 있지만 무지가 있는 한, 그것들이 완전히 소멸되지는 않는다.

이러한 이유에서 불교는 탐욕, 증오, 무지를 불선근(不善根), 즉 불선의 근본으로 본다.[31] 우리의 일반적인 어법에서는 탐욕과 증오가 타인의 것을 욕심내어 빼앗으려 하거나 타인을 혐오하고 해치려는 마음으로 작동할 때에 한정해서 그것을 불선하다거나 악하다고, 즉 비도덕적이라고 지칭할 것이다. 또한 인지적 성질의 무지를 그 자체로 도덕적으로 선하거나 악한 것으로 보지는 않을 것이다. 그러나 불교는 비도덕적 마음과 행위의 근원을 따져서 탐욕, 증오, 무지를 불선한 것으로 본다. 불교에서 도덕적으로 된다는 것은 우선 비도덕적인 마음인 탐욕, 증오, 무지를 약화시켜 가는 것이다. 탐욕, 증오, 무지가 약해질수록 타인의 것을 빼앗거나 해치

---

30  안옥선, 「불교덕윤리에서 부정적 성향의 제거」, 『불교학연구』 26, 불교학연구회, 2010, 254쪽.

31  "如來説三正法, 謂三不善根. 一者貪欲, 二者瞋恚, 三者愚癡."(「장아함경」, 『대정신수대장경』 1권, 50a)

는 등의 비도덕적 행동도 덜하게 된다.

한편, 불교는 탐욕과 증오를 약화시킴으로써 소극적으로 비도덕적 행위를 삼가도록 하는 것에서 그치지 않는다. 불교는 자애[慈]와 연민[悲], 즉 자비심을 함양해서 적극적으로 타인을 위하고 돕는 도덕적 행위를 하라고 말한다. 대승불교에서 특히 강조되긴 했으나 자비심의 함양은 초기불교부터 있어 왔다. 대표적인 것이 『숫타니파타』의 「자비경」이다.[32] 자애는 연기와 무아에 대한 지혜에 기반하여 타인을 아끼고 사랑하는, 타인의 행복을 바라는 마음이다. 연민은 지혜에 기반하여 타인의 고통을 염려하고 그것을 없애려 하는 마음이다.

따라서 탐욕 없음[無貪], 증오 없음[無瞋], 무지 없음[無癡], 자애[慈], 연민[悲], 지혜[智]는 초기불교부터 대승불교에 이르기까지 강조점을 어디에 더 두는지에 차이가 있긴 하나, 불교에서 함양하라고 주장해 온 도덕적 개별 능력들(BME1)이다. 또한 여기에서 알 수 있는 불교적인 도덕적 향상의 특징은 정서적인 능력(탐욕 없음, 증오 없음, 자애, 연민)과 인지적인 능력(무지 없음, 지혜)의 향상을 모두 추구한다는 것이다. 불교는 도덕적인 마음과 말, 행동으로 10선업을 말한다. 10선업에는 탐욕 없음, 증오 없음, 무지 없음이라는 정신적 활동[意業] 외에 거짓말하지 않음[不妄語], 이간질하는 말을 하지 않음[不兩舌], 욕하지 않음[不惡口], 꾸미는 말을 하지 않음[不綺語]이라는 도덕적인 언어 행위[口業], 도둑질하지 않음[不偸盜], 삿된 음행을 하지 않음[不邪婬], 살생하지 않음[不殺生]이라는 도덕적인 신체적 행

---

32 「자비경」에서는 "살아있는 모든 것은 다 행복하라, 태평하라, 안락하라."고 한다. (*Suttanipāta*, 145)

위[身業]가 있다.[33]

불교에서는 도덕적 행위인지 여부를 따짐에 있어서 의도[思]를 중시한다. 그래서 언어적, 신체적 행위의 도덕성을 따질 때에도 특정 행위를 일으킨 의도나 동기가 무엇인지를 따진다. 탐욕 없음, 증오 없음, 무지 없음은 이 의도[思業]에 해당하는 것이고, 그 외의 나머지 언어적, 신체적 행위는 의도가 외부로 표출된 행위[思已業]에 해당한다. 불교에서는 그 밖에도 다양한 비도덕적 심리 활동[煩惱] 및 도덕적 행위[善業], 비도덕적 행위[惡業, 혹은 不善業]를 말하지만 그것들은 결국 위의 여섯 가지 도덕적 개별 능력들에 수렴된다고 할 수 있다.

탐욕, 증오, 무지, 그리고 이러한 마음에서 비롯된 비도덕적 행동은 타인을 고통스럽게 한다. 뿐만 아니라 그 행동의 결과로 윤회의 과정에서 지옥, 아귀, 축생(동물), 그리고 인간 중에서도 저열한 상태로 태어나게 함으로써 행하는 자 자신도 고통스럽게 만든다. 따라서 탐욕과 증오가 없을수록, 타인뿐만 아니라 자신이 겪는 고통도 줄어들며, 종국에는 모든 고통이 소멸한 열반에 이를 수 있게 된다. 비슷한 논리로, 자애, 연민, 지혜, 그리고 이러한 마음에서 비롯된 도덕적 행동은 타인을 행복하게 할 뿐만 아니라 행하는 자가 윤회의 과정에서 좀더 우월한 존재로 태어나도록, 종국에는 열반에 이르도록 함으로써 행하는 자 자신을 행복하게 만든다.

그런데 불교가 궁극적으로 목표로 하는 것은 도덕적인 개별 능력의 향

---

33  "何等爲邪道, 謂殺盜 · 邪婬 · 妄語 · 兩舌 · 惡口 · 綺語 · 貪 · 恚 · 邪見. 何等爲正, 謂人 · 天 · 涅槃. 何等爲正道, 謂不殺 · 不盜 · 不邪婬 · 不妄語 · 不兩舌 · 不惡口 · 不綺語 · 無貪 · 無恚 · 正見."(「잡아함경」,『대정신수대장경』 2권, 205a)

상을 넘어서서 탐욕, 증오, 무지가 완전히 소멸된 자, 혹은 자애, 연민, 지혜가 완전해진 자로 인간 자체가 변모하는 것이다. 그리고 인간 자체의 변모를 가장 이상적인 목표로 삼는다는 점에서 불교는 일종의 덕윤리적 성격을 가진다고 할 수 있다. 아리스토텔레스의 덕윤리에 의하면, '성품(hexis)의 탁월함'이 '덕'(arete)이며, "'도덕적일 수밖에 없는 성품'이 형성되었을 때 인간이 표출한 모든 행동은 덕과 합치하며 이 상태에서 윤리학의 최고 목표인 행복(eudaimonia)이 실현된다."[34] 불교도 한 사람의 성품 자체의 변모를 목표로 한다는 점에서, 그리고 도덕적인 성품으로 변모한 사람은 어떠한 고통도 없는 행복을 누린다는 점에서, 덕윤리적 성격을 갖는다.

불교에서는 이렇게 '도덕적일 수밖에 없는 성품'을 갖춘 자를 아라한, 붓다, 보살이라고 부른다. 초기불교와 부파불교에서 붓다는 쉽게 될 수 있는 존재가 아니다. 고타마 붓다 이전에 여섯 명의 붓다가 있었다고 전해지며,[35] 고타마 붓다는 과거의 많은 전생에서 이타적인 행동을 수없이 많이 했기 때문에 이번 생에서 붓다가 될 수 있었다. 그래서 초기불교와 부파불교의 수행자들은 붓다가 아니라 아라한을 도달해야 할 이상적 인간상으로 설정한다. 아라한은 탐욕, 증오, 무지라는 비도덕적 성향을 끊었다는 점에서, 그리고 그러한 성향에서 비롯된 비도덕적 행위를 더 이상 하지 않는다는 점에서 도덕적인 자인 것이지, 적극적으로 이타심을 갖고

---

34  안옥선, 『불교윤리의 현대적 이해』, 불교시대사, 2002, 22쪽.
35  초기불교 경전에서는 고타마 붓다 이전에 비바시불, 시기불, 비사부불, 구류손불, 구나함모니불, 가섭불이 있었다고 한다. 이들과 고타마 붓다, 즉 석가모니불을 합쳐서 과거칠불이라고 한다. 「장아함경」, 『대정신수대장경』 1권, 1c.

이타행을 한다는 의미에서 도덕적인 자는 아니다.

그러나 대승불교에서는 모든 이에게 붓다가 될 잠재력, 즉 불성(佛性)이 존재한다고 하며 붓다가 되는 것을 목표로 한다. 붓다는 탐욕과 증오가 없을 뿐만 아니라 자애[慈]와 연민[悲], 즉 자비심이 있는 자이다. 그리고 이 자비심에서 비롯된, 이타적인 행동을 하는 자이다. 보살(bodhisattva)은 초기불교와 부파불교에서 본래 전생의 고타마 붓다를 가리키는 명칭이었다. 전생에 고타마 보살은 아직 붓다는 아니었으나 붓다가 되기 위한 공덕을 쌓아 가고 수행을 해 나가는 도정에 있었다. 그러나 대승불교에서 보살은 전생의 고타마뿐만 아니라 붓다가 되기 위한 수행의 과정에 있는 자를 통칭하는 개념이 된다. 나아가서 지장보살과 법장보살처럼 붓다가 되는 것을 미룰 정도로 중생 구제에 헌신하는 자를 가리키게 되었다. 보살이 붓다가 될 능력이 됨에도 불구하고 그것을 미루는 것은 열반에 들어 윤회에서 벗어나면 여전히 윤회의 세계 속에서 고통받는 중생을 구제할 수 없기 때문이다.[36]

불교의 관점에서 가장 이상적인 도덕적 상태는 탐욕과 증오, 무지가 소멸된 성품을 갖춘 아라한이 되는 것, 혹은 자애와 연민, 지혜의 성품을 갖춘 붓다나 보살이 되는 것이다. "도덕적일 수밖에 없는 덕 있는 성품의 형성을 목표로 하여 인간 내면의 모든 불건전한/악한(akusala) 요소를 제거함으로써 몸, 말, 마음의 세 영역에서 새로운 습관의 형성을 추구"하는 것

---

36  열반에 이른 붓다도 중생을 구제하는 역할을 하기 때문에 이러한 도식적 구분이 항상 맞아떨어지는 것은 아니다

이 불교윤리의 특징이다.[37] 즉 마음에 탐욕, 증오, 무지가 없어서 남을 해치거나 죽이거나 남의 것을 도둑질하는 행위를 자연히 안 하고, 마음에 자애, 연민, 지혜가 있어서 해치거나 빼앗지 않는 것을 넘어서 적극적으로 타인을 돕는 자가 되는 것이 불교가 궁극적으로 목표로 하는 도덕적 향상의 상태이다.

이제 불교적 관점의 도덕적 향상을 정리해 보자. 첫째, 탐욕 없음, 증오 없음, 무지 없음, 자애, 연민, 지혜라는 개별 도덕적 능력을 향상(BME1)하는 것이다. 향상될수록 살생, 도둑질, 욕설 등의 비도덕적 행위에 대한 제어력이 커지고, 타인을 도우려는 의지가 더 커진다. 둘째, 가장 이상적인 향상은 탐욕, 증오, 무지가 완전히 소멸된 성품을 갖춘 자, 나아가서는 자애, 연민, 지혜가 완전히 활성화된 성품을 갖춘 자가 되는 것이다. 이것은 범부가 아라한이나 붓다, 보살로 변모(BME2)하는 것이다. 이렇게 변모하면 살생, 도둑질 등의 비도덕적 행위는 그것을 제어하려는 의도적 노력 없이도 범하지 않게 되고, 일부러 하려는 의도 없이도 모든 말과 행동이 타인을 위하는 도덕적인 행위로 이어진다. 전자는 도덕적인 개별 능력의 향상(BME1), 후자는 도덕적인 자로의 향상(BME2)이라는 점에서 차이가 있다.

---

37   원래 이 대목은 안옥선이 초기불교 윤리를 논하면서 서술한 것이지만, 초기불교뿐만 아니라 부파불교와 대승불교도 공유하는 특징이기에 아라한, 붓다, 보살의 특징을 공통적으로 서술하는 것으로 인용했다. 안옥선, 앞의 책, 109쪽.

## 4. 의료기술을 통한 불교적 도덕 향상의 가능성

### 1) 의료기술을 통한 도덕적 향상

의학적 인간 향상 중 '도덕적 향상'(moral enhancement)은 도덕적인 행위를 하게 만드는, 혹은 비도덕적 행위를 하지 않게 만드는 개인의 전체적인 성품의 향상, 또는 도덕적 행위와 관련된 개별적인 능력의 향상을 의미한다. 인간 향상의 한 종류로서 도덕적 향상은 흥미로운 특징을 갖는다. 인간 향상의 반대론자들은 위에서 보았듯이 인간 향상이 우리가 소중하게 여기는 평등, 인권, 연대 등의 가치를 훼손할 것이라는 이유에서 반대한다. 인간 향상이 도덕적 타락과 인류 공동체의 붕괴, 즉 디스토피아를 초래하리라고 우려하는 것이다. 그런데 도덕적 향상은 향상의 목표가 도덕성의 강화라는 점에서 이러한 문제를 피할 수 있다. 즉 향상이 디스토피아를 초래할지도 모른다는 우려가 있는 한편에서, 오히려 도덕적 향상을 통해 디스토피아를 막아야 한다는 주장이 제기되는 것이다.

환경운동가 그레타 툰베리(Greta Thunberg)는 유엔 연설에서 기후변화 문제의 심각성을 거론하면서 각국 정상들을 향해 "생태계 무너지는데 당신들은 돈타령만 하느냐"고 질타했다.[38] 그런데 진화심리학적으로 근시안적 이익 추구에 익숙한 것은 우리의 생물학적 한계일지도 모른다. 지금까

---

38  오애리, 「환경투사 툰베리, 기후회의서 "생태계 무너지는데 당신들은 돈타령만"」, 『뉴시스』, 2019.9.24. http://www.newsis.com/view/?id=NISX20190924_0000778072&cID=10101&pID=10100

지 15만 년 동안 인류는 대부분의 기간을 소규모 공동체에서 원시적 기술을 사용하며 살아왔고, 현재 우리가 가지고 있는 심리적 · 도덕적 특성은 대개 이러한 조건에 맞춰져 있어서 현재와 같은 전 지구적 문제에 대처하기에는 도덕적 능력에 한계가 있을 수밖에 없기 때문이다.[39]

세계적 교류가 빈번하고 과학기술의 발달로 핵무기를 만들고, 원자력 발전소를 건설하지만, 인간의 도덕성은 15만 년 전 그대로이다. 생존과 번식을 위해 마을 바깥의 이방인을 경계하고, 그들에게 혐오감을 갖기 쉽도록 진화된 인간이 소규모 공동체를 넘어 인류 전체의 지속과 번영을 생각하는 것은 무리이다. 그래서 도덕적 향상을 주장하는 대표적인 인물인 줄리안 사블레스쿠(Julian Savulescu)와 잉마르 페르손(Ingmar Persson)은 대량살상무기, 기후변화, 환경문제에 대처하기 위해, 그래서 인간의 멸종을 막기 위해 인위적인 도덕적 향상이 필요하다고 한다.[40]

의학 기술을 활용한 도덕적 향상의 방법으로는 신경계 약물을 사용한 방법이 가장 유망하다. '포옹 호르몬', '사랑의 호르몬'이라고도 불리는 옥시토신(oxytocin)은 출산과 수유를 촉진하고, 모성적인 돌봄, 짝짓기, 신뢰, 동정심, 관대함 등의 친사회적 행동들을 하게 한다. 스프레이 형태의 옥시토신 약물을 코에 뿌려서 뇌에 퍼지게 하는 방식으로 사용할 수 있다. 이미 많이 쓰이고 있는 복합 경구 피임약도 옥시토신 분비를 증가시켜 준다고 알려져 있다. 코스펠드(Kosfeld), 그리고 잭(Zat)이 시행한 옥시

---

39  신상규, 앞의 책, 134쪽.
40  피어손 · 사블레스쿠, 추병완 역, 『미래 사회를 위한 준비-도덕적 생명 향상』, 도서출판 하우, 2015, 172-174쪽. 그밖에 도덕적 향상을 지지하는 이들에는 마크 워커(Mark Walker), 토마스 더글라스(Thomas Douglas) 등이 있다.

토신과 신뢰의 관계에 대한 조사에서, 코 스프레이로 옥시토신을 흡입한 사람들은 놀라울 정도로 신뢰할 만한 행동을 보여주었다.[41] 우울증, 불안, 지나친 강박 장애에 처방되는 선택적 세로토닌 재흡수 억제제(selective serotonin reuptake inhibitors)는 공정한 마음을 갖게 하고, 협동 의욕을 강화시켜 준다. 체(Tse)와 본드(Bond)의 실험에 의하면, 세로토닌 재흡수 억제제인 시탈로프람(citalopram)을 복용한 참가자들은 독재자가 자신과 다른 참가자들에게 돈을 분배하는 게임에서 더 공정하게 돈을 분배했다.[42] 이러한 신경계 약물들은 연민, 정의감, 협동심을 강화시켜 타인을 돕고 공정하게 대하는 것을 좀더 수월하게 만들어줄 수 있으리라 기대된다. 또한 도덕적 행동을 하는 데 있어서 상황에 대한 정확한 이해력과 판단력이 필요하다면 인지적 능력을 향상시키는 약물도 도덕적 향상에 도움을 줄 것이다. ADHD에 처방되는 암페타민(amphetamine)과 리탈린(Ritalin)은 건강한 성인이 복용했을 때 작동 기능, 실행 기능을 향상시킨다. 기면증 환자에게 처방되는 모다피닐(Modafinil)은 각성 상태를 오래 유지하게 하고, 인지적 수행을 향상시킨다. 알츠하이머병 치료제인 도네페질은 기억력을 향상시킨다.[43] 이러한 것들은 인지 및 이해 능력과 판단 능력을 향상시킴으로써 도덕적 행동에 간접적으로 기여할 수 있다. 한편 유전공학을 활용한 도덕적 향상을 주장하는 학자들도 있다. 예를 들어 마크 워커(Mark Walker)는 도덕적 행동의 유전적 상관자를 발견하여 그것을 생명공

---

41   위의 책, 172-174쪽.
42   위의 책, 175쪽.
43   추병완, 「약리학적 신경 향상 시대에서 도덕교육의 정당성」, 『도덕윤리과교육』 43, 한국도덕윤리과교육학회, 2014, 51-52쪽.

학기술로 변형시킴으로써 도덕성을 향상시키려는 유전적 덕성 프로젝트 (Genetic Virtue Project: GVP)를 제안한다.[44]

## 2) 의료기술로 불교적인 도덕 향상을 실현시킬 수 있을까

그렇다면 의료기술을 활용하여 불교에서 목표로 하는 도덕적 향상을 실현시킬 수 있을까? 우선 2장의 논의로 필자는 트랜스휴머티스트처럼 향상에 열광하지는 않더라도 필요에 따라 의학적 향상을 하는 것이 윤리적으로 정당화될 수 있다고 결론을 내렸다. 그렇다면 불교적 관점에서는 허용이 될까? 불교는 신이 인간을 창조했다고 하지 않는다는 점에서 인간이 스스로를 변화시키는 것에 대한 거부감이 적다. 전생과 현생, 내생에 걸쳐서 인간은 인간으로만이 아니라 동물이나 천신, 아귀, 지옥의 존재로도 태어난다. 현생의 삶 속에서도 범부로부터 붓다, 보살, 아라한으로의 향상을 추구한다. 불교에서 보는 인간은 태어난 그대로의 상태에서는 번뇌와 고통에 시달릴 수밖에 없는 존재로서, 더 향상되어야 하는 존재이다. 이런 불교적 관점에서 '포스트휴먼'이라는 개념 자체는 비록 최근에 등장하긴 했지만, 그 개념이 내포하는 의미는 불교 내적으로 그리 낯선 것이 아니다. 그래서 불교적 관점에서는 태어난 그대로의 인간의 신체적, 정신적 특징에 변화가 일어나는 것을 무조건 반대할 이유가 없다. 고통을

---

44  Walker, Mark., "Enhancing genetic virtue: A project for twenty-first century humanity?", *Politics and the Life Sciences* 28-2, 2009; 이상헌, 「기술을 통한 도덕적 능력향상에 관한 비판적 고찰」, 『철학논총』 88-2, 새한철학회, 2017, 6-7쪽 참고.

감소시키고 행복을 증진시킨다는 목표가 중요하지, 그것을 이루는 데 절대적으로 옳거나 옳지 않은 수단이 있는 것은 아니다. 따라서 목표를 이루는 데 기여한다면, 의학적 기술의 사용을 배제할 이유가 없다. 불교적 트랜스휴머니스트들은 행복을 향상시키고 덕을 증진시킨다면 의학적, 기술적 수단을 사용해도 된다고 주장하며, 불교에서 과학과 기술을 금지하지 않았음을 그 근거로 든다.[45]

하지만 주의해야 할 점은 어떠한 수단을 사용하든 불교에서 허용하는 향상은 단지 개인의 욕망 충족을 위한 것이 아니라 나와 타인의 고통을 감소시키고 행복을 증진시킨다는 목표에 부합해야 한다는 것이다. 앞에서 보았듯이 불교는 비도덕적 마음과 행동이 나와 타인을 고통스럽게 만들고 도덕적 마음과 행동이 나와 타인을 행복하게 만든다고 본다. 이에 따라 불교에서 추구하는 향상은 대개 도덕적인 향상에 초점이 맞춰질 수밖에 없다. 불교에 따르면 윤회의 과정에서 인간은 자신의 업에 따라 신체적, 정신적으로 더 좋은 조건, 혹은 더 나쁜 조건을 갖추고 태어난다. 이는 불교의 가르침을 믿고 따르는 사람들에게 우리가 도덕적인 마음을 갖고 행위를 해야 하는 동기로 작용하기도 한다. 하지만 장수와 외모, (도덕적 능력을 제외한) 각종 능력의 획득이나 향상에 대한 추구가 탐욕과 집착을 자극, 강화한다면 이는 지양해야 한다. 탐욕과 집착은 행복이 아니라 고통으로 우리를 이끌기 때문이다.

이제 BME1과 BME2를 의료기술로 실현시킬 수 있을지 논해 보자. 앞의 2장에서 도덕적 향상에 고려되는 신경계 약물과 유전공학을 살펴보았다.

---

45  이상헌, 「포스트휴먼 시대의 도래와 불교」, 『불교평론』 79, 2019, 113-115쪽 참고.

먼저 과도한 탐욕[貪]과 증오[瞋]의 경우 향상이라기보다는 치료 차원에서 항우울제 투여 등 기존의 약물 치료를 통한 제어가 부분적으로 가능할 것이다. 시탈로프람 등 선택적 세로토닌 재흡수 억제제가 효과를 보일 것이다.[46] 자애[慈]와 연민[悲]의 경우, 옥시토신을 흡입하거나 복용함으로써 그 능력을 향상시킬 수 있다. 또한 암페타민과 리탈린, 모다피닐, 도네페질 등은 소위 스마트 알약으로서 인지 능력을 향상시켜서 무지[癡] 약화, 혹은 지혜[智] 강화에 도움을 줄 것이다. 이것들은 집중력을 강화시켜 명상의 효과를 높여주며 경전의 이해와 기억을 도와줄 것이다. 한편, 인간의 성격 형성에 유전의 영향이 크다는 것을 감안해서, 유전공학을 활용하여 비도덕적 특성인 탐욕과 증오를 줄이고 도덕적 특성인 자애와 연민을 높이는 쪽으로 도덕적 향상을 할 수도 있을 것이다.

이처럼 BME1의 경우 신경계 약물과 유전공학을 통한 도덕적 향상을 부분적으로 기대할 수 있다. 그러나 이것은 BME1을 구성하는 도덕적 능력들의 향상을 보조적으로 돕는 정도이지, 각각의 능력을 불교에서 목표로 삼는 이상적 상태로까지 완전히 향상시킬 수 있는 것은 아니다. 앞에서 논한 것처럼 불교는 탐욕, 증오, 무지 중 가장 근본적인 것을 무지로 본다. 나와 타인이 각기 개별적인 독립체로 존재한다고 착각하는 무지야말로 나를 위해 욕심을 부리고, 타인을 배척하는 탐욕과 증오의 근본적인 원인이기 때문이다. 무지를 소멸시키지 않는다면 불교적 관점에서의 탐욕 없음과 증오 없음도 온전히 실현시킬 수 없다. 그래서 '연기와 무아(A)'를 깨

---

46  불교에서 말하는 탐욕이나 증오, 무지는 보통 정신의학적으로 치료가 필요하다고 진단받는 정도만이 아니다. 일반적으로는 우리가 정상적이라고 여기는 것까지 포함한다.

달아 '나와 타인이 각기 개별적인 독립체(B)'라고 착각하는 무지를 없애야 불교에서 말하는 탐욕과 증오의 완전한 소멸, 나아가 자애와 연민의 완전한 실현이 가능하다.

그런데 신경계 약물이나 유전공학을 활용한 의료기술은 좀 더 빠르고 정확하게 이해할 수 있는 능력, 기억력, 집중력을 올려주는 것일 뿐, 그 '내용', 즉 위의 (A)가 진실이고 (B)가 거짓이라는 불교적 깨달음의 내용까지 알려주는 것은 아니다. 따라서 경전을 읽고 설법을 듣는 과정을 통해 불교적 깨달음의 구체적 내용을 접하고, 그것에 대해 사유하는 과정을 거치지 않고서는 무지의 소멸, 지혜의 획득을 온전히 성취할 수 없다. 선천적으로 영리하게 태어나거나 효과 좋은 스마트 알약을 복용하는 것이 학습 능력을 높여준다 해도, 실질적인 내용의 학습 없이 시험에 합격할 수 없는 것과 같다. 도덕적 향상에 대한 조터런드(Jotterand)의 비판도 이와 비슷한 맥락이다. 조터런드는 도덕적 신경 향상(moral neuroenhancement)이 진정한 의미에서 인간을 도덕적으로 향상시킬 수는 없으리라고 한다. 그는 특히 정서의 조절에 초점을 맞추고 있는 현재의 도덕적 향상을 덕윤리적 입장에서 비판하면서 신경공학의 발달이 도덕적 정서를 조절할 수 있게는 하겠지만, 그것이 행동을 하는 도덕적 이유의 내용까지 만들어내는 것은 아니라고 한다. 선(good)의 본질, 옳음과 정의에 대한 체계적 성찰 없이는 지적 맹목성 탓에 나쁜 성격에서 벗어날 수가 없다.[47]

---

47   Jotterand, F., "'Virtue Engineering' and Moral Agency: Will Post-Humans Still Need the Virtues?", *AJOB Neuroscience*, 2-4, 2011, 8쪽. 조터런드의 논의에 대해서는 이상헌이 다음 논문에서 자세히 설명하고 있다. 이상헌, 「기술을 통한 도덕적 능력향상에 관한 비판적 고찰」, 『철학논총』 88-2, 새한철학회, 2017.

또한 부분의 합이 곧 전체는 아닌 것처럼, 개별적인 도덕적 능력을 하나씩 향상(BME1)시킨다 해서 그것이 곧 도덕적인 자로의 전환(BME2)을 보장하지는 못한다. 우선 신경계 약물의 경우 그 효과의 지속성에 한계가 있을 것이다. 약물에 의해 일시적으로, 혹은 일정 기간 동안 도덕적 능력을 향상시킬 수는 있을 것이다. 그러나 약물의 효력이 사라지면 약물 복용 이전의 사람으로 돌아올 것이다. 그리고 생명공학기술로 고타마 붓다를 복제한다 해도, 그 복제물은 단지 생물학적으로 고타마 붓다와 동일한 존재일 뿐이다. 그가 곧 성장과 갈등, 고행, 수행의 과정을 거쳐 깨달음에 도달하고 자비롭게 행동하는 붓다와 동일한 존재가 되리라는 보장은 없다. 뛰어난 사이클 선수를 복제한다 해서 그러한 복제 인간이 반드시 뛰어난 사이클 선수가 되는 것은 아닌 것과 같다. 물론 신체적으로 유리한 조건을 갖출 수는 있겠지만, 적절한 훈련과 노력이 병행되어야만 뛰어난 사이클 선수가 될 것이다.

불교에 따르면, 윤회의 과정에서 우리는 인간, 동물뿐만 아니라 천신(天神)이나 지옥의 존재로도 태어날 수 있다. 붓다를 복제한다고 해서 붓다가 된다고 보기 어려운 점은 천신을 붓다와 동일시하지 않는 불교의 입장을 통해서도 유추할 수 있다. 천신은 수명이나 신체, 감정 면에서 인간보다 더 안락하고 쾌적한 조건을 갖고 태어나는 존재이다. 그러나 불교에 의하면, 붓다가 될 수 있는 존재는 천신이 아니라 인간이다. 안락하고 쾌적한 삶을 누리는 천신은 삶이 고통이라는 불교의 첫 번째 진리[苦聖諦]를 깨닫기 어렵다. 고통을 경험하고 그것을 극복하는 과정을 거쳐서 완성된 붓다를 복제한다면, 그 복제물은 붓다가 아니라 천신의 상태에 가까울 것이다. 그래서 결국 불교에서 가장 이상적으로 여기는 도덕적으로 완성된 자라 할 수는 없다.

BME2, 즉 아라한이나 붓다, 보살처럼 도덕적인 자가 된다는 것은, 의도나 동기를 의식하지 않고도 순간순간의 생각이나 말, 행동이 도덕에서 벗어나지 않는 사람이 되는 것이다. 이는 오랫동안 서서히 진행되는 수행을 통해 마음에 기억을 남기고, 몸에 습관이 배게 하는 과정이다. 아라한, 붓다, 보살은 탐욕 없음, 증오 없음, 무지 없음, 자애, 연민, 지혜라는 개별적인 도덕적 능력을 단지 기계적으로 활용하는 자가 아니다. 그 능력들을 상황과 대상에 맞게 적절히 판단하고 조합하여 사용할 수 있는 자, 즉 불교적 표현으로 '대기설법'(對機說法)과 '응병여약'(應病與藥)의 중생 구제에 능통한 자이며, 이는 장기간의 경험과 수행을 통한 숙련으로 가능해진다.

## 5. 정리하며

앞서의 논의로 우리는 첨단 의료기술이 BME1의 향상에 부분적으로 기여할 수 있음을 보았다. 즉 탐욕과 증오를 줄이고, 자애와 연민, 협동심을 향상시키며, 인지력을 향상시켜 명상의 효과를 높이고, 경전을 읽고 이해하는 능력을 향상시킬 수 있다. 신경과학, 인지과학, 신경약리학, 생명공학이 발전할수록 도움의 범위와 효과는 더욱 커질 것이다. 불교 명상에 대한 뇌과학적 연구는 명상 동안의 뇌파 변화, 뇌의 활성 부위를 알려주며, 이는 도덕적 향상을 위한 신경계 약물의 개발로 이어질 수도 있다.

그러나 이러한 의학적 진전이 불교 수행을 비롯한 윤리교육, 도덕철학 등 도덕적 향상을 위해 종래에 해 오던 비의학적 노력의 가치를 떨어뜨리지는 않는다. 우선 BME1에 관하여, 의료기술을 활용한 정서적, 인지적 개별 능력의 향상이 소멸해야 할 무지의 내용, 깨달아야 할 지혜의 내용까지 알려주는 것은 아니기 때문이다. 불교적 깨달음의 구체적인 내용, 즉 무아와 연기에 대한 앎 없이는 탐욕 없음, 증오 없음, 자애, 연민이라는 개별적인 도덕적 능력들도 불교적 기준에서 온전히 향상될 수는 없다. 또한 불교에서 궁극적으로 목표로 하는 도덕적 향상의 상태는 BME2, 즉 도덕적인 자로의 변모이다. 의료기술이 개별적인 도덕적 능력의 향상에 일부 기여한다 해도, 오랜 시간에 걸쳐 한 개인에게 일어나는 도덕의 내면화와 체화를 대신해줄 수는 없을 것이다.

불교적 관점에서는 의료기술을 활용한 인간 향상에 대해 원칙적 반대의 입장을 취할 이유가 없다. 욕망을 자극, 강화하는 것이 아니라면 인류가 스스로 일으킨 기후문제, 환경문제를 해결하기 위한 방안으로서 의료기술을 활용해 인류 자신을 도덕적으로 향상시키는 것에 대해서도 진지하게 고려해 볼 필요가 있다. 그러나 의료기술만으로 손쉽게 인간이 도덕적으로 향상될 수 있으리라 맹신하고 낙관하는 것은 위험하다. 의학과 기술이 나날이 발전해 가는 현재, 우리에게 필요한 자세는 의료기술이 해낼 수 있는 것과 할 수 없는 것의 경계를 파악하는 것이다. 또한 만약 의료기술을 활용해서 향상을 해도 된다면 우리는 그 향상의 목표를 어떻게 설정해야 하는가? 도덕적 향상의 목표를 설정하기 위해서는 윤리학, 도덕교육학, 도덕심리학, 종교에서 말하는 도덕적 행위와 심리의 기제에 대한 이해가 필요하다.

따라서 의료기술이 더욱 발달하고 인간 향상을 위해 활용된다 하더라도, 불교를 비롯한 인문학의 중요성과 역할은 축소되지 않으며 축소되어서도 안 된다. 그 이유는 다음과 같다. 첫째, 의료기술의 오용과 독주를 막기 위해 그것에 대한 생명의료윤리적 경계와 비판을 여전히 게을리해서는 안 되기 때문이다. 둘째, 인간의 도덕적 향상은 의료기술만으로 완전히 실현될 수는 없고, 인문학의 비의학적 수단을 계속 필요로 한다. 셋째, 향상의 목표 설정에는 의학과 인문학(특히 윤리학, 도덕심리학, 도덕교육학 등)의 학문융합적 연구가 필요하다.

# '상상 속 두려움'에서
# '의료의 대상'으로*

## - 1970~1980년대 '시험관 아기'를 둘러싼 담론 변화

정세권 (경희대학교 인문학연구원)

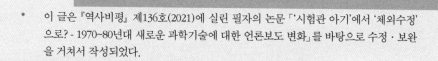

\*   이 글은 『역사비평』 제136호(2021)에 실린 필자의 논문 「'시험관 아기'에서 '체외수정'
    으로? - 1970~80년대 새로운 과학기술에 대한 언론보도 변화」를 바탕으로 수정·보완
    을 거쳐서 작성되었다.

## 1. 들어가며

1978년 7월 25일 세계 최초로 시험관 아기 루이스 브라운(Louis Joy Brown)이 태어났을 때, 이 소식을 전하는 국내 언론의 논조는 다소 혼란스러웠다. 한편에서는 20세기 의학의 최대 기적이라는 찬사와 함께 루이스가 태어난 영국 올드햄(Oldham) 병원에 문의 전화가 쇄도한다는 외신을 보도했지만, 다른 한편에서는 시험관 아기의 탄생이 가져올 사회적 파장을 우려했다. 한 일간지는 "Here She is.. The Lovely Louis"라고 루이스 얼굴을 소개한 영국 신문 보도를 인용하면서, 바로 옆에 시험관 아기를 "10개월 월부" 상품처럼 판매할 것이라고 걱정하는 만평을 나란히 실었다.[1] 어머니의 몸이 아닌 시험관에서 아기를 만드는 마법 같은 과학기술에 대한 경외감 그리고 자연의 섭리를 거스르고 인간을 물건처럼 '제조'할 수 있다는 두려움이 공존했다.

---

1 「시험관 아기가 태어났다」,《동아일보》, 1978.7.26;「과학과 인류의 미래」,「환영과 회의, 시험관 아기에 세계 이목 집중」,《동아일보》, 1978.7.27;「시험관 아기」,「20세기 의학의 최대 기적 시험관 아기」,「청개구리 만평」,《경향신문》, 1978.7.27.

그리고 1985년 10월 12일 서울대학교 병원에서 국내 최초로 시험관 아기가 태어났을 때, 국내 언론은 다시 한번 들떴지만 비교적 일관된 논조를 유지했다. "시험관 아기 국내서도 첫 울음", "우리나라 첫 시험관 아기 쌍둥이 남매 큰 경사"와 같은 제목 아래, 새로운 과학기술이 자세히 소개되었고 그 긍정적 의미가 강조되었다. 시험관 아기 출산은 "첨단과학의 종합예술"이며, "우리나라 의학사에 새로운 장을 열어 놓은 쾌거이자 불임부부에게는 하나의 복음이었다."[2] 윤리적인 측면을 비롯하여 논란의 소지가 없었던 것은 아니지만, "분명한 것은 이제는 '시험관 아기'가 우리에게도 현실이 되었다"는 것이며, "거기에 맞는 환경조건을 정비해 가는 것"이 필요하다고 강조되었다.[3] 불과 10년도 되지 않는 짧은 시간 동안 시험관 아기를 보도하는 언론의 태도는 상당히 달라졌다.

이 글은 시험관 아기에 대한 보도가 등장하기 시작한 1970년대부터 의학전문가들이 연구윤리를 마련하고 현황을 정리하기 시작한 1990년대 초까지 언론보도를 분석하여, 시험관 아기 및 이를 구현하는 체외수정 기술이 국내에서 소개되고 수용된 과정을 살펴본다. 그동안 국내 체외수정이나 시험관 아기에 대한 학술적 논의는 한편으로는 새로운 방식으로 태어나는 아이의 법률적 지위에 관한 것이었고,[4] 다른 한편으로는 생명윤리

2 「시험관 아기 국내서도 첫 울음」,《경향신문》, 1985.10.12; 「우리나라 첫 시험관 아기 쌍둥이 남매 큰 경사」,《경향신문》, 1985.10.12; 「시험관 아기 출산 성공률 8%, 국내 첫 탄생을 계기로 알아본다」,《동아일보》, 1985.10.14.
3 「국내 첫 시험관 아기」,《동아일보》, 1985.10.14.
4 설민숙, 「人工受精子의 法律的인 諸問題」,『전북법학』 9, 1984, 99-116쪽; 이경희, 「체외수정에 관한 법률문제 - 국내 최초의 시험관아기 탄생을 계기로」,『사법행정』 26-11, 1985, 6-12쪽.

및 종교적 관점에서 생명의 존엄성을 조명하는 것이었다.[5] 여성학 연구들은 체외수정 기술을 대표적인 재생산 기술의 하나로 간주하면서 이를 겪는 여성의 경험과 권리를 다루었고,[6] 이 기술이 2000년대 이후 생명공학 기술로 전환되는 과정과 그 속에서 사회적 관리의 부재 및 여성의 비가시화를 분석했다.[7] 특히 하정옥은 1970년대 후반부터 1980년대까지를 체외수정 기술의 도입기로 상정하면서, 이 시기 가족계획사업이 역설적으로 체외수정 기술에 대한 제도적, 기술적, 인적 지원을 할 수 있는 배경이 되었으며 대학병원의 산부인과를 중심으로 이 기술이 정착되었다고 강조했다.[8] 하정옥에 따르면 이 시기 체외수정 기술에 대한 사회적 담론의 특징은 시험관 아기가 먼저 태어난 영국이나 일본과 비교해 볼 때 "상대적 조용함"으로 요약될 수 있는데, 이는 아이의 임신과 출산 등의 재생산 문제가 사회적 공론으로 다루어지는 대신 개인 여성의 영역으로 여겨졌기 때

---

5  김중호, 「의학적 관점에서의 인간 생명의 존엄성 문제」, 『가톨릭 신학과 사상』 7, 1992, 86-101쪽; 유화자, 「성경적인 관점에서 본 시험관 아기」, 『신학정론』 11-2, 1993, 519-538쪽.

6  조영미, 「불임관련 기술 사용시 여성이 자신의 임신, 출산에 대해 가지는 통제권에 관한 연구: 시험관 아기 기술을 중심으로」, 『연구논총』 26, 1994, 129-161쪽.

7  하정옥, 「한국 생명의료기술의 전환에 관한 연구: 재생산기술로부터 생명공학기술로」, 서울대학교 대학원 박사학위논문, 2006; 하정옥, 「한국의 시험관 아기 시술 30년, 거버넌스의 부재와 위험의 증가: 전문가 역할을 중심으로」, 『한국과학사학회지』 36-1, 2014, 63-102쪽.

8  하정옥은 체외수정기술이 생명공학기술로 전환되는 과정을 도입기(1970~1980년대), 확산기(1990년대), 전환기(2000년대 이후)로 구분했다. 도입기에 가족계획사업의 일환으로 난관 영구피임술이 시술되었는데, 이를 위해 복강경이라는 새로운 기법을 도입할 필요가 있었다. 당시 대학병원의 임상의들은 미국의 지원을 받아 복강경 수술법을 배우고 복강경을 국내에 들여왔는데, 이것이 체외수정 기술을 연구하기 위한 발판이 되었다. 하정옥, 「한국 생명의료기술의 전환에 관한 연구」, 42-66쪽.

문이다.

이런 연구는 1970년대 이후 한국 사회에서 새로운 과학기술을 바라보는 시선들이 어떻게 엇갈리고 바뀌었는지를 충분히 설명하지 못한다. 국내 처음 소개되었을 당시에는 체외수정이라는 새로운 과학기술보다는 그 결과인 '시험관 아기'에 대한 묘사가 주를 이루었고, 특히 인공수정에 대한 기존 관념 및 디스토피아적 상상과 얽혀 괴물처럼 그려졌다. 그러다가 1978년 영국의 루이스 브라운과 1985년 국내 첫 시험관 아기가 태어나면서, 체외수정 기술 자체에 대한 관심이 커지면서 구체적이고 과학적인 설명들이 등장했고, 시험관 아기에 대해서도 두려움과 경외감뿐 아니라 경제적 가치와 미래의 가능성이 혼재된 대상으로 묘사했다. 언론보도에서 확인되는 이런 변화는 체외수정과 시험관 아기 같은 새로운 의학적 연구와 성과가 하나의 충격으로 갑자기 등장하고 논쟁된 것이 아니라, 과거의 비슷한 개념들과 중첩되고 다양한 해석들 속에서 긴장을 이루다가 점차 연착륙했음을 보여준다. 이 글은 1970-80년대 국내의 정치적, 문화적 맥락들 속에서 체외수정 및 시험관 아기에 대한 신문 보도를 분석함으로써, 새로운 의학기술이 '미지의 상상'에서 '의료적 대상'로 바뀌는 한국적 특성을 이해하는 실마리를 제공할 것이다.

## 2. 오랜 전통과 교차하는 불안한 상상

1970년대 초부터 언론은 주로 외신을 인용하거나 국내 전문가들의 의견을 빌려 체외수정 기술이나 시험관 아기를 언급하기 시작했는데, 대부분 신기한 가십거리처럼 다루거나 막연한 불안함을 전달하는 것이었다. 당시는 외국에서도 체외수정 연구가 충분히 진행되지 못한 상황이었고, 중간 단계의 성과에 일희일비하거나 '카더라' 식의 소문들이 유행하던 때였다. 따라서 국내 언론은 체외수정이라는 의학 연구의 의미 및 현황을 객관적으로 소개하기보다는, 과거의 인공수정 개념과 비슷하게 설명하거나 다분히 위험한 과학기술로 묘사했다.

　1970년 2월 국내 일부 언론이 외신을 인용, 연내에 시험관 아기가 태어날 수 있다고 보도했다. 훗날 실제로 최초의 시험관 아기를 탄생시키는 데 기여한 영국의 산부인과 의사 패트릭 스텝토(Patrick Steptoe)가 '실비아 알렌'이라는 여성으로부터 난자를 떼어내어 시험관에서 정자와 수정시켰으며, 이 연구가 성공하면 아기를 갖지 못한 부부에게 복음이 될 것이라는 내용이었다.[9] 당시 영국을 비롯한 서구의 연구 상황을 감안하면 이런 외신 보도는 섣부른 것이었다. 1969년 영국의 발생학자 로버트 에드워즈(Robert G. Edwards)와 스텝토가 시험관에서 정자와 난자를 수정시키는 데까지는 성공했고, 이 배아를 모체의 자궁에 이식하기 전에 시험관에서 충분히 발달시키는 일련의 연구를 진행하고 있었다.[10] 그렇지만 7년이 지난

---

9　「試驗管 아기 年內 出産」,《동아일보》, 1970.2.24;「年內로 곧 人工受精兒」,《매일경제》, 1970.2.25;「試驗管 아기 1년 안에 可能」,《경향신문》, 1970.2.25.

10　Edwards, Robert G., Bavister, B. D. and P. C. Steptoe, "Early Stages of Fertilization in vitro of Human Oocytes Matured in vitro," *Nature* vol. 221 (February 15, 1969), pp. 632-635; Edwards, R. G., Steptoe, P. C. and J. M. Purdy, "Fertilization and Cleavage in vitro of Preovulator Human Oocytes," *Nature* vol. 227 (September 26, 1970), pp. 1307-1309; Edwards, R. G., and et al, (1971) "Social values and research in human embryology," *Nature* 231 (May 14 1971), pp. 87-91.

1976년에야 체외수정된 배아를 모체의 자궁에 이식시키는 데 성공했고 그마저도 자궁에 제대로 자리 잡는 데에는 실패했기에,[11] 1970년의 기대에 부푼 외신 인용은 섣부른 것이었다.

이런 상황에서 국내 언론은 외국의 단신과 과학자들의 예측을 계속 전하면서 시험관 아기에 관한 기사를 간헐적으로 쏟아냈다. 이미 토끼나 쥐와 같이 동물들의 경우 시험관에서 수정된 배아가 정상적으로 발달하여 태어났다는 사실과 함께,[12] 에드워드 박사가 "사람 종자"를 만들었다는 AFP 보도가 인용되었다.

영국 「케임브리지」 대학의 「로버트 에드워즈」 박사는 시험관 속에서 아기를 만드는 사람의 종자를 만드는 데 성공했다. 박사는 이미 쥐와 토끼의 씨를 키우는 데 성공했는데 박사가 시험관 속에서 만든 사람의 태아는 6일간 생존했다. 박사가 가장 걱정하는 것은 기형아가 생기지 않을까 하는 점.[13]

---

11    Edwards, R. G., and et al., (1976) "Reimplantation of a human embryo with subsequent tubal pregnancy," *Lancet* (April 24 1976), pp. 880-882.

12    당시에는 이미 동물의 체외수정에 대한 연구가 어느 정도 진척되어 성공한 실험들도 다수 보고되고 있었다. 대표적으로 1935년 미국의 생물학자 그레고리 핀커스(Gregory Pincus)는 토끼의 난모세포를 자궁에서 꺼내 시험관에서 성숙시키는 데 성공했고, 1959년에는 중국 출신의 미국 생물학자 장밍치웨이(Min Cheuh Chang, 張明覺)가 토끼의 난모세포를 시험관에서 인위적으로 수정시켰다. 그는 여러 마리의 암토끼 자궁에서 266개의 난모세포를 채취한 뒤 정자가 가득한 플라스크에 넣어 수정을 유도했고, 서너 시간 뒤 55개(21%)의 난자가 정상적으로 수정되어 다음 단계까지 성장한 것을 확인했다. M. C. Chang. "Fertilization of Rabbit Ova in vitro," *Nature* vol 184, no. 4684 (August 8, 1959), pp. 466-467.

13    「사람 種子 만들어내 試驗管서 6일 生存」,《경향신문》, 1970.11.2.

"쥐와 토끼의 씨", "사람의 종자"라는 은유적 표현에서 볼 수 있는 것처럼, 에드워즈가 실제로 성공한 실험 내용에 대한 과학적인 설명은 빠져 있었다. 이것이 정자와 난자를 수정한 '수정란'인지, 세포가 분할되기 시작한 배아인지 모호했고, 6일간 생존했다는 사람의 "태아"라는 표현은 생물학적으로 부정확한 용어였다. 그리고 이 "사람의 종자"가 이후에 어떻게 되었는지에 대한 후속 보도도 없었다. 그러면서도 한 달이 채 지나지 않아 노벨생리의학상을 받은 미국의 제임스 왓슨(James Watson)과 같은 저명한 과학자나 미국 생식생리학회장의 말을 인용해, 수년 이내에 시험관 아기가 태어날 것이라는 전망이 더해졌다.[14] 이런 카운트다운의 절정은 1974년 7월 최초의 시험관 아기가 태어났다는 오보를 그대로 인용한 것이었다. 영국의사협회 연례발표회에서 한 의사가 사상 첫 시험관 아기가 세 명이나 태어났고 "아장아장 걷는 단계에 이르렀다"고 발표했다는 것이었다.[15] 부모가 누구이며 여기에 참여한 과학자와 연구진은 누구인지 영국 현지에서도 확실하지 않던 상황에서, 그리고 영국의 전문가들도 이 발표의 진위를 의심하던 상황에서, 국내 언론은 기정사실처럼 이를 보도했다. 이런 오보는 1978년 첫 시험관 아기가 태어나기 전까지 드문드문 등장했다.[16]

1978년 최초의 시험관 아기 루이스 브라운이 영국에서 실제 태어나기

---

14 「사람 種子 만들어내 試驗管서 6일 生存」, 《경향신문》, 1970.12.10; 「試驗管 아기 誕生 앞으로 1年 內에」, 《매일경제》, 1971.2.3.

15 「英醫師陣 개가 史上 첫 試驗管 아기 三명 탄생」, 《동아일보》, 1974.7.16; 「史上 첫 試驗管 人間 탄생」, 《경향신문》, 1974.7.16.

16 「餘滴」, 《경향신문》, 1978.3.11; 「複寫 人間 클로닝 아기 1號」, 《경향신문》, 1978.3.13.

전까지, 국내 언론에 등장한 시험관 아기는 '체외수정'(In vitro fertilization, IVF)이라는 과학기술과 연결된 개념이 아니었다. 당시 언론 속 시험관 아기는 모체에서 정자와 난자가 수정되고 출산까지 이어지는 자연스러운 생식 과정이 아니라, 여타 '인위적인' 수정 및 출산 행위들과 뒤섞여 혼란스럽게 묘사되었다. "사람 종자"라는 모호한 은유적 개념부터, 대리모를 통한 혼외 임신과 출산, 그리고 태아의 성별과 유전자를 검사하는 과학기술과 뒤섞여 있었다. 부부 당사자의 정자와 난자를 시험관에서 수정시키는 것 외에, "정상적인 여건 아래에서 수태할 수 없는 부인은 자기의 난자와 남편의 정자를 실험관에서 수태시킨 다음 수정된 태아를 다른 여자의 자궁에 이식"하거나,[17] "남편의 정액을 다른 여인의 몸에 넣어 어린이를 낳게" 하는 것까지[18] 모두 '시험관 아기'라는 용어의 자장에 있었다. 나아가 시험관에서 수정된 세포의 염색체를 검사하여 원하는 성별을 가진 혹은 잘못된 유전자를 가지고 있지 않은 배아를 자궁에 이식하는 기법도 '시험관 아기' 기사에서 묘사되었다.[19]

'시험관 아기'에 대한 이런 묘사들은 예전부터 전해지던 동물의 '인공수정' 개념과 닮은 것이었다. 일제강점기이던 1930년대부터 가축의 인공수정을 다룬 기사들이 심심찮게 등장했고,[20] 해방 이후 대한수의사회(1948),

---

17 「胎兒 移植 양육 멀지 않아 實現」,《동아일보》, 1971.5.4.
18 「醫學 에세이: 마지막 수단 人工 受精」,《동아일보》, 1973.12.10.
19 「胎兒 移植 양육 멀지 않아 實現」,《동아일보》, 1971.5; 장윤석,「試驗管 아기 탄생 有感」,《동아일보》, 1974.7.18.
20 「牛의 人工受精 完全히 成功」,《동아일보》, 1930.11.11. 기사에 따르면, 농림성 축산시험장에 있는 수소의 정액을 물병에 넣어 다른 장소의 암소에게 인공수정 시켜 어린 송아지를 낳았다. 기사에서는 이를 수소의 "정액수송 수태"라고 표현하고 있다. 한 달 뒤

한국축산학회(1956) 등이 창립된 이래로 가축의 인공수정에 대한 연구 및 이를 현실에 응용한 사례들이 보도되었다.[21] 나아가 수컷 토끼의 정자 속 XY 염색체를 분리하여 암컷에게 수태시키면, 태어날 새끼의 성별을 좌우할 수 있을 것이라는 기사도 나왔다.[22] 여기서 언급되는 '인공수정'은 정자와 난자를 채취하여 시험관에서 수정하는 것이 아니라, 대체로 수컷의 정자를 채취하여 암컷에게 주입하는(insemination) 방식을 일컬었다.

동물의 인공수정과 마찬가지로 사람에 대해서도 비슷한 묘사들이 있었다. 가령 1958년 불임의 원인과 치료법을 설명하는 전문의 칼럼에서는 인공수정을 이렇게 묘사했다.

이 검사는(휴너 테스트) 성교 후 수 시간 내에 자궁점액을 따서 현미경 검사를 하여 보면 정충의 많은 수가 살아 있으면 무방하나 정충이 보이지 아니하거나 있다 하여도 극히 적은 수가 있을 경우에는 의심하게 된다. 이러한 장해가 있을 때에는 남편의 정충을 배란기에 직접 자궁강 내에서 주입하여 주는 방법이 있는 이것을 "자가 인공수정"이라 하고 자기 남편의 정충에 고장이 있어서 타인의 정충을 직접 자궁내에 주입하여 주는 방법을 공급자가

---

인 2월 1일부터 5일까지 《동아일보》는 「家畜의 人工受精法」이라는 제목 아래 동식물의 인공수정 방법과 현황에 대해 자세히 소개했다. 그리고 몇 년 뒤 오늘날의 체외수정과 같은 방법으로 미국에서 쌍둥이가 태어났다는 오보도 있었다. 「현대 의학의 승리 인공수정으로 아이를 난 소식」, 《동아일보》, 1934.5.5.

21  「人工受精所 設置 慶南道 內 25個所에」, 《경향신문》, 1956.11.6; 「韓國서 最初로 소 人工受精에 成功」, 《경향신문》, 1961.10.29; 「優良돼지 人工受精 개가」, 《경향신문》, 1963.4.24.

22  「男? 女? 願하는 대로 태어날 어린이의 性을 左右」, 《동아일보》, 1957.10.26.

있는 인공수정이라 한다.[23]

그리고 대중영화 〈이 생명 다하도록〉(1960)의 실존 인물인 김기인 대령
이 인공수정으로 아이를 얻었다는 기사,[24] 1967년 흥행하고 대종상까지 수
상한 영화 〈애하〉(愛河)나 냉동정자를 이용한 인공수정에 대한 보도[25] 및
가십성 사건들[26]은 인공수정에 대한 대중적 이미지를 퍼뜨리는 데 일조했
다. 이처럼 과거부터 전해지던 인공수정의 이미지는 1970년대 초부터 외
국에서 전해온 '시험관 아기' 이미지와 중첩되었고, 이로 인해 체외수정
기법이나 시험관 아기의 정확한 의미를 전달하기란 쉽지 않았다.

부정확하고 모호한 묘사와 함께, 시험관 아기를 보도하는 기사 속에는
올더스 헉슬리(Aldus Huxley)의 『멋진 신세계』와 같은 문학작품 속 어두운
미래가 투영되면서, 우울한 전망까지 더해졌다.

────

23　「「불임증」의 원인과 치료」,《경향신문》, 1958.12.23. 강조는 인용자.
24　6.25 전쟁에 참전했다가 부상을 당한 뒤 성 기능을 잃은 김기인 대령은 참전 이전에 얻
　　었던 두 딸이 불의의 사고로 사망하면서 실의의 시간을 보내고 있었다. 그러다가 그는
　　종로의 한 병원에서 자신의 정자와 병원에 저장되어 있던 정자를 섞어 아내에게 주입,
　　임신을 시키는 데 성공한 것이다. 이렇게 태어난 아이의 첫 돌 잔치에 대한 기사는 사
　　진과 함께 보도되었다. 「새 희망을 얻은 「不具」의 勇士」,《동아일보》, 1961.8.6; 한국
　　종합예술대학교 한국예술연구소,『한국현대예술사대계 II』, 시공사, 2000.
25　「現代惡과 人工受精」,《조선일보》, 1967.7.13;「人工受胎 劇의 성공 5年 保管한 精
　　子로」,《경향신문》, 1964.5.18;「2年 半을 精蟲 貯藏 18名에 人工受胎」,《경향신문》,
　　1966.4.8.
26　인공수정을 해 주겠다는 핑계로 가짜 의사가 유부녀들에게 정체불명의 주사를 놓
　　아 주고 돈을 받은 사건이 있었다. 「有夫女 상대 詐欺漢 가짜 醫博」,《경향신문》,
　　1965.1.27.

병아리 부화공장에서 수백 마리의 병아리가 한꺼번에 달걀을 깨고 나오듯 미국의 소설가 「올더스 헉슬리」는 그의 작품 「멋진 신세계」에서 「인간부화공장」을 가상적으로 그리고 있다. 「헉슬리」의 인간부화공장에서는 인간의 생명 탄생이 하나같이 시험관 속에서 이루어져 수백명의 똑같이 닮은 아기가 한꺼번에 태어날 뿐 아니라 한 개의 수정난에서 76명의 쌍둥이 태아를 만들어내는 모습을 그럴듯하게 묘사하고 있다. 1932년 발표된 「헉슬리」의 소설 속의 이같은 인간부화공장이 이미 결코 소설 아닌 현실로 나타나고 있다.[27]

디스토피아 소설과 결부된 '시험관 아기'의 부정적 이미지는 당시 사회 문제들을 지적할 때도 그대로 차용되었다. 가령 부정확한 성 지식과 철없는 행동으로 치부된 '10대 산모'는 특히 태아에 대한 모성애 결핍과 불충분한 영양 공급이라는 의학적 측면에서도 부정적으로 묘사되었는데, 시험관 아기 역시 "아기가 10개월 동안 자궁에서 자라는 것은 단지 영양 공급뿐만 아니라 물질을 주고받는 동안 생기는 모성애 등은 아무리 발달된 과학기술의 힘으로도 해결할 수 없는 문제이기 때문"에 비슷한 "도덕적인 차원의" 문제를 낳을 수 있다고 비교되었다.[28] 또한 당시 유신헌법에 대해 어떤 야당 의원은 "건강하고 축복받은 옥동자는 건강하고 서로 존경하는 남녀 사이에서 태어나는 법인데 치자와 피치자의 협조 이해 동의 없는 유

27  「未來에 산다〈16〉 第1部 生命의 延長(16) 시험관 아기」, 《동아일보》, 1976. 1. 22.
28  「思春期의 純潔교실 18. 10대 産母」, 《경향신문》, 1975. 12. 9.

신헌법은 시험관 속에서 태어난 아이"라고 비판하기도 했다.[29]

　신문 기사에서 정확하지도, 긍정적이지도 않게 묘사된 시험관 아기는 당시 사회적 맥락에 비추어 보아도 환영받기 어려웠는데, 십여 년 전부터 가족계획사업이 전국적으로 활발하게 진행되어 왔기 때문이다. 일제강점기 시절부터 한국전쟁을 거치는 시기 내내 인구 증가에 대한 경계와 산아제한에 대한 담론이 만들어져 왔고,[30] 1961년 11월 5 · 16 군사정부의 국가재건최고회의 경제개발계획 중 하나로 의결된 가족계획사업은 '경제성장'과 '조국 근대화'라는 명분 아래 무분별한 인구 증가를 억제하고 가족이라는 사적 영역을 공적인 영역으로 동원하고 규율, 통제했다.[31] 정부는 1966년과 1972년 인구증가율 목표를 각각 2.5%, 2.0%로 설정하고, 이를 달성하기 위해 자궁내장치, 콘돔, 피임약 등을 제공하거나 정관시술을 시행하는 등 다양한 정책을 실시했다.[32] 민간에서는 대한가족계획협회(1961)와 가족계획어머니회(1968)를 중심으로 가임여성에게 피임의 필요성 및 실제 피임법을 교육하고 장려했다.[33] 그 결과 1960년대 초 인구증가율 3.0%가 1980년 기준 1.6%로 현격히 떨어질 정도로 가족계획사업은 사

---

29　「體制論爭 延長戰 新民豫決委서도 줄기찬 擧論」,《동아일보》, 1974.10.19.

30　박광명, 「5.16 군사정부의 가족계획정책 입안 배경과 논리」, 『동국사학』 62, 2017, 411-448쪽; John DiMoia, *Reconstructuring boides: biomedicine, health, and nation-building in South Korea since 1945* (Stanford University Press, 2013).

31　김홍주, 「한국 사회의 근대화 기획과 가족정치: 가족계획사업을 중심으로」, 『한국인구학』 25-1, 2002, 51-82쪽.

32　한국보건사회연구원, 『인구정책30년』, 1991.

33　조은주, 「인구의 자연성과 통치 테크놀로지 - '가족계획어머니회'를 둘러싼 통치-과학의 관계를 중심으로」, 『현상과 인식』 38-4, 2014, 181-207쪽

회 곳곳에서 활발하게 추진되고 있었다.[34] 이런 상황에서 인위적으로 임신과 출산을 할 수 있는 체외수정이나 그 결과인 시험관 아기는 긍정적인 것으로 인식되기 어려웠다.

'시험관 아기'에 대한 소식들이 전해지고 이에 대한 과학적 이해는커녕 모호하고 부정적인 이미지들이 만들어질 즈음, 전문가들 역시 미완의 체외수정 및 시험관 아기에 대해 정확하게 설명하지 못했다. 가령 1974년 서울대학교 문리대학의 조완규는 『대한불임학회잡지(大韓不姙學會雜誌)』 창간호에 쓴 글에서 "試驗管 베이비"를 이렇게 정의했다.

> [시험관 베이비란] "哺乳動物 이외의 여러 下等 脊椎動物들이 그러하듯이 排卵부터 個體의 形成까지의 전 발생과정을 母體의 生殖輪菅을 거치지 않고 培養基 내에서 人爲的으로 調製한 培養液에만 의존하여 發生을 끝낸 어린애를 가리키는 것이라 하겠다."[35]

"어린애"라는 은유적 표현은 별개로 치더라도, "배란(排卵)부터"는 난소 자체를 시험관에서 배양하는지 아니면 모체의 난소로부터 난자를 채취하여 시험관에서 수정하는 것인지 모호했다. 또한 "전 발생과정"과 "발생(發生)을 끝낸"이라는 문구는 발생의 어느 단계부터 어디까지 지칭하는 것인지 불분명했다.

---

34   윤석천, 「한국 가족계획사업의 현황과 통합사업」, 『대한생식의학회지』 제7권 제1,2호, 1980, 21-26쪽.
35   조완규, 「試驗管베이비는 可能한가?」, 『大韓不姙學會雜誌』 제1권 제1호, 1974, 25쪽.

또한 '시험관 아기'에 대한 조완규의 설명은 추후 완성될 체외수정 기법과 비교하면 잘못된 내용이었다. 그는 어린 생쥐를 대상으로 한 실험에서 난소를 특수 배양액에서 배양하고 배란까지 유도하여 난자를 얻는 데까지는 성공했지만, 더 큰 포유동물의 경우에는 이조차도 매우 어렵다고 지적했는데, 난소 자체를 시험관에서 배양한다는 이런 설명은 이후 성공할 체외수정 기법과는 다른 것이었다. 그리고 그는 성숙한 난자를 얻어 정자와 수정시킨 후 다시 배아와 태아 단계까지 발생시키는 연구는 더욱 쉽지 않다고 전망했는데, 이 역시 체외수정 후 수일 내에 수정란을 자궁에 이식하는 기법과는 다른 것이었다. 나아가 조완규는 인공수정한 배아를 자궁에 착상한 후 태아가 만들어졌을 때 이를 다시 시험관으로 옮겨 이후 단계까지 배양하는, 지금으로서도 불가능한 실험을 시험관 아기를 묘사하는 데 포함시켰다. "결국 오늘날의 지식(知識)과 기술(技術)로는 착상(着床) 전(前)의 초기발생과정(初期發生過程)에 한해서 시험관(試驗管) 내 배양(培養)이 가능(可能)할 뿐 그 뒤의 발생(發生)까지를 연장(延長)시킨다는 것은 아주 요원한 일"[36]이라고 결론 내렸지만, 그 "요원한 일"까지 시험관 아기의 범주에 넣음으로써 언론의 부정확하고 모호한 보도와 비슷한 모습을 보였다. 이는 서울대와 연세대 등에서 동물실험을 통해 어느 정도 성과를 거두고는 있었지만,[37] 여전히 체외수정 자체가 더 연구되어야 할 미

---

36 　앞의 글, 29쪽.
37 　서울문리대 조완규 박사 연구팀은 1968년 흰쥐의 난자를 안전방에서 키워 인공수정을 시켜 세포기까지 배양했으며, 연세대학교 정순오, 배인하 연구팀은 1972년 사람의 난소에서 미성숙 난자를 노포 안에서 키우는 연구를 수행하기도 했고 이런 연구들이 언론에 소개되기도 했다.

완의 과학기술이었기 때문이었다.

1970년부터 간헐적으로 언론 기사에 등장하기 시작한 체외수정 및 시험관 아기는 서구에서나 한국에서나 미래의 것이었다. 따라서 언론은 가십거리로 보도하거나 선정적인 내용을 전달하기에 바빴고, 전문가들은 이를 과학적으로 바로잡기 어려웠다. 그 와중에 예전부터 내려오던 비자연적인 '인공수정'의 이미지와 중첩되어, 체외수정과 시험관 아기는 완전히 낯설지는 않지만 모호하게 그려졌고, 때론 디스토피아 소설의 상상력과 결합되어 암울한 현실과 미래를 상징하는 것으로 묘사되었다. 그렇지만 얼마 지나지 않아 상상 속 과학기술이 실제로 성공하면서, 이를 보도하는 언론의 태도는 완전히 달라졌다.


## 3. 상상이 현실이 되었을 때

1978년 영국에서 최초의 시험관 아기가 태어나자, 국내 언론들은 한편으로 놀라움과 경외감을, 다른 한편으로는 새로운 과학기술에 대한 두려움을 동시에 드러냈다. 언론은 현실이 되어 버린 상상 속 과학기술의 일거수일투족을 스토킹하듯이 전했고, 여기에 새로운 상상을 버무렸다. 그리고 미래에 대한 막연한 불안이 아니라, 현실에서 이 새로운 과학기술을 윤리적으로, 기술적으로, 법적으로 어떻게 맞이할 것인지에 대한 의견도 등장했다. 그렇지만 한편에선 이왕 현실이 된 체외수정과 시험관 아기의 긍정적 의미를 강조하고 국내에서도 이를 준비해야 한다는 목소리도 나왔다. 상상 속 과학기술이 막상 현실이 되자 나타난 변화였다.

불확실했던 시험관 아기에 대한 보도는 루이스 브라운의 출생을 전후로 완전히 달라졌다. 여전히 그 진위를 확인하기 어려운 소문도 떠돌았지만,[38] 예전에 비해 훨씬 더 현실적이고 구체적으로 시험관 아기 출생 과정을 묘사했던 것이다. 우선 1978년 4월에는 에드워즈와 스텝토가 시험관에서 정자와 난자를 수정한 뒤 자궁에 주입하는 데 성공했으며, 여름에 최초의 시험관 아기가 태어날 것이라는 전망이 나왔다.[39] 그리고 7월에 접어들어 3주 내 시험관 아기가 태어날 것이라는 카운트다운과 이 세기적 아기를 취재하기 위한 언론사의 경쟁이 치열하다는 소식이 들려왔다. 영국의 수많은 일간지와 잡지들이 독점보도 계약을 위해 경쟁했고, 영국 신문협회가 61만 7천 달러에 계약을 체결하여 아기의 출생 상황에 대한 취재 및 인터뷰, 집도의와 가족들의 사진 등에 대한 독점 게재권을 얻었다는 것이었다.[40] 그리고 7월 26일 루이스 브라운이 태어나자, 이제 언론은 이 아이의 일거수일투족을 한 편의 드라마처럼 전했다. 시험관 아기가 태어난 영국 올드햄 병원에 문의 전화가 쇄도함과 동시에 전 세계의 이목이 쏠리고 있으며,[41] 태어난 지 3일이 지난 루이스의 체중이 56g 늘었고 애초에 병 우유를 먹을 것으로 기대했으나 모유 수유가 가능하다고 전해졌다.[42] 8월 7일 병원에서 퇴원했을 때, 그리고 생후 15일, 한 달이 지났을 때 등, 루이스 브라운의 소식이 실시간으로 들려왔다.[43]

38  「試驗管 아기 14개월 美서 인공수정 成功」,《경향신문》, 1978.5.25.
39  「시험관안서 受精시켜 子宮에 투입 정상 분만」,《경향신문》, 1978.4.25.
40  「英國서 試驗管 아기 곧 誕生」,《경향신문》, 1978.7.12.
41  「歡迎과 懷疑, 試驗管 아기에 世界耳目 집중」,《동아일보》, 1978.7.27.
42  「試驗管 아기 母乳 빨기 시작. 出生 3일 體重도 56g 늘어」,《경향신문》, 1978.7.29.
43  「試驗管 아기 건강, 生後 15일 카메라맨 雲集」,《동아일보》, 1978.8.9;「生後 한달 試驗

그리고 몇 달 후 인도의 캘커타에서 그리고 이듬해 1월 영국에서 두 번째, 세 번째 시험관 아기가 태어났다는 소식 및 그리고 루이스 브라운이 일본을 포함하여 세계 투어를 다닌다는 보도는 시험관 아기에 대한 대중의 관심을 자극했다. 1979년 3월 일본에 도착하여 일주일 동안 머물면서 각종 방송 프로그램에 출연한 루이스 브라운 가족은 다시 하와이로 건너가 미국 방송에 출연했고,[44] 1년 동안 4만 8천킬로미터를 여행하면서 강연과 저서 수입으로 벼락부자가 되었다는 소식은 이런 호기심을 부채질했다.[45]

그렇지만 최초의 시험관 아기에 대한 환호와 호기심 이면에는 예전부터 존재했던 우려의 목소리도 남아 있었다. 시험관 아기의 출현이 일상화되면 "기왕의 사회질서나 윤리관에 변혁이 올지 모른다"거나 이미 헉슬리의 『멋진 신세계』에서 그런 세상을 예견했다는 것이다. 그리고 인위적인 체외수정이 "인간 탄생을 존엄 대신 자의적 장난의 대상으로 전락시킬 소지"가 있으며, 생명체의 기본설계 유전물질인 핵산을 바꾸려는 시도와 함께 "인공번식을 위해 시험관아기 생산을 얘기"하는 것이 아주 위험한 곡예와 모험이라는 지적도 이어졌다. 비자연적인 출산이 아니라 "정말로 과학적인 것이 되려면, 자연의 섭리에 따르는 것이 가장 과학적"이라는 주장도 나왔다.[46]

---

管 아기」,《동아일보》, 1978.8.24;「試驗管 아기 出生 한 달―무럭무럭 자라」,《경향신문》, 1978.8.24.

44  「試驗管 아기, 日本에 大阪商業 TV 출연」,《경향신문》, 1979.3.13;「첫 試驗管 아기 日 나들이」,《동아일보》, 1979.3.16.

45  「試驗管 아기, 健康한 첫돌」,《동아일보》, 1979.7.25.

46  김승원,「人間工場」,《경향신문》, 1978.7.13; 이병훈,「恐龍과 人間」,《동아일보》,

현실에 등장한 새로운 과학기술로 인해 예전의 상상들은 더욱 구체적인 불안으로 변했다. 과거 허무맹랑했던 디스토피아적 우려들은, 이제 시험관 아기가 태어났기 때문에 인간을 복제하는 것도 시간문제라거나,[47] 개구리 단성생식 실험을 통해 남성 없이도 임신 가능한 연구를 진행하고 있다는 식으로 더욱 구체화되었다.[48] 나아가 여성의 호르몬을 투여받은 남성이 아이에게 수유를 할 수도 있을 것이고,[49] 새로운 유성에서 인간을 양육할 날도 멀지 않았다는 전망도 더해졌다.[50]

이런 불안은 시험관 아기를 법적으로 어떻게 대우할 것인지에 대한 현실적인 고민으로 이어졌다. 자연적으로 임신되고 태어난 아기가 아니라 인공적으로 만들어진 아기라면 법률적 지위는 어떻게 될 것인가가 바로 그 문제였다. 이는 어느 단계부터 생명으로 볼 것이냐에 대한 법률적 질문과도 관련되었는데, 진통설을 일반적으로 인정하는 국내 법률 체계에서 시험관 아기의 경우 정자를 흡입하는 시점과 자궁에 수정란을 착상하는 시점 중 어느 것을 인정할 것이냐의 문제였다.[51] 그리고 '만약 태아가 사산되거나 기형아가 태어난다면 이에 대해 민형사상의 책임을 어떻게 따질 것인지'에 대한 문제도 제기되었다. 시험관 아기는 더 이상 상상의 존재가 아니라, 현실에서 고민해야 할 대상이 된 것이었다.

상상이 현실로 이어지자 제기된 또 다른 화두는 '체외수정'이라는 새로

1978.7.15;「횡설수설」,《동아일보》, 1978.7.29;「사설」,《경향신문》, 1978.7.27.

47  「複製人間의 가능성—試驗管 아기와 生命科學의 새 課題」,《동아일보》, 1978.7.29.
48  「덴마크學者, 개구리 實驗성공 '男子없이도 妊娠 가능'」,《경향신문》, 1978.8.5.
49  「남성 授乳時代 오는가」,《동아일보》, 1980.3.6.
50  「濠멜버른 醫療陣. 미래 豫言. 새 遊星서 人間 양육」,《동아일보》, 1981.6.6.
51  「生命의 시기 놓고 法律上 문제 생겨」,《경향신문》, 1978.7.27.

운 과학기술 자체에 대한 것이었다. 과연 체외수정이란 무엇이며, 현재의 수준과 완성도는 어떠한지에 대한 질문이었다. 동물을 대상으로 체외수정을 연구해 온 산부인과 전문의와 생물학자들이 던지기 시작한 이 질문은, 새로운 과학기술의 윤리적 함의보다는 그 기술 자체가 어떤 부작용과 한계를 지니는지 묻는 것이었다. 서울대 조완규는 시험관 아기를 둘러싼 윤리적 문제와 함께 이번 에드워즈와 스텝토의 체외수정 기술을 자세히 소개했다. 이전까지는 시험관에서 4세포기까지 수정란을 배양하여 자궁에 착상시키려 했지만 이번엔 포배기까지 배양하여 이식하는 데 성공했다면서, 그는 "시험관에서 배양되는 과정에서 수정란이 바이러스에 감염되거나 손상을 입으면 기형아로 태어날 가능성"도 있다고 우려했다.[52] 산부인과 전문의 정순오도 수정란을 배양하는 과정에서 감염을 막기 위해 항생제를 사용해도 이를 완전히 막기는 어려울 수 있으며, 혹여 감염되면 그 증세가 천천히 나타날 것이기 때문에 정상적으로 성장할 수 있을지 모르겠다고 걱정했다.[53] 그리고 난소에서 채취한 난세포의 생명을 유지하기 위해 어떤 영양물을 사용했는지, 수정을 촉진하기 위해 어떤 방법을 사용했는지, 수정 및 수정란 배양을 위해 시간을 어떻게 조절했는지 등 체외수정 기법 자체에 대한 질문이 이어졌다.[54] 미완이었던 체외수정 기술이 루이스 브라운의 출생으로 일단 성공하자, 전문가들은 이제 사회적, 윤리적 함의와 함께 그 기술 자체의 완성도와 부작용에 대해 발언하기 시작한

---

52  조완규, 「시험관 아기 誕生 놓고 倫理 논쟁, '生命體의 타락이 아니냐」, 《경향신문》, 1978.7.15.

53  정순오, 「試驗管 아기가 태어났다」, 《동아일보》, 1978.7.26.

54  「歡迎과 懷疑, 試驗管 아기에 世界 耳目 집중」, 《동아일보》, 1978.7.27.

것이다.

새로운 과학기술 자체에 대한 언급이 증가한 데에는 당시 전문가 사이에 관련된 연구와 기법들이 폭넓게 보급, 공유되고 있었기 때문이었다. 특히 정반대의 의도로 도입되었음에도 복강경(laparoscope)은 체외수정에 대한 전문가들의 이해와 관심을 유도하는 데 기여했다. 가족계획사업이 한창이던 당시 여성을 대상으로 피임약 보급, 루프 수술, 난관 수술 등 다양한 피임법들이 강제되었는데, 그중 난관 수술을 더 쉽게 하기 위해서 1970년대 중반부터 복강경 시술이 대대적으로 보급되었다. 복강경 자체에 대한 소개는 그 이전부터 있었지만,[55] 국내 산부인과 의사들이 미국으로 건너가 구체적인 기법을 배워 오거나, 미국 산부인과 전문가들이 방한하여 주요 대학에서 복강경 시술을 시연하고 교육했고,[56] 이는 개복을 하여 난관을 묶어야 하는 수술의 어려움을 극복하는 데 기여했을 뿐 아니라 "여성불임에 획기적인 신기원을 이룩"하는 것이었다.[57] 이처럼 복강경을 이용한 피임 수술법이 대대적으로 교육되고 퍼지면서, 전문가들은 정반

55  간질환을 검사하는 용도의 복강경에 대한 언급은 1960년대 후반에 신문에 등장했고, 가족계획 및 부인과질환과 관련된 복강경은 1973년에 소개되었다. 「正確한 不姙수술-婦人질환 진단 서울醫大 더그라스 窩腹腔鏡 새로 도입」,《경향신문》, 1973. 3. 14.

56  박윤재, 「원로 산부인과 의사들이 기억하는 가족계획사업」, 『연세의사학』 제12권 제2호, 2009, 19-28쪽.

57  실제로 1974년 3만 7천 건이었던 여성 불임술은 1978년에 23만 건으로 증가했는데, 이는 1976년부터 대량으로 보급되기 시작한 복강경수술이 중요한 역할을 했다는 평가를 받았다. 김병훈, 「우리나라 家族計劃事業의 現況小考」, 『대한불임학회잡지』, 제7권 제1, 2호, 1980, 35-38쪽; 배병주, 「Minilaparotomy 不姙術과 腹腔鏡 不姙術에 關한 比較 硏究」, 『대한불임학회잡지』 제4권 제1호, 1977, 17-25쪽.

대의 목적을 가진 체외수정의 구체적인 기술을 이해할 기회를 얻었고,[58] 루이스 브라운의 출생은 관련된 기술 자체에 대한 관심을 환기시켰던 것이다.

나아가 여전히 사회에 미칠 영향도 불확실하고 그 자체로도 한계를 지닌 과학기술이었지만, 이를 마냥 거부하고 두려워할 필요는 없다는 의견들도 제시되었다. 기본적으로 인간에게는 새로운 생식기술이고 따라서 일반인들이나 종교계에는 충격적일 수도 있지만, "실험동물에 대한 이 같은 자궁 밖에서의 수정은 벌써 오래전의 이야기"였고, 따라서 "생명을 다루는 과학자들은 그저 담담하게 받아들였을" 것이기 때문이다.[59] 그리고 그 과정이 복잡하고 어렵기에 해결해야 할 문제가 많지만, "시험관 아기는 불임으로 고통받는 수많은 여성들에게 하나의 희소식"일 수 있다는 낙관도 더해졌다.[60] 이런 상황에서 이미 수년 전인 1973년 연세대 의대 산부인과 생식생리연구실에서 사람의 미성숙 난자를 여포액이 포함된 배지에서 수정 가능한 단계까지 성숙시켰던 연구도 뒤늦게 알려졌다.[61]

외국에서 계속 시험관 아기가 태어나고 관련된 의료시설 및 산업이 점점 성장한다는 소식들은 새로운 기술을 받아들여야 할 현실적인 이유로 제시되기도 했다. 호주에서 제왕절개가 아닌 자연분만의 방식으로(1980), 그리고 남녀 쌍둥이 아기가 태어나고(1981), 미국의 재미교포 부부가 시험

58 하정옥, 「한국 생명의료기술의 전환에 관한 연구: 재생산기술로부터 생명공학기술로」, 2006.
59 「생명科學」, 《동아일보》, 1978.9.5.
60 배병주, 「시험관 아기 創造 아닌 移植일 뿐. 그나마 普遍化는 어려워」, 《경향신문》, 1978.8.30.
61 「人間 製造 試驗管 아기. 神祕의 創造. 人工科程의 問題點」, 《동아일보》, 1978.7.28.

관 아기를 낳았다는 소식이 전해졌다(1982).[62] 최초의 시험관 아기인 루이스 브라운을 낳았던 여성이 두 번째로 시험관 아기를 출산했고(1982), 아시아 지역과 공산권 국가에서도 시험관 아기가 태어날 것이라는 보도가 이어졌다.[63] 그리고 급기야 인접한 일본에서도 시험관 아기의 출생이 임박했다는 보도가 나왔다.[64] 이제 시험관 아기는 세계 곳곳에서 태어날 기세였다. 게다가 관련된 전문 병원과 연구소도 설립되기 시작했다. 미국의 이스트버지니아 대학교에서 체외수정 시술을 전문적으로 연구하고 시행할 '노포크 연구소'를 설립하기로 한 데 이어,[65] 이듬해 영국의 에드워즈와 스텝토도 30개의 침상을 갖춘 시험관 아기 전문 병원을 개원했다. 영국 정부의 공식적인 지원을 받지 못하고 은행 대출과 일반 기업체로부터 받은 대출금으로 설립된 이 병원은 본격적으로 체외수정 시술을 약속하는 것이었다.[66] 그리고 영국에서 수정란을 냉장 보관할 수 있는 수정란 은행을 만든다거나,[67] 미국에서 정자은행이 추진되고 있다는 소식이 전해졌다.[68] 뒤이어 프랑스, 오스트리아, 스웨덴 등 각국에서 시험관 아기 전문 병원이 개설되었다.[69]

62  「在美 僑胞 부부 시험관 아기 출생. 美 세번째, 世界 22번째」,《동아일보》, 1982.6.11.
63  「亞洲 시험관 첫 아기」,《동아일보》, 1982.10.7;「체코에 試驗管 아기. 共産圈선 처음으로」,《동아일보》, 1982.11.6.
64  「日本서도 試驗管 아기 體外受精 성공—10월께 탄생」,《동아일보》, 1983.3.15.
65  「美·英에 아기 없는 夫婦 위해 試驗管 아기 專門병원 곧 開院」,《경향신문》, 1978.12.2;「보편화될 試驗管 아기, 美노포크研究所 본격 施術」,《동아일보》, 1979.3.7.
66  「試驗管 아기 病院 올 가을 開院」,《동아일보》, 1980.7.22.
67  「英 受精卵 은행 설립 계획」,《경향신문》, 1972.2.17.
68  「精子銀行시대, 天才 아기를 만든다」,《동아일보》, 1982.7.14.
69  「試驗管 아기 모두 27명, 英·佛 등 전문病院 늘어」,《매일경제》, 1982.7.16.

이런 상황에서 1980년대 들어 국내에서도 체외수정 관련 연구를 무작정 외면할 수 없고 세계적인 흐름에 동참할 필요가 있다는 주장들이 나왔다.

> 근대 유전공학이라는 유전자 조작 연구의 붐이 우리나라에 일 조짐이 보인다. 선진국의 붐에 맞추어 그들과 같이 덩달아 춤출 만큼 성장하지는 못했지만 그 버스를 놓칠 수는 없다. 다만 생명체를 시험관 내에서 다루게 될 것이고 종내는 인간생명의 개조를 이를 단계까지 가리라 보지만 학자들은 항상 생명의 무한한 힘에 대하여 경건해야 하고 그의 존엄성에 겸손해야 할 것이다.[70]

이런 목소리는 단순한 주장에 그치지 않았고 실제 국내 몇몇 연구진들이 관련된 연구를 시작했다는 보도가 등장했다. 1982년 일부 의과대학 병원들이 정자와 난자를 체외수정하는 데 성공했고 배양하는 단계까지 나아갔다는 것이었다. 외국에 비해 많이 뒤처지지 않은 연구들이 서울대병원, 연세대병원, 경희의료원, 한양대병원 등에서 실제로 진행되고 있었지만[71] 각 연구진은 "(정부의) 인구 억제 정책과 도덕성 문제 등 물의가 일어날지도 모른다는 여론을 의식, 이 같은 사실을 극비에 붙이고 있다"고 전했다. 그리고 이듬해 국내 산부인과 의사들이 외국에서 체외수정 관련 연수를 받고 돌아왔으며, 몇몇 대학병원에서 관련된 시설, 기구, 시약을 갖

---

70  조완규, 「試驗管 아기의 내력」, 《경향신문》, 1981.9.21.
71  「試驗管 아기, 國內서도 試圖」, 《경향신문》, 1982.9.14.

추고 본격적으로 준비를 하고 있다는 보도가 이어졌다.[72] 일 년 뒤인 1984년 3월 서울대병원 산부인과의 장윤석 교수팀이 양쪽 난관이 막혀 아기를 낳지 못했던 부인에게 체외수정된 난자를 이식하는 데 성공했지만 착상에 실패했고,[73] 서울대병원이 곧바로 국내 처음으로 시험관 아기 클리닉을 설치하면서 국내에서 시험관 아기 출생은 카운트다운에 들어가게 되었다.[74]

국내에서도 일부 의대 병원이 극비리에 시험관 아기 생산을 시도하고 있다는 뉴스가 전해졌다. 한국의학계의 기술이 놀라운 수준까지 올라간 것을 축하해야 할지, 생명의 외경이라는 측면에서 이를 슬퍼해야 할지 알 수가 없다.[75]

1978년 루이스 브라운이 태어난 이후, 체외수정 및 시험관 아기에 대한 국내 언론의 논조는 달라졌다. 예전처럼 불안한 미래를 가져올지도 모른다는 우려가 없었던 것은 아니지만, 현실 속으로 들어온 미지의 과학기술을 어떻게 이해하고 마주해야 할 것인지 질문했다. 또한 외국처럼 국내에서도 체외수정 연구를 활발히 진행하고 있고 곧 시험관 아기가 태어날 수 있다는 조심스러운 전망이 나오면서, 이제는 새로운 과학기술을 어떻게

---

72  「시험관 아기 國內서도 낳을 수 있다」,《동아일보》, 1983.4.14.
73  「서울大病院 體外인공수정 성공」,《경향신문》, 1984.3.6;「體外수정 着床 실패」,《동아일보》, 1984.3.17.
74  「시험관 아기 본격 施術」,《동아일보》, 1984.3.21.
75  「餘滴」,《경향신문》, 1982.9.16.

적극적으로 받아들일지 고민하기에 이르렀다.


## 4. 의학적 관심 대상이 된 시험관 아기


1985년 10월 12일 국내 처음으로 시험관 아기가 태어났다는 소식이 전해졌다. 서울대병원 산부인과의 장윤석 교수팀이 체외수정으로 남녀 쌍둥이 아기를 태어나게 하는 데 성공했다는 것이었다. 언론들은 직접 보게 된 시험관 아기에 대해, "첨단과학의 종합예술"이며 성공률이 20%도 되지 않는 어려운 수술을 성공시킨 "서울의대팀의 개가"이자 우리나라 의학사의 "새로운 장을 열어놓은 쾌거", "불임부부에게는 하나의 복음"이라고 찬양했다.[76] 그렇지만 영국의 루이스 브라운의 출생과 일거수일투족을 자세히 전했던 것과는 다르게, "환자 프라이버시 문제까지도 의사로서 최대한 지켜 시험관 아기가 윤리적으로나 사회적으로나 더 이상의 시비의 대상이 되지 않도록 하겠다"[77]는 장윤석 교수의 인터뷰처럼, 국내 최초의 시험관 아기의 부모에 대한 정보와 짧은 인터뷰 외에는 그 가족에 대해서는 별로 알려지지 않았다.[78]

---

76    「試驗管 아기 國內서도 첫 울음」,《경향신문》, 1985.10.12;「성공률 20%, 亞洲 4번째 倫理 문제, 醫術 규제 필요」,《경향신문》, 1985.10.12;「시험관 아기 出産 성공률 8%, 國內 첫 탄생을 계기로 알아 본다」,《동아일보》, 1985.10.14.

77    「우리나라 첫 시험관 아기 쌍둥이 男妹 큰 慶事」,《동아일보》, 1985.10.12.

78    국내 최초 시험관 아기의 부모는 서울에 거주하는 천근엽(31세), 서정숙(28세) 부부였다. 서정숙씨가 몇 년 전 자궁외임신 판정을 받고 나팔관을 제거해 임신이 불가능했는데, 체외수정을 통해 임신과 출산을 하게 되었다. 「試驗管 아기 産母 일문일답」,《경향

대신 외국 혹은 미래에서나 볼 법했던 새로운 과학기술을 국내 현실에서 어떻게 제대로 준비해야 할 것인지 묻기 시작했다.

> 시험관 아기를 둘러싸고 세계에서 일고 있는 찬반논쟁은 아직 해결되지 않았다. 종교적, 윤리적, 사회적 그리고 법적 문제는 아직 의술의 승리를 따라가지 못하고 있다. 출생과 죽음은 지극히 사사로운 사건이며, 또 신의 영역에 속하는 것으로서, 지나친 의료기술의 사용을 배격해야 한다는 비난은 지금도 높다. 그러나 분명한 것은 이제는 '시험관아기'는 우리에게도 현실이 되었다. 앞으로 시험관 아기 2호, 3호가 잇달아 탄생할 것이다. 그러므로 거기에 맞는 환경조건을 정비해 가는 것이 싫건 좋건 우리에게 닥친 일이다.[79]

시험관 아기가 막상 태어난 현실에서 고민이 필요하다고 강조된 주제 중 하나는 관련된 법, 제도의 정비였다. 무엇보다 체외수정으로 태어난 아이를 둘러싼 법적 문제에 대해 준비가 미비하다는 지적들이 제기되었다. 제3자의 정자, 혹은 난자로 체외수정을 했을 때 제3자가 친권을 주장하거나 인공수정으로 태어난 아이가 자라서 제3자를 친부모라고 찾으면 법적으로 어떻게 해결할 것인가? 인공수정아가 시술상 잘못으로 인해 기형으로 태어나면 책임과 손해배상의 문제는? 이 외에도 상속 관계, 양육 책임, 미혼 처녀의 인공수정, 수정란을 보존하는 동안 부부가 사망 혹은

────────
　신문》, 1985. 10. 12.
79　「국내 첫 시험관 아기」,《동아일보》, 1985. 10. 14.

이혼했을 경우 등 다양한 법률적 문제들이 제기되었다. 기존 다른 인공수정 방식으로 출생한 아이를 둘러싼 소송들이 없었던 것은 아니지만, 체외수정으로 훨씬 더 많은 아이가 태어날 수 있는 상황을 대비할 "인공수정자법"을 따로 제정해야 한다는 주장이 대한가족법학회, 대한불임학회 등으로부터 제기되었고,[80] 유사한 사건에 대한 보도와 사설이 이어졌다.[81]

그렇지만 법률적인 질문과는 별개로 시험관 아기를 가능하게 만든 새로운 과학기술 즉 체외수정 기술 자체가 구체적으로 묘사되기 시작했다. '시험관 아기'라는 낯선 존재에 대한 막연한 우려와 상상보다는, 이를 가능하게 한 과학기술에 대한 현실적인 관심이 커지기 시작한 것이었다. 다양한 비자연적 인공수정과 섞여 소개되었던 과거와 달리 이제 체외수정은 인공수정을 위한 방법 중 하나로 언급되었는데, "인공수정은 보통정액 혹은 냉동정액의 수정, 그리고 시험관 내에서의 수정 등 3가지"로 구분된다는 것이다. 보통정액이나 냉동정액 수정은 여성에게 인위적으로 주입하는 방식인데, 이와 다르게 "시험관에서 난자와 정자의 결합을 인공적으로 이루어지게 하는 시험관 아기 시술방법(체외수정법)이 있다"고 구분했다.[82] 또한 전문가의 말을 빌려 체외수정을 인공수정과는 아예 다른 것으로 설명하기도 했다.

80  「인공受精法 제정 논의 활발」,《경향신문》, 1985. 10. 15.
81  「생명 논쟁(가십)」,《경향신문》, 1985. 10. 16; 「횡설수설」,《동아일보》, 1986. 3. 7; 「試驗管 아기 누가 키우나」,《경향신문》, 1986. 3. 10.
82  「시험관 아기 出産 성공률 8%, 國內 첫 탄생을 계기로 알아본다」,《동아일보》, 1985. 10. 14.

체외수정과 인공수정을 혼동하고 있는 사람이 많은 것 같습니다. 이는 엄밀히 말해 틀리다는 점을 강조하고 싶습니다. 체외수정은 남자는 이상이 없고 여자가 나팔관 이상이 있을 때 시행합니다. 그리고 자궁과 난소는 이상이 없어야 합니다. [중략] 인공수정은 여자는 이상이 없고 남자가 이상이 있는 경우에 실시합니다. 남자의 정자가 무기력하거나 무정자증으로 난자와 결합하기 어려울 때 시행하는 방법이지요.[83]

이처럼 비자연적인 인공수정 기법들과 뒤섞여 있던 체외수정을 독자적인 기법으로 묘사한 데에는, 그동안 산부인과 전문가들이 진행해 온 연구 결과가 직간접적으로 반영된 것이었다. 서울대를 비롯한 국내 의과대학의 산부인과 교실에서는 1980년대 들어 동물과 인간의 생식세포를 이용한 체외수정 방법을 연구하고 그 결과를 학회나 학술지를 통해 공유하기 시작했다. 일례로 서울대 의과대학 산부인과학 교실에서는 1984년 2월부터 시험관 아기 프로그램을 시작하여, 다양한 배양 조건에서 마우스 난자의 변화를 관찰함으로써 향후 인간의 체외수정 및 배아 이식 성공률을 높이기 위한 연구를 진행했고,[84] 사람의 체외수정 성공률을 높이기 위한 연구도 이어졌다.[85] 비슷한 시기 고려대 의과대학 산부인과학 교실에서는

---

83 「專門医에게 듣는다. 婦人病4. 불임증(장윤석 교수팀)」, 《매일경제》, 1986.4.24.

84 임용택, 최승헌, 김정구, 문신용, 이진용, 장윤석, 「마우스 卵子의 體外受精에 關한 研究」, 『대한불임학회잡지』 제11권 제2호, 1984, 51-57쪽.

85 "치유될 수 없는 난관질환에 의한 불임증 치료의 성공적인 방법"으로 체외수정이 대두되면서, 1985년 11월부터 1986년 12월까지 1여 년 동안 서울대 시험관 아기 프로그램에서 과배란유도 약제의 특성을 이해하고 임신 성공률을 높이기 위한 실험에 156명의 여성이 참여했다고 한다. 장윤석 외, 「시험관아기 프로그램에서 과배란유도 약제의 종

**224** | 새로운 의료, 새로운 환자

냉동보존된 인간의 정자가 수정 능력을 갖는지 확인하기 위해 다양한 조건에서 체외수정하는 실험을 진행했다.[86] 그리고 이런 연구들이 더 원활하게 수행되고 좋은 결과를 얻기 위해서는, 의학과 기초과학 연구의 협력, 실험시설 개선, 전문가의 능력 함양 등 다양한 과제가 해결되어야 한다는 의견이 제시되기도 했다.[87] 이런 상황에서 1985년 10월 국내 최초로 시험관 아기가 태어나고, 이를 포함한 성공 사례들을 다룬 학술 연구들이 학술지에 출판되고 알려지면서,[88] 언론에서 체외수정은 더욱 과학적으로 묘사되었다. 신문 기사에서 부정확하거나 모호한 묘사들이 난무했음에도 이를 과학적으로 교정하기 어려웠던 이전과 비교해보면, 전문가들이 관련된 연구를 활발히 진행하고 공유했던 이 시기는 확연히 달랐다.

그리고 서울대병원에서 최초로 시험관 아기가 태어난 직후 전국적으로 체외수정을 연구하고 시도하는 병원 분과와 클리닉들이 생겨났다. 1985년 겨울 지방대학으로서는 처음으로 부산대 의과대학이 시험관 아기 클리닉을 조직했고,[89] 이듬해 고려대와 제일병원 산부인과는 서울대에 이어 체

류에 따른 황체기 혈청 난포호르몬 및 황체호르몬의 변동에 관한 비교연구」, 제16권 제1호, 1989, 69-79쪽.

86　구병삼, 「冷凍保存精子의 體外受精에 關한 硏究」, 『大韓不姙學會雜誌』 11권 제2호, 1984, 59-67쪽.

87　배인하, 정순오, 「In Vitro Fertilization and Embryo Transfer Program과 한국에서의 문제점」, 『대한불임학회지』 12-1, 1985, 15-29쪽.

88　장윤석, 「인간 난자의 체외수정 및 배아의 자궁내 이식」, 『대한불임학회잡지』 제3권 제1호, 1986, 1-9쪽; 장윤석, 이진용, 문신용, 김정구, 「人間 卵子의 體外受精 및 胚兒의 子宮內 移植에 의한 妊娠 및 分娩 - 韓國最初 시험관 아기 分娩 1例」, 『대한산부회지』 제29권 제3호, 1986, 354-361쪽.

89　「金泰瑄 釜山大 의대 교수 시험관 아기 클리닉 조직」, 《경향신문》, 1985.11.6.

외수정에 성공, 수정란을 자궁에 착상했다. 고려대의 경우 남녀 모두 불임 요인을 지닌 부부를 대상으로 냉동정액을 이용한 체외수정을 진행했고, 제일병원 산부인과의 노경병 박사팀은 일반병원으로는 처음 체외수정 시술을 성공했다.[90] 차병원에서는 채취된 정자와 난자를 나팔관에 주입하여 착상시켰고,[91] 서울대 장윤석 교수팀은 두 번째 시험관 아기를 출산했다.[92] 고려대에서 착상된 시험관 아기는 1986년 여름에 태어났고,[93] 뒤이어 체외수정 시술로 세쌍둥이, 다섯쌍둥이가 연달아 태어났다. 1984년 고려대 의과대학 혜화병원에 처음 만들어진 정자은행은, 시험관 아기 출생 이후 서울대병원, 경희대병원, 세브란스 병원 등에서 신설, 운영되었다.[94]

국내 첫 시험관 아기가 태어난 지 3년이 채 되지 않은 1988년 3월 민간병원인 차병원에서 체외수정으로 태어난 시험관 아기가 백 명을 돌파함에 따라, 이제 체외수정 시술이 실용 단계에 다다랐다는 진단이 나왔다. 서울대, 고려대, 경희대, 부산대, 연세대 등 5개의 대학병원과 차병원과 제일병원 등을 비롯하여, 일반의원인 마리아의원(서울시 동대문구 신설동)까지 불임을 연구하는 단위를 만들었고,[95] 1993년이 되면 전국에 총 18개의 불임시술 병원이 자리 잡게 되었다.[96] 이런 흐름을 반영하여 대한산부

---

90  「시험관 아기 受精卵 着床 불임부부 냉동 정액 임신」,《경향신문》, 1986.1.4.
91  「나팔관 受精 아기 着床車병원 國內 처음으로」,《매일경제》, 1986.1.16.
92  「두번째 試驗管 아기 탄생. 서울대 의대 장윤석 교수팀」,《경향신문》, 1986.3.26.
93  「냉동 精液 시험관 아기 國內 첫 탄생」,《동아일보》, 1986.6.28.
94  「다양해진 精子은행 이용」,《동아일보》, 1987.6.17.
95  「일반 醫院서도 성공, 시험관 아기 시술 확산」,《동아일보》, 1989.3.8.
96  「불임시술 병원」,《동아일보》, 1993.9.28. 경희대병원, 고려대병원, 부산대병원, 서울대병원, 신촌세브란스병원, 원주기독병원, 이화여대병원, 마리아병원, 마산고려병원, 목병원, 박금자산부인과, 부산목화산부인과, 대전신용철산부인과, 대전신산부인과,

인과학회는 생식의학 소위원회를 구성하여 1992~1993년 동안 전국 23개 시술 기관에서 시행된 보조생식술 현황을 조사했는데, 그중 정자와 난자를 시험관에서 수정하고 배아를 자궁에 이식하는 체외수정시술(IVF-ET)은 각각 5,852건(1992), 6,536건(1993)이었다.[97] 1994년의 현황을 조사한 보고서에 따르면, 인공수태시술 의료 기준으로 인준된 의료기관은 전국 87개이며, 그중 63개 기관의 실적을 살펴보면 체외수정 시술을 받은 환자는 총 6,595명으로 보고되었다.[98]

시험관 아기가 꾸준히 태어나고 체외수정 시술이 증가하면서, 과거의 막연한 윤리적 우려 또한 더욱 구체적이고 현실적인 질문으로 바뀌었다. 물론 시험관 아기의 출생이 "제발 시험으로 그쳤으면 한다"는 바람이나,[99] 법에 얽매이지 않는 실험실에서 괴물을 만들어내지 말고, "과학이 윤리에 적응해가는 것을 보고 싶다"는 우려가 없었던 것은 아니었다.[100] 그렇지만 이런 걱정과 함께 현실로 들어온 체외수정 기술을 더 안전하고 윤리적으로 연구할 지침을 마련해야 한다는 목소리가 등장했던 것이다.

국내에서 고대 등 3-4곳에서 시도되고 있는 시험관 아기 기술은 자칫 윤리적인 문제를 일으킬 수도 있고 또 바이러스 감염 문제가 뒤따를 수도 있어

---

영동제일의원, 제일병원, 차병원, 청주리라병원 등이다.

97 장윤석 외, 「한국에 있어서 보조생식술의 현황」, 『대한산부인과학회 학술대회자료집』, 1995, 35쪽.

98 대한산부인과학회 인공수태시술 의료기관 심사소위원회, 「[조사보고서] 한국 보조생식술의 현황: 1994년」, 『대한산부회지』 제41권 제1호, 1998, 247쪽.

99 「生命論爭」, 《경향신문》, 1985.10.16.

100 「횡설수설」, 《동아일보》, 1986.1.21.

새 의료기술에 대한 규제 등이 필요할 것 같다.[101]

이런 분위기는 체외수정뿐 아니라 초음파 검사를 통한 태아 성감별 등 당시 임신, 출산 과정에 다양한 과학기술이 적용되는 것에 대한 우려를 반영하는 것이었다. 초음파 검사를 통해 태아의 성별을 확인하고 임신중 절을 유도하는 의료계 일각의 행위에 대해 정부 차원의 대응이 필요하다 는 의견이 제기되었고,[102] 대한변호사협회와 대한의학협회는 1985년 11월 30일 '임신조작 및 태아 성식별의 사회적 문제점'이라는 주제로 공동세미 나를 개최하여, 초음파 검사뿐 아니라 시험관 아기나 인공수정을 어떻게 규제할 것인지를 고민했다.[103] 그리고 1986년 4월 대한산부인과학회는 자 체적으로 '체외수정에 관한 윤리요강'을 마련했다. 여기에는 총 5개의 기 준이 제시되었는데, '체외수정은 이 방법 외에는 임신 가능성이 없는 부부 에게만,' '그 부부의 동의 아래 승낙서를 받고', '시술 방법과 예상 성공률, 합병증에 대해 충분히 설명해야 하며', '시술하면서 유전자 조작을 하면 안 되며', '시술의 정확성과 안전을 보장하기 위해 최선을 다해야' 한다는 것이었다.[104] 뒤이어 1993년 5월 대한의학협회는 '인공수태의 윤리에 관 한 선언'을 발표했고,[105] 대한산부인과학회는 '체외수정 및 배아이식 수술

101  「성공률 20%, 亞洲 4번째 倫理 문제, 醫術 규제 필요」,《경향신문》, 1985.10.12.
102  「生命 존엄 무시, 초음파 胎兒 진단—保社部 규제 계기로 본 실태」,《조선일보》, 1985. 8.8.
103  「임신 造作 규제 시급, 變協 -醫協 세미나」,《경향신문》, 1985.11.30.
104  「體外 受精 윤리 要綱 제정」,《조선일보》, 1986.4.29.
105  대한의학협회의 '인공수태 윤리에 관한 선언'은 ① 자연수태 과정에 결함이 있다고 판단된 불임의 경우에 한해서만 인공수정 시술을 진행하고, ② 생명의 존엄성이 존

의 시행지침'을 마련하는 동시에 '인공수태 윤리위원회'를 결성하여, 체외수정 시술 과정에서 발생할 수 있는 법적, 윤리적 문제를 방지하기로 했다.[106] 시험관 아기에 대한 우려와 윤리적 고민보다는, 구체적인 과학기술에 대한 전문가들의 윤리적 가이드 라인이 마련된 것이었다.

1985년 국내 첫 시험관 아기가 태어났을 당시 언론 기사에서 보였던 흥분과 소란은 오래가지 않았다. 이전처럼 새로운 과학기술에 대한 불안과 놀라움이 없었던 것은 아니지만, 이제 현실로 들어온 시험관 아기를 어떻게 받아들일 것인지에 초점을 맞추기 시작한 것이었다. 이는 시험관 아기와 그 가족의 신상, 일상에 대한 호기심 어린 시선보다는 이를 가능하게 한 새로운 과학기술 자체를 묘사하는 것으로 드러났다. 전문가들의 학술적 연구가 축적되면서 언론 역시 시험관 아기 출생이라는 일상의 일회성 사건보다는, 이를 가능하게 하는 체외수정 기술을 더욱 주목한 것이었다.

중되어야 하며 영리추구를 목적으로 해서는 안된다고 제시했다. 그리고 인공수정 시술 내용에 대해 의협이나 관련 학회에 연 1회 이상 보고하도록 했다. 「醫協, 人工수정 윤리선포」,《중앙일보》, 1993. 4. 6.

106  1993년 대한산부인과학회에서 체외수정 관련 윤리적 지침을 강화한 이유에는, 한 대학교 의료원 불임클리닉의 파행시술이 중요하게 작용했던 것으로 보인다. 1992년 12월 학교 감사를 통해, 해당 의료원 불임클리닉이 지난 7년 동안 체외수정 시술을 하면서 기증된 정자에 대한 기본검사(혈액형, 성병, 에이즈 검사 등)조차 시행하지 않은 사실이 밝혀졌다. 또한 한 사람으로부터 제공받은 정자를 여러 명의 불임환자에게 제공한 사실도 밝혀졌다. 「인공수정 파행시술」,《한겨레신문》, 1993. 1. 21; 배병주, 「대한산부인과학회 어제와 오늘 그리고 내일」, 『대한산부회지』 42권 2호, 1999, 225-230쪽.

## 5. 정리하며

1970년대 초부터 1990년대까지 언론기사에 등장한 '시험관 아기'와 '체외수정'은 두 가지 측면의 변화를 보였다. 하나는 새로운 과학기술에 대한 막연한 불안함과 부정적인 묘사가 점차 퇴색되면서 긍정적인 어조로 바뀌었다는 것이다. 예전부터 존재했던 인공수정 개념 및 문학작품 속 우울한 미래와 결합되어 묘사된 시험관 아기는, 특히 출산을 억제하고 인구를 통제하는 것이 시대적 과업이었던 당시 분위기로서는 흔쾌히 반겨야 할 과학기술이 아니었다. 게다가 이를 연구하는 전문가들 역시 아직 완성되지 않은 과학기술에 대해 긍정적으로 언급하기 어려웠다. 그렇지만 시험관 아기를 실제로 목도하면서 새로운 과학기술에 대한 막연함이 어느 정도 건히자, 이제는 불임 문제를 해결할 수 있는 희망으로 받아들이고 연구해야 하는 것으로 묘사되었고, 전문가들의 적극적인 연구와 관련 병원들의 도약은 이를 방증하는 것으로 이해되었다. 불과 20여 년도 되지 않는 짧은 기간에 하나의 과학기술을 바라보는 태도가 완전히 달라진 것이다.

두 번째는 시험관 아기와 체외수정에 대한 보도가 점차 과학적인 성격을 띠어 나갔다는 점이다. 이는 앞서 첫 번째 변화와도 맞물리는 것인데, 아직 완성되지 않은 미지의 상태일 때 시험관 아기와 체외수정 기술에 대한 신문 보도는 영화와 소설 속 상상, 가십거리의 대상을 다룰 때와 다르지 않았다. 종종 암울한 미래를 이끌 도화선 혹은 현실 속 우스꽝스러운 사건의 발단으로 묘사되었고, 예전부터 존재했던 인공수정에 대한 전통적 관념도 뒤섞여 있었다. 그렇지만 현실로 구체화되었을 때 시험관 아기와 체외수정은 훨씬 더 과학적인 언어로 묘사된 '의료의 대상'이 되었다.

소설 속 상상 및 두루뭉술한 인공수정과 확연히 구분되었고, 전문가들의 말을 인용해 구체적인 시술 과정과 한계, 그리고 이를 둘러싼 연구윤리 지침들이 중요하게 강조되었다. '시험관 아기'에 대한 흥분과 소란보다는 이를 가능하게 하는 '체외수정'에 대한 과학적인 묘사가 점차 두드러졌고, 이에 따라 예전의 모호하고 부정적인 묘사는 조금씩 퇴색했다. 이처럼 '시험관 아기'와 '체외수정'에 대한 언론 보도는 시대에 따라 변해 왔고, 이는 미디어가 단순히 정보만을 전달하는 것이 아니라 해당 정보의 의미를 이해할 틀을 함께 형성한다는 측면에서, 새로운 재생산기술을 이해하고 받아들이는 한국적 맥락을 보여준다.

참고문헌

고대 그리스 환자들의 선택 / 이상덕

1. 자료
아리스토파네스. 『벌』.
투키디데스. 『펠로폰네소스 전쟁사』.
헤로도토스. 『역사』.
호메로스. 『일리아스』.
히포크라테스. 『신성한 질병에 관하여』.
_____. 『유행병』.
_____. 『의사』.
_____. 『관절에 관하여』.
_____. 『수술에 관하여』.
_____. 『공기, 물, 장소』.
플라톤. 『국가』.
메난드로스. 『유령』.
테오프라스토스. 『유형』.
파우사니아스. 『여행기』.

2. 논저
반덕진. 「그리스 고전에 나타난 전염병의 원인에 관한 인식」. 『의철학연구』 16. 2013.
_____. 『히포크라테스의 발견』. 휴머니스트. 2005.
윌리엄 바이넘. 『서양의학사』. 박승만 역. 교유서가. 2017.
자크 주아나. 『히포크라테스』. 서홍관 역. 아침이슬. 2004.
투키디데스. 『펠로폰네소스 전쟁사』. 천병희 역. 숲. 2011.
플라톤. 『고르기아스, 프로타고라스』. 천병희 역. 숲. 2014.
헤로도토스. 『역사』. 천병희 역. 숲. 2009.
호메로스. 『일리아스』. 천병희 역. 숲. 2015.
히포크라테스. 『히포크라테스 선집』. 여인석 · 이기백 역. 나남. 2011.
Bliquez, L. J. *The Tools of Asclepius; Surgical Instruments in Greek and Roman Times.*
       Leiden. 2015.
Boyask, R. M. *Plague and the Athenian Imagination; Drama, history and the cult of*

*Asclepius*. Cambridge. 2008.

Csapo, E. and Wilson, P. "The Finance and Organisation of the Athenian Theatre in the Time of Eubulus and Lycurgus." Csapo, E., Goette, H. R., Green, J. R., and Wilson, P. (ed.). *Greek Theatre in the Fourth Century* BC. De Gruyter. 2014.

Ferrari, G. "Figures of Speech: the Picture of Aidos." *Metis* vol.5. 1990.

Harrison, J. E. *Themis: A Study of the Social Origins of Greek Religion*. Cambridge. 1912.

Humphreys, S. C. *The Strangeness of Gods: Historical Perspectives on the Interpretation of Athenian Religion*. Oxford. 2004.

Jordan, B. *Servants of the Gods; A Study in the Religion, History and Literature of Fifth-century Athens*. Göttingen. 1979.

Lamont, J. "Asklepios in the Peiraieus and the Mechanisms of Cult Appropriation." Miles, M. M.(ed.), *Autopsy in Athens: Recent Archaeological Research on Athens And Attica*. Oxford. 2015.

Meinel, F. *Pollution and Crisis in Greek Tragedy*. Cambridge. 2015.

Miles, M. M. "The City Eleusinion." *The Athenian Agora* vol.31. 1998.

Mitchell, R. N. "Miasma, Mimesis, and Scapegoating in Euripides' Hippolytus." *Classsical Antiquity* vol.10. 1991.

Mylonas, G. E. *Eleusis and the Eleusinian Mysteries*. New Jersey. 1962.

Parker, R. *Miasma; Pollution and Purification in Early Greek Religion*. Oxford. 1983.

Philips, E. D. "Doctor and Patient in Classical Greece." *Greece & Rome* vol.22. 1953.

Reinmuth, O. W. *The Ephebic Inscriptions of the Fourth Century BC*. Leiden. 1971.

Samonis, G., Koutserimpas, C. Rantou, M.-I., Karamanou, M., and Stefanakis, M. I. "Outpatient Clinic in Ancient Greece." *MAEDICA −a Journal of Clinical Medicine* vol.16. 2021.

Scafuro, A. "The Crowning of Amphiaraos." Mitchell, L. and Rubinstein, L.(ed.), *Greek History and Epigraphy: Essays in Honour of P. J. Rhodes*. Swansea. 2009.

Turner, E. G. "The Phasma of Menander." *GRBS* vol.10. 1969.

## 근대 초기 정신질환자에 대한 규정과 인식의 변천 / 박성호

1. 자료

『대한매일신보』『매일신보』『황성신문』

『한국신소설전집』. 을유문화사. 1968.

黑岩淚香. 『妾の罪』. 三友舍. 1890.

2. 논저

김영민.「「경성백인백색」 다시 읽기」.『현대문학의연구』 56. 한국문학연구학회. 2015.5.

민성길·이창호·이규박.「일제시대 조선총독부의원과 경성제대의 정신의학자들의
　　연구」.『신경정신의학』 54-2. 대한신경정신의학회. 2015.2.

박성호.「『매일신보』 소재 번안소설 속 여성인물의 신경쇠약과 화병의 재배치 -
　　「쌍옥루」와「장한몽」을 중심으로」.『어문논집』 69. 민족어문학회. 2020.8.

박성호.「한국근대소설 속 신경쇠약과 결핵의 인접 관계에 대한 인식의 형성과 구체화
　　-1910년대 신소설과 번안소설을 중심으로」.『JKC』 58. 한국어문학국제학술포럼.
　　2022.8.

박윤재.「조선총독부의 지방 의료정책과 의료 소비」.『역사문제연구』 21. 역사문제연구
　　소, 2009.4.

박윤재.「19세기 말~20세기 초 병인론의 전환과 도시위생」.『도시연구: 역사·사회·문
　　화』 18. 도시사학회. 2017.10.

신동원.『호환 마마 천연두 -병의 일상 개념사』. 돌베개. 2013.

여인석.「세브란스 정신과의 설립과정과 인도주의적 치료전통의 형성 -맥라렌과 이중철의
　　활동을 중심으로」.『의사학』 17-1. 대한의사학회. 2008.6.

이방현.「일제의 정신질환자에 대한 인식과 태도」.『이화사학연구』 45. 이화여자대학교
　　이화사학연구소. 2012.

이방현.「식민지 조선에서의 정신병자에 대한 근대적 접근」.『의사학』 22-2. 대한의사학
　　회. 2013.

이부영.「일제하 정신과 진료와 그 변천」.『의사학』 3-2. 대한의사학회. 1994.

이지훈.「조중환의『비봉담』 번안과 여행의 서사 형식」.『한국근대문학연구』 18-1. 한국근
　　대문학회. 2017.4.

장근호·최규진.「신소설에 비친 개화기 의료의 모습」.『역사연구』 35. 역사학연구소.
　　2018.12.

조경덕.「구한말 소설에 나타난 기독교의 의미-1907년에 발표된 소설을 중심으로」.
　　『우리어문연구』 34. 우리어문학회. 2009.5.

나환자로 살기 / 공혜정

1. 자료

"Bill Would Allow Lepers to Vote," *Pensacola News Journal*, 1946.6.10.

Denney, O. E. "Special Article: The Leprosy Problem in the United States," *Public Health
　　Report* 41-20. 1926.

Doull, James A. "Laws and Regulations Relating to Leprosy in the United States of America." *International Journal of Leprosy* 17. 1950.

Elliot, David C. "Leprosy, a Disease of Childhood, with Special Reference to Early Findings in Eye, Ear, Nose, and Throat of Children Examined at the National Leprosarium at Carville." *Journal of Pediatrics* 35-2. 1949.

Faget, Guy H. "The Story of the National Leprosarium (U. S. Marine Hospital), Carville, Louisiana." *Public Health Reports* 57-18. 1942.

Faget, Guy H., and Paul T. Erickson. "Chemotherapy of Leprosy." *JAMA* 136-7. 1948.

Gray, Herman H. and Huldah Bancroft. "Tuberculosis at the United States Public Health Service Hospital, Carville, Louisiana, 1922-1950," *International Journal of Leprosy* 20-4. 1952.

Lawton, Manny. *Some Survived: An Eyewitness Account of the Bataan Death March and the Men Who Lived through It.* Chapel Hill. Algonquin Books. 2004.

Martin, Betty. *Miracle at Carville.* New York. Doubleday. 1950.

"Obituaries: Dr Guy Henry Faget." *International Journal of Leprosy* 15-3. 1947.

"Patients Appeal to Washington in Controversy at Carville," *State-Times*, 1956.8.24.

Ramirez, José P., Jr. "A Day at Carville: My Home-Mi Casa." *Public Health Reports* 123-2. 2008.

Ramirez, José P., Jr. *Squint: My Journey with Leprosy.* Jackson. University Press of Mississippi. 2009.

"Soviet-Type Prison Camp at Carville?" *Monroe Morning World*, 1956.8.26.

Stein, Stanley with Lawrence G. Blochman and Forward by Perry Burgess. *Alone No Longer: The Story of a Man Who Refused to Be One of the Living Dead!.* New York. Funk & Wagnalls Company, Inc. 1963.

"The Sporsfolio, a Step Backwards," *State-Times* (Baton Rouge, Louisiana), 1956.8.6.

U. S. Public Health Service. *Code of Federal Regulations, Title 42-Public Health.* Washington, D.C.. U.S. Government Printing Office. 1940,

*The Star: Radiating the Light of Truth on Hansen's Disease.* https://louisianadigitallibrary.org/islandora/object/lsuhsc-p15140coll52:collection (접속: 2022.8.12.)

2. 논저

미셸 푸코. 『임상의학의 탄생: 의학적 시선의 고고학』. 홍성민 역. 이매진. 2006.

신지혜. 「19세기 미국의 나병과 이민자: 미국 중서부의 노르웨이 이민자와 나병 경험」. 『Homo Migrans』 23. 2020.

어빙 고프만. 『스티그마: 장애의 세계와 사회적응』. 윤선길 · 정기현 역. 한신대학교출판부. 2009.

Bregg, Rick. "The Last Lepers; A Special Report: Lives Stolen by Treatment, Not by Disease." *New York Times*. 1995.6.19.

Chace, Jessica. "Diagnostic Medievalism: The Case of Leprosy's Stigma." *Disability Studies Quarterly* 39-3. 2019.

Cruz, Rossilene Conceição da Silva, et al. "Leprosy: Current Situation, Clinical and Laboratory Aspects, Treatment History and Perspective of the Uniform Multidrug Therapy for All Patients." *Anais brasileiros de dermatologia* 92-6. 2017.

Duffy, John. *The Rudolph Matas History of Medicine in Louisiana* Vol. 2. Baton Rouge. Louisiana State University Press. 1962.

Fairchild, Amy L. "Leprosy, Domesticity, and Patient Protest: The Social Context of a Patients' Rights Movement in Mid-Century America." *Journal of Social History* 39-4. Summer 2006.

Fessler, Pam. *Carville's Cure: Leprosy, Stigma, and the Fight for Justice*. New York: W. Wl. Norton, 2020.

Gaudet, Marcia G. "Telling It Slant: Personal Narrative, Tall Tales, and the Reality of Leprosy." *Western Folklore* 49-2. 1990.

Gaudet, Marcia G. "The World Downside Up: Mardi Gras at Carville." *Journal of American Folklore* 111-439. 1998.

Gaudet, Marcia G. *Carville: Remembering Leprosy in America*. Jackson. University Press of Mississippi. 2004.

Gelber, Robert H., and Jacques Grosset. "The Chemotherapy of Leprosy: An Interpretive History." *Leprosy Review* 83-3. 2012.

Gould, Tony. *A Disease Apart: Leprosy in the Modern World*. New York. St. Martin's Publishing Group. 2005.

Gussow, Zachary. *Leprosy, Racism, and Public Health, Social Policy in Chronic Disease Control*. Boulder. Westview Press. 1989.

Gussow, Zachary, and George S. Tracy. "Status, Ideology, and Adaptation to Stigmatized Illness: A Study of Leprosy." *Human Organization* 27-4. 1968.

Gussow, Zachary, and George S. Tracy. "The Phenomenon of Leprosy Stigma in the Continental United States." *Leprosy Review* 43. 1972.

Hernandez, Barbara, "Inside View of Carville: Oral Histories of Patients and Staff from the Last United States Leprosarium." *American Journal of Health Studies* 31-3. 2016.

Lesch, John E. *The First Miracle Drugs: How the Sulfa Drugs Transformed Medicine*. Oxford. Oxford University Press. 2007.

López, Raúl Necochea. "Arresting Leprosy: Therapeutic Outcomes Besides Cure." *American Journal of Public Health* 108-2. 2018.

Mizell-Nelson, Michael. "Treated as Lepers: The Patient-Led Reform Movement at the National Leprosarium, 1931-1946." *Louisiana History: The Journal of the Louisiana Historical Association* 44-3. 2003.

Moran, Michelle. *Colonizing Leprosy: Imperialism and the Politics of Public Health in the United States*. Chapel Hill. University of North Carolina Press. 2007.

Moschella, Samuel L. "Carville: 100 Years of Excellence." *Journal of American Academic Dermatology* 36. 1997.

Parascandola, John. "The Gillis W. Long Hansen's Disease Center at Carville." *Public Health Reports* 109-6. 1994.

Parascandola, John. "Sulfones and the Miracle at Carville." *Revue d'histoire de la pharmacie* 44-312. 1995.

Parascandola, John. "Miracle at Carville: The Introduction of Sulfones for the Treatment of Leprosy." *Pharmacy in History* 40. 1998.

Pierre, Vicki L. "Living with Leprosy: Carville Patients in the Early Twentieth Century." M.A. Thesis, University of Minnesota, 2012.

## 간호와 돌봄의 윤리 / 공병혜

1. 국내 논저 및 번역서

공병혜. 「보살핌의 학문과 철학」. 『범한철학』 48. 2008.

_____. 「간호에서의 돌봄의 예술」. 『의철학연구』 3. 2006.

_____. 「몸의 기억과 자기 정체성」. 『철학과 현상학 연구』 78. 2018.

김문실 외. 『간호의 역사』. 대한간호협회. 1998.

윤성우. 『폴 리꾀르의 철학』. 철학과 현실사. 2004.

정기철. 『현대 프랑스 철학과 해석학』. 철학과 현실사. 1999.

최남희. 「재난 생존자의 경험의 내러티브 분석」. 『대한간호학회지』 35-2. 2005.

메를로-퐁티. 『지각의 현상학』. 유의근 역. 문학과 지성사. 2002.

쉬타이너 크베일. 『인터뷰 -내면을 보는 눈』. 신경림 역. 하나의학사. 1997.

스티븐 에드워드. 『돌봄과 치유의 철학』. 공병혜·홍은영 역. 철학과 현실사. 2004.

아이래나 매드너·조 앤 윌튼. 『질병체험연구』. 신경림 외 역. 현문사. 2001.

에릭 카셀. 『고통 받는 환자와 인간에게 멀어진 의사를 위하여』. 강신익 역. 코키토. 2002.

찰스 테일러. 『불안한 현대 사회』. 송영배 역. 이학사. 2001.

테오도르 젤딘. 『인간의 내밀한 역사』. 김다우 역. 1999.


## 2. 논저

Benner. P, Wrubel, J. *The primacy of caring, Stress and Coping in Health and Illness*. CA: Addiso-Wesley. 1989.

Dastur, F. "Das Problem des Anfangs. Willen und Freiheit bei Paul Ricoeur," in: S. Orth (Hrg.). *Faccettenreiche Anthropologie*. München. 2004.

Edwards, S. *Philosophy of nursing*. palgrave. 2001.

Gadow, S. "Ethical narratives in practice". *Nursing Science Quarterly* 9-1. 1996.

Malmsten, K. *Reflective Assent in Basic Care*. Uppsala University Press. 1999.

MacIntyre, A. *After Virtue*. London. 1984.

Meininger, H.P. "Narrative ethics in nursing for persons with intellectual disabilities". *Nursing philosophy* 6. 2005.

Schnell, M. "Leiblichkeit-Verantwortung-Gerechtigkeit-Ethik. Vier Prinzipien einer Theorie des bedürftigen Menschen", in; *Pflegen und Philosophie*(hrsg. M. Schnell). Göttingen. 2002.

Schnell, M. "Narrative Identität und Menschenwürde," in, A. Breitling Stefan Orth Birgit Schaff(hrsg.) *Das herausgeforderte Selbst, Perspektiven auf Paul Ricoeurs Ethik*. Würzburg. 1999.

## 첨단의료기술과 불교적 도덕 향상 / 이은영

### 1. 자료
「아비달마구사론」. 『대정신수대장경』 29권.
「장아함경」. 『대정신수대장경』 1권.
「잡아함경」. 『대정신수대장경』 2권.
*Suttanipāta*


### 2. 논저
박성원 외. 『트랜스휴머니즘 부상에 따른 과학기술 정책이슈의 탐색』. 과학기술정책연구원. 2016.

신상규. 『호모 사피엔스의 미래』. 아카넷. 2014.

안옥선. 『불교윤리의 현대적 이해』. 불교시대사. 2002.

_____.「불교덕윤리에서 부정적 성향의 제거」.『불교학연구』26. 불교학연구회. 2010.

이상헌.『철학자의 눈으로 본 첨단과학과 불교』. 살림. 2017.

이상헌.「기술을 통한 도덕적 능력향상에 관한 비판적 고찰」.『철학논총』88-2. 새한철학회. 2017.

_____.「포스트휴먼 시대의 도래와 불교」.『불교평론』79. 2019.

_____.「약리학적 신경 향상 시대에서 도덕교육의 정당성」.『도덕윤리과교육』43. 한국도덕윤리과교육학회. 2014.

Buchanan, Allen. *Better than human: the promise and perils of enhancing ourselves*. OUP USA. 2011. (심지원 · 박창용 역.『인간보다 나은 인간』. 로도스 출판사. 2015.)

Fukuyama, Francis. *Our posthuman future: Consequences of the biotechnology revolution*. Farrar, Straus and Giroux. 2003. (송정화 · 최준명 역.『부자의 유전자 가난한 자의 유전자』. 한국경제신문. 2003.)

Hughes, James. "Buddhism and Our Posthuman Future". *Sophia*. 2018.

Jotterand, F. "'Virtue Engineering' and Moral Agency: Will Post-Humans Still Need the Virtues?". *AJOB Neuroscience* 2-4. 2011.

LaTorra, Michael. "What Is Buddhist Transhumanism?". *Theology and science* 13-2. 2015.

Persson, I. & Savulescu, J., *Unfit for the future: The need for moral enhancement*, Oxford University Press, 2012. (추병완 역.『미래 사회를 위한 준비-도덕적 생명 향상』. 도서출판 하우. 2015.)

Sandel, Michael. *The case against perfection*. Harvard university press. 2007. (이수경 역.『완벽에 대한 반론』. 와이즈베리. 2016.)

Walker, Mark. "Enhancing genetic virtue: A project for twenty-first century humanity?". *Politics and the Life Sciences* 28-2. 2009.

3. 인터넷 자료

오애리.「환경투사 툰베리, 기후회의서 "생태계 무너지는데 당신들은 돈타령만"」.『뉴시스』. 2019.9.24. http://www.newsis.com/view/?id=NISX20190924_0000778072&cID=10101&pID=10100

윤신영,「유전자 교정 아기, 건강 문제 계속 살펴야」,『동아사이언스』, 2019.8.2. http://dongascience.donga.com/news.php?idx=30347

이준정.「두뇌가 똑똑해지는 총명탕이 가능할까?」.『이코노믹 리뷰』. 2016.5.31. http://www.econovill.com/news/articleView.html?idxno=289807

최예지.「'유전자 편집 아기 논란' 중국인 과학자, 실험과정 대공개」.『아주경제』. 2018.11.28. https://www.ajunews.com/view/20181128161130771

Jonathon Rosen. "Cyborg Buddha". *Tricycle*. 2010. (https://tricycle.org/magazine/cyborg-buddha)

'상상 속 두려움'에서 '의료의 대상'으로 / 정세권

1. 자료
《조선일보》《경향신문》《매일경제》《한겨레신문》

2. 논저

구병삼. 「冷凍保存精子의 體外受精에 關한 研究」. 『大韓不姙學會雜誌』 11권 제2호. 1984.
김병훈. 「우리나라 家族計劃事業의 現況小考」. 『대한불임학회잡지』 제7권 제1.2호. 1980.
김홍주. 「한국 사회의 근대화 기획과 가족정치: 가족계획사업을 중심으로」. 『한국인구학』 25-1. 2002.
김중호. 「의학적 관점에서의 인간 생명의 존엄성 문제」. 『가톨릭 신학과 사상』 7. 1992.
대한산부인과학회 인공수태시술 의료기관 심사소위원회. 「[조사보고서] 한국 보조생식술의 현황: 1994년」. 『대한산부회지』 제41권 제1호. 1998.
박광명. 「5.16 군사정부의 가족계획정책 입안 배경과 논리」. 『동국사학』 62. 2017.
박윤재. 「원로 산부인과 의사들이 기억하는 가족계획사업」. 『연세의사학』 제12권 제2호. 2009.
배병주. 「Minilaparotomy 不姙術과 腹腔鏡不姙術에 關한 比較研究」. 『대한불임학회잡지』 제4권 제1호, 1977.
배병주. 「대한산부인과학회 어제와 오늘 그리고 내일」. 『대한산부회지』 42권 2호. 1999.
배인하, 정순오. 「In Vitro Fertilization and Embryo Transfer Program과 한국에서의 문제점」. 『대한불임학회지』 12-1. 1985.
설민숙. 「人工受精子의 法律的인 諸問題」. 『전북법학』 9. 1984.
유화자. 「성경적인 관점에서 본 시험관 아기」. 『신학정론』 11-2. 1993.
윤석천. 「한국 가족계획사업의 현황과 통합사업」. 『대한생식의학회지』 제7권 제1,2호. 1980.
이경희. 「체외수정에 관한 법률문제 -국내 최초의 시험관아기 탄생을 계기로」. 『사법행정』 26-11. 1985.
임용택, 최승헌, 김정구, 문신용, 이진용, 장윤석. 「마우스 卵子의 體外受精에 關한 研究」. 『대한불임학회잡지』 제11권 제2호. 1984.
장윤석. 「인간난자의 체외수정 및 배아의 자궁내 이식」. 『대한불임학회잡지』 제13권 제1호. 1986.
장윤석, 이진용, 문신용, 김정구. 「人間 卵子의 體外受精 및 胚兒의 子宮內 移植에 의한

妊娠 및 分娩 -韓國最初 시험관 아기 分娩 1例」. 『대한산부회지』 제29권 제3호. 1986.

장윤석, 신창재, 김정구, 문신용, 이진용, 김학순. 「시험관아기 프로그램에서 과배란유도 약제의 종류에 따른 황체기 혈청 난포호르몬 및 황체호르몬의 변동에 관한 비교연구」. 『대한불임학회지』 제16권 제1호. 1989.

조영미. 「불임관련 기술 사용시 여성이 자신의 임신, 출산에 대해 가지는 통제권에 관한 연구: 시험관 아기 기술을 중심으로」. 『연구논총』 26. 1994.

조완규. 「試驗管베이비는 可能한가?」. 『大韓不姙學會雜誌』 제1권 제1호. 1974.

조은주. 「"인구의 자연성과 통치 테크놀로지 - '가족계획어머니회'를 둘러싼 통치-과학의 관계를 중심으로」. 『현상과 인식』 38-4. 2014.

하정옥. 「"한국 생명의료기술의 전환에 관한 연구: 재생산기술로부터 생명공학기술로」. 『서울대학교 대학원 박사학위논문』. 2006.

하정옥. 「한국의 시험관 아기 시술 30년, 거버넌스의 부재와 위험의 증가: 전문가 역할을 중심으로」. 『한국과학사학회지』 36-1. 2014.

한국보건사회연구원. 『인구정책30년』. 1991.

DiMoia, John. *Reconstructuring boides: biomedicine, health, and nation-building in South Korea since* 1945. Stanford University Press. 2013.

Edwards, Robert G., Bavister, B. D. and P. C. Steptoe, "Early Stages of Fertilization in vitro of Human Oocytes Matured in vitro," *Nature* 221. 1969.

Edwards, R. G., Steptoe, P. C. and J. M. Purdy, "Fertilization and Cleavage in vitro of Preovulator Human Oocytes," *Nature* 227. 1970.

Edwards, R. G., and et al, (1971) "Social values and research in human embryology," *Nature* 231. 1971.

Edwards, R. G., and et al., (1976) "Reimplantation of a human embryo with subsequent tubal pregnancy," *Lancet* 1976.

M. C. Chang. "Fertilization of Rabbit Ova in vitro," *Nature* 184. 1959.

공병혜  조선대학교 의과대학 간호학과 교수. 고려대학교 간호학과를 졸업하고
       독일 만하임대학에서 철학, 독문학 석사학위, 독일 하이델베르크 대학
       에서 철학 박사 학위를 받았다. 주요 저서는『돌봄의 철학과 미학적 실
       천』,『탄생철학과 생명윤리』,『칸트-판단력 비판』,『간호윤리』,『AI 시대,
       행복해질 용기』(공저),『생명윤리』(공저),『칸트와 윤리학』(공저),『칸트와
       미학』(공저),『생명, 인간의 경계를 묻다』(공저) 등이 있고, 역서로는『가
       다머 고통에 대해 말하다』,『탄생철학: 죽음의 철학을 넘어서』,『돌봄과
       치유의 철학』,『미학입문』,『쉽게 읽는 쇼펜하우어-의지와 표상으로서의
       세계』 등이 있다

공혜정  건양대학교 의과대학 의료인문학 특임조교수. 이화여자대학교 사학
       과를 졸업하고, 동대학원과 미국 인디애나 대학교에서 석사학위를 받
       았다. 박사학위는 서울대학교 의과대학 인문의학교실에서 취득하였
       다. 주요 의학사와 의료인문학 관련 논문과 저서로는『죽음학 교실』(공
       저),「Living and Dying in a New Orleans's Charity Hospital Sick Chamber
       during the Antebellum Period」,「'의료서비스는 인권이다!': '자유여
       름 (Freedom Summer) 시기 미국 인권의료위원회(Medical Committee for
       Human Rights) 활동을 중심으로」,「의료인문학의 지평 확대: 인문학을 기
       반한 의료인문학 융·복합 교육 프로그램 개발 사례」 등이 있다.

박성호  경희대학교 HK+통합의료인문학연구단 HK연구교수. 고려대학교 국어
       국문학과 졸업, 동 대학원에서 박사학위를 받았다. 주요 저서와 논문으
       로는『화병의 인문학』(공저),『의료문학의 현황과 과제』(공저),『감염병을

바라보는 의료인문학의 시선』(공저), 「한국근대소설 속 신경쇠약과 결핵의 인접 관계에 대한 인식의 형성과 구체화」, 「좀비 서사의 변주와 감염병의 상상력」 등이 있다.

이상덕   경희대학교 HK+통합의료인문학연구단 HK교수. 고려대학교를 나와 영국 킹스칼리지 런던에서 박사학위를 받았다. 주요 저서와 논문으로는 『어떤 죽음』(공저), 『죽음의 인문학』(공저), 『고대 그리스』(역서), 「Amphiaraos, the Healer and Protector of Attika」, 「고대 그리스 비극에 나타난 미아스마(miasma) 개념과 히포크라테스」 등이 있다.

이은영   경희대학교 HK+통합의료인문학연구단 HK연구교수. 경희대학교를 나와 동대학원에서 철학박사학위를 받았다. 주요 저서와 논문으로는 『감염병을 바라보는 의료인문학의 시선』(공저), 『의철학과 의료윤리 연구의 현황과 과제』(공저), 「불교 의료윤리-의사, 간병인, 환자 윤리를 중심으로」, 「불교의학의 질병관」 등이 있다.

정세권   경희대학교 HK+통합의료인문학연구단 HK연구교수. 서울대학교 농생물학과를 나와 같은 대학교 과학사 및 과학철학 협동과정에서 이학박사학위를 받았다. 주요 저서와 논문으로는 『감염병을 바라보는 의료인문학의 시선』(공저), 「전염병의 과학은 어떻게 논쟁되는가? - 1911년 만주 페페스트방역과 국제페스트컨퍼런스」, 「'시험관 아기'에서 '체외수정'으로? - 1970~80년대 새로운 과학기술에 대한 언론보도 변화」, 「전염병 시대 공중보건을 위한 과학과 법의 의미」 등이 있다.

경희대학교 인문학연구원 / HK+통합의료인문학연구단 / 통합의료인문학 학술총서08

# 새로운 의료, 새로운 환자

등록 1994.7.1 제1-1071
1쇄 발행 2023년 3월 15일

기   획   경희대학교 인문학연구원 HK+통합의료인문학연구단
지은이   공병혜 공혜정 박성호 이상덕 이은영 정세권
펴낸이   박길수
편집장   소경희
편   집   조영준
관   리   위현정
디자인   이주향
펴낸곳   도서출판 모시는사람들
            03147 서울시 종로구 삼일대로 457(경운동 수운회관) 1207호
전   화   02-735-7173, 02-737-7173 / 팩스 02-730-7173

인   쇄   (주)성광인쇄(031-942-4814)
배   본   문화유통북스(031-937-6100)
홈페이지   http://www.mosinsaram.com/

값은 뒤표지에 있습니다.
ISBN   979-11-6629-155-5   94000
세트   979-11-6629-001-5   94000

이 저서는 2019년 대한민국 교육부와 한국연구재단의 지원을 받아 수행된
연구임(NRF-2019S1A6A3A04058286).